权威·前沿·原创

皮书系列为
"十二五""十三五""十四五"时期国家重点出版物出版专项规划项目

BLUE BOOK

智 库 成 果 出 版 与 传 播 平 台

装备制造业蓝皮书
BLUE BOOK OF EQUIPMENT
MANUFACTURING INDUSTRY

中国装备制造业发展报告（2021）

REPORT ON THE DEVELOPMENT OF EQUIPMENT
MANUFACTURING INDUSTRY IN CHINA (2021)

主　编／徐东华
副主编／史仲光
机械工业经济管理研究院　编著

社会科学文献出版社
SOCIAL SCIENCES ACADEMIC PRESS（CHINA）

图书在版编目（CIP）数据

中国装备制造业发展报告 . 2021/徐东华主编 . ——
北京：社会科学文献出版社，2022.7（2022.8 重印）
（装备制造业蓝皮书）
ISBN 978 - 7 - 5228 - 0125 - 4

Ⅰ . ①中… Ⅱ . ①徐… Ⅲ . ①制造工业 - 经济发展 -
研究报告 - 中国 - 2021 Ⅳ . ①F426.4

中国版本图书馆 CIP 数据核字（2022）第 085986 号

装备制造业蓝皮书

中国装备制造业发展报告（2021）

主　　编／徐东华
副 主 编／史仲光

出 版 人／王利民
责任编辑／张建中
文稿编辑／刘　燕
责任印制／王京美

出　　版／社会科学文献出版社·政法传媒分社（010）59367156
　　　　　地址：北京市北三环中路甲 29 号院华龙大厦　邮编：100029
　　　　　网址：www.ssap.com.cn
发　　行／社会科学文献出版社（010）59367028
印　　装／三河市东方印刷有限公司

规　　格／开 本：787mm × 1092mm　1/16
　　　　　印 张：20.75　字 数：315 千字
版　　次／2022 年 7 月第 1 版　2022 年 8 月第 2 次印刷
书　　号／ISBN 978 - 7 - 5228 - 0125 - 4
定　　价／148.00 元

读者服务电话：4008918866

装备制造业蓝皮书编委会

主要编撰者简介

徐东华　国家二级研究员，教授级高级工程师、编审，享受国务院政府特殊津贴专家，国务院国资委机械工业经济管理研究院党委书记、院长，《智慧中国》杂志社社长、总编辑。曾任中共中央书记处农村政策研究室副研究员，国务院发展研究中心研究员、研究室主任，国务院国资委研究中心研究员，中国机械工业联合会专家委员，中国石油和化学工业联合会专家委员，国家发改委工业项目评审委员，福建省政府、德州市政府等经济顾问。参加了国家"八五"至"十四五"国民经济和社会发展规划研究工作，我国多个工业主管部委的产业政策、行业发展规划工作，以及我国制造业、装备制造业发展规划工作，所撰写的研究报告多次被中央政治局常委和国务院总理等领导批转到国家经济综合部、委、办、总局，其政策性建议被采纳。兼任中共中央"五个一工程奖"评委，中央电视台特邀财经观察员，中国社会科学院经济所、金融所、工业经济所博士生答辩评审委员，北京大学光华管理学院、清华大学经济管理学院、中国传媒大学、北京化工大学、厦门大学兼职教授，长征火箭股份有限公司等上市公司独立董事。在《经济日报》《光明日报》《经济参考报》《求是》《经济学动态》《经济管理》等报刊发表百余篇理论研究文章。

史仲光　教授级高级工程师，机械工业经济管理研究院副院长兼职业发展与评价研究所所长、机械工业职业技能鉴定指导中心执行主任。具有30余年机械行业从业经历，在机械企业曾从事产品设计、质量管理、生产管理、战略规划和综合管理工作 16 年，在机关和事业单位从事机械行业、轻工行业发展规划制定、质量管理、职业技能鉴定工作 15 年。主持和参与了 2015 版《中华人民共和国职业分类大典》（机械部分）和《中国机械工业职业发展观察报告》(2013) 的编写，主持并参与了"机械工业职业技能鉴定工作管理体系研究"(2003)、"2004～2010 年机械工业高技能人才队伍建设振兴方案的研究"(2004)、"机械工业标准化职业培训认证体系研究"(2005)、"机械行业国家职业（工种）分类体系研究"(2007) 课题。主持并参与了《电站锅炉》《电线电缆》《数控机床》中关于劳动定额标准的编审，以及《车工》《铣工》《变压器制造工》《汽车装调工》《轴承制造工》《弹簧工》《数控机床装调维修工》《工程机械维修工》《电梯安装维修工》《模具工》《汽车技术服务师》等百余本国家职业标准和职业培训教程的编写与审定工作，这些作品由中国劳动社会保障出版社或机械工业出版社出版发行。

摘　要

《中国装备制造业发展报告（2021）》包括总报告、行业篇、企业篇和专题篇四个部分。总报告介绍了 2020 年我国装备制造业的产业规模、经济运行、产业结构、技术创新、对外经济及存在的主要问题，对装备制造业发展面临的外部环境和投融资状况进行分析，对未来发展前景进行了分析展望，并提出系统性的发展建议；行业篇对电工电器、重型机械、石化装备、工程机械、农机装备、工业互联网六个行业进行了重点分析，主要论述了各细分行业在 2020 年的产业规模、经济运行、行业结构、技术水平、面临的问题、未来展望以及发展建议等；企业篇介绍了 2020 年中国制造业上市公司价值创造情况，发布了中国装备制造业 A 股上市公司价值创造 100 强名单，总结了装备制造行业中技术创新企业的典型案例，分析了企业的技术创新成果及经验，为其他相关领域企业提供有益参考和启示。专题篇对我国智能制造发展形势进行了系统的专题研究。

2020 年，我国装备制造业增加值增速有所放缓，资产规模有所增长，固定资产投资增速大幅回落，多数产品产量逆势增长；总体运行趋于平稳，营运能力保持稳步提升的态势，盈利能力略有提升，偿债能力不断增强；主要行业的资产规模均有所扩大，但收入和利润均呈现较为突出的分化特征；研发经费支出保持稳步增长，科技创新能力和水平不断提升；对外贸易实现小幅增长。当前我国装备制造业仍面临较多问题，主要体现在：应收账款不断增长，生产经营压力大；技术基础和原始创新相对薄弱，产业基础共性技术供给水平有待提升，产品工艺验证相对缺失且新产品应用难；质量标准化

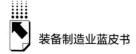

水平相对较低，品牌价值不高；产业结构不合理；产业集群区际失衡，创新资源外溢不足；关键装备部件与核心技术受制于人，出口企业抗风险能力弱、对外投资并购受阻等。展望未来，我国装备制造业发展机遇大于挑战，"5G＋工业互联网"、工业机器人、商业航天、高性能医疗装备、锂电设备等领域市场前景广阔。

"十四五"以来，我国面临风险加大的外部环境，宏观经济步入高质量发展新阶段。大力推动我国装备制造业的高质量发展，既是顺应产业发展趋势、应对外部风险挑战的现实选择，也是立足新发展阶段、贯彻新发展理念的必然要求。报告针对我国装备制造业发展提出如下建议，一是提升科技创新水平。优化国家创新体系，完善"政产学研用"协同创新机制，开展重大装备研制应用工程，发挥企业创新主体作用。二是加快上下游产业链协同发展。构建全产业链开放协同治理模式，加快培育"专精特新"中小企业，推动国有企业战略性重组。三是推动智能化、绿色化升级。构建智能制造系统，加快智能工厂建设，打造工业互联网平台，推动绿色制造工程，提升装备绿色低碳发展标准。四是加强质量品牌提升。实施质量品牌提升工程，优化质量标准体系建设，积极参与国际标准和区域标准的制定。五是打造创新产业集群。促进产业链和创新链的空间融合发展，建设科创载体平台，加强技术基础设施和公共服务体系建设。六是优化发展环境。转变政策支持方式，加强高技能人才培养，保障土地供应与利用，强化产城融合、推动产融结合。七是加强装备制造业国际合作。加大外资吸引力度，加强"走出去"和国际产能合作，保障产业链、供应链安全稳定。

关键词： 装备制造业　制造业上市公司　工业互联网　工业机器人

目 录 ↖

Ⅰ 总报告

Ⅱ 行业篇

Ⅲ 企业篇

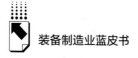

Ⅳ　专题篇

皮书数据库阅读**使用指南**

总 报 告
General Reports

B.1

2020年中国装备制造业发展概况

徐东华*

摘　要： 本报告主要从产业规模、经济运行、产业结构、技术创新等方面整理总结了2020年中国装备制造业的发展概况。2020年，我国装备制造业增加值增速放缓，资产规模保持稳定增长态势，固定资产投资增速有较大幅度回落，半数以上产品产量逆势增长。我国装备制造业的总体运行趋于平稳，营业收入和营业成本基本保持平衡但增速放缓，利润总额快速增长，营运能力稳步提升，盈利能力也略有提升，偿债能力不断增强。从细分行业情况看，主要行业资产规模均有所扩大，但收入和利润均呈现较为突出的分化特征。在技术创新方面，我国装备制造业研发经费支出保持稳步增长，科技创新能力和水平不断提升。在对外经济方面，我国装备制造业对外贸易实现小幅增长，对外

---

　*　徐东华，国家二级研究员、享受国务院政府特殊津贴专家，国务院国资委机械工业经济管理研究院党委书记、院长，《智慧中国》杂志社社长、总编辑，主要从事区域经济、产业经济、产业政策研究。

直接投资规模有所增长，各地利用外资的水平有所下降。当前我国装备制造业仍面临较多问题，主要体现在：经济运行方面，应收账款不断增长，且仍存在回收困难的问题；科技创新方面，存在原始创新相对薄弱、创新能力和成果较为欠缺、产业基础共性技术供给水平有待提升、产品工艺性验证缺失、新产品推广和应用难、创新型人才缺乏等问题；质量品牌方面，存在标准化水平相对较低、品牌价值不高等问题；产业结构方面，存在结构不合理等问题；产业布局方面，存在产业集群区际失衡、创新资源外溢不足等问题；对外经济方面，存在关键装备部件与核心技术受制于人、出口企业应对风险能力弱、对外投资并购受阻等问题。

关键词： 装备制造业　经济运行　对外经贸

一　2020年中国装备制造业①产业规模概况

（一）增加值增速略有下降

2020年，我国装备制造业增加值增速为6.6%，同比下降0.1个百分点，超过2020年全国工业增加值增速3.8个百分点，超过2020年全国制造

---

① 全书所指装备制造业按照《国民经济行业分类》（GB/T　4754—2017）分类，主要包括：34通用设备制造业，35专用设备制造业，36汽车制造业，37铁路、船舶、航空航天和其他运输设备制造业，38电气机械和器材制造业，39计算机、通信和其他电子设备制造业，40仪器仪表制造业，43金属制品、机械和设备修理业。按传统行业管理分为农业机械行业，内燃机行业，工程机械行业，仪器仪表行业，文化办公设备行业，食品包装机械行业，石化通用行业，重型机械行业，机床工具行业，电工电器行业，汽车行业，通用基础件行业，铁路、船舶、航空航天和其他运输设备行业，机器人与智能制造行业，其他民用机械行业，计算机、通信和其他电子设备行业等16个行业。

业增加值增速4.3个百分点，装备制造业增加值占全国规模以上工业增加值的33.7%，较上年提高了1.2个百分点。其中，2020年，我国机械工业增加值增速为6.0%，同比增加了0.9个百分点。分月份看，受疫情因素影响，1~2月，机械工业增加值增速大幅下降，随后降速平缓，下半年恢复正增长，全年呈现逐月恢复性上升趋势（见表1）。

表1　2020年1~12月我国工业和机械工业增加值增速

单位：%，百分点

月份	工业			机械工业		
	本月	累计	累计同比增减	本月	累计	累计同比增减
1~2	—	-13.50	-18.80	—	-28.30	-30.30
3	-1.10	-8.40	-14.90	-10.10	-19.00	-25.30
4	3.90	-4.90	-11.10	8.60	-9.70	-14.70
5	4.40	-2.80	-8.80	10.10	-4.60	-9.00
6	4.80	-1.30	-7.30	9.00	-1.50	-5.70
7	4.80	-0.40	-6.20	13.80	1.20	-2.70
8	5.60	0.40	-5.20	11.50	2.50	-1.60
9	6.90	1.20	-4.40	12.80	3.80	-0.30
10	6.90	1.80	-3.80	12.70	4.80	0.50
11	7.00	2.30	-3.30	11.10	5.50	0.80
12	7.30	2.80	-2.90	10.60	6.00	0.90

资料来源：国家统计局网站、中国机械工业联合会。如无特殊说明，本报告数据均来自国家统计局网站和中国机械工业联合会。

2020年，通用设备制造业，专用设备制造业，铁路、船舶、航空航天和其他运输设备制造业、电气机械和器材制造业、仪器仪表制造业5个细分行业增加值增速比2019年有所增加，其中铁路、船舶、航空航天和其他运输设备制造业表现突出，增加值增速提升15.5个百分点。而汽车制造业，计算机、通信和其他电子设备制造业，金属制品、机械和设备修理业3个行业增加值增速同比呈下降趋势，其中金属制品、机械和设备修理业与2019年相比出现大幅下降，下降24.6个百分点（见表2）。

表2 2020年我国装备制造业主要行业增加值增速及其增减情况

单位：%，百分点

行业中类	2019年增速	2020年增速	同比增减
通用设备制造业	4.9	11.1	6.2
专用设备制造业	6.5	8.7	2.2
汽车制造业	10.4	9.7	-0.7
铁路、船舶、航空航天和其他运输设备制造业	-6.8	8.7	15.5
电气机械和器材制造业	12.4	15.6	3.2
计算机、通信和其他电子设备制造业	11.6	11.4	-0.2
仪器仪表制造业	3.4	8.7	5.3
金属制品、机械和设备修理业	25.1	0.5	-24.6

资料来源：国家统计局网站。

（二）资产规模稳步扩大

2020年，我国装备制造业资产规模累计达到412946.5亿元，同比增长8.24%，增速较2019年下降0.08个百分点。分月份看，装备制造业资产规模同比增速在3月略有下降，4~11月呈现持续稳步增长态势，11月达到了9.81%的峰值，12月降至9.55%（见图1）。

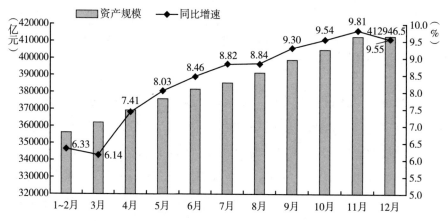

图1 2020年1~12月我国装备制造业资产规模及同比增速

资料来源：国家统计局网站。

（三）行业固定资产投资增速大幅下滑

受新冠肺炎疫情等因素影响，2020年，我国装备制造业主要行业固定资产投资增速大幅下滑。其中，仅铁路、船舶、航空航天和其他运输设备制造业，计算机、通信和其他电子设备制造业两个行业实现正增长，其他行业均为负增长。此外，仪器仪表制造业，金属制品、机械和设备修理业增速大幅下滑，均超过50个百分点（见表3）。

表3　2020年我国装备制造业主要行业固定资产增速及其增减情况

单位：%，百分点

行业中类	2019年增速	2020年增速	同比增减
通用设备制造业	2.2	−6.6	−8.8
专用设备制造业	9.7	−2.3	−12.0
汽车制造业	−1.5	−12.4	−10.9
铁路、船舶、航空航天和其他运输设备制造业	−2.5	2.5	5.0
电气机械和器材制造业	−7.5	−7.6	−0.1
计算机、通信和其他电子设备制造业	16.8	12.5	−4.3
仪器仪表制造业	50.5	−7.1	−57.6
金属制品、机械和设备修理业	38.1	−31.3	−69.4

资料来源：国家统计局网站。

（四）半数以上产品产量逆势增长

2020年，中国机械工业联合会重点关注的120种产品中，有62种产品产量同比增长，所占比重为51.67%，比上年度增加12种；有58种产品的产量与上年度相比有所下滑，所占比重为48.33%，比上年度减少了12种。2020年装备制造业产品的种类不断增加，且产量呈现不断增长的趋势。

主要产品产量增长有如下特征。一是高端数控机床和工业机器人等智能装备产品产量保持显著的增长态势。下游需求结构升级继续推动机床工具产品向数控机床方向升级。如机床工具产品中，数控程度较高的金属切削机床产品产量稳步增长，尤其是数控金属切削机床产品，其产量较上年增长了

16.21%，机床数控装置产量较上年增长 14.98%。数控化程度低的金属成形机床整体呈负增长，产品产量下降 8.65%。工业机器人产品产量 2020 年累计达 237068 台，比上年增长 19.06%。二是工程机械类产品产量具有明显的快速增长趋势。例如，混凝土机械产量同比增速达 38.13%，挖掘机产量同比增速为 36.75%，电动叉车和内燃叉车产量同比增速分别为 28.63% 和 29.20%，起重机产量同比增速达 11.66%。三是与线上消费及运输相关的装备和产品产量保持高速增长。如包装专用设备产量同比增加 5.82%，金属集装箱产量同比增加 12.31%，金属密封件产量较上年增加 2.36%。四是多种通用基础零部件产品产量均实现正增长。其中液压元件产量同比增长 13.02%，气动元件产量同比增长 2.41%，弹簧产量同比增长 2.59%，齿轮产量同比增长 5.22%，工业链条产量同比增长 6.69%。①

电工电器、农机装备、仪器仪表以及环境污染专用设备领域产品产量呈分化态势。2020 年，电工电器行业重点监测的 26 种产品中产量较上年度增长的比例达到了 50%，另一半产品产量与上年度相比出现负增长。清洁能源发电产品产量增长迅猛，如水轮发电机组、风力发电机组产量同比增速分别为 85.17%、83.67%；燃气轮机、电力电容器的产量则有小幅下滑，同比分别下降 18.33%、16.24%。农机装备重点统计的 10 种产品中，大型拖拉机、收获机械以及棉花加工机械产量增长显著，分别同比增长 55.99%、13.12%、65.37%，而小型拖拉机、谷物收获机械和饲料生产专用设备产量则明显回落，分别减少了 47.18%、36.61% 和 18.25%。仪器仪表领域中的高端智能产品，例如光学仪器、试验机、工业自动调节仪表与控制系统产量呈增长态势，分别增长 13.83%、1.14%、8.06%，电工仪器仪表、分析仪器及装置、汽车仪器仪表以及环境检测专用仪器仪表产量则呈现负增长。环境污染专用设备领域中固废处理设备的产量较上年大幅增加，增长了 48.95%，同时水质污染防治设备产量也小幅增长，同比增速达 5.34%，大气污染防治设备、噪声与振动控制设备则出现负增长。

---

① 《经济运行重要动态》，中国论文网，https：//www.xzbu.com/2/view-1659758.htm。

汽车领域多数产品产量呈回落趋势。其中汽车产量为2462.49万辆，与上年相比减少了1.43%，尤其是排量小于1升的基本型乘用车（轿车）和多功能乘用车（MPV）产量与上年相比分别减少了60.24%和27.24%。

二 2020年中国装备制造业经济运行概况

（一）整体运行相对平稳

1.营业收入增速放缓

2020年，我国装备制造业的营业收入总计363631亿元，呈稳步增长态势，营业收入较2019年增长了4.61%，营业收入增速较2019年上升了2.01个百分点。分月份看，2020年除1~2月、3月外，其余月份均实现同比增长，但增速总体呈现波动起伏的趋势（见图2）。

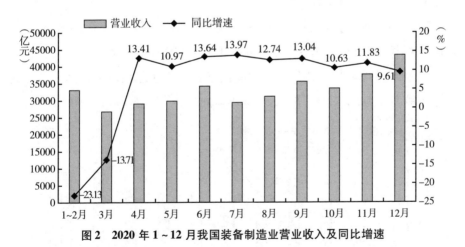

图2 2020年1~12月我国装备制造业营业收入及同比增速

资料来源：国家统计局网站。

2.营业成本增速上升

2020年，我国装备制造业的营业成本305934.50亿元，较2019年增长了4.31%，增速较上年上升了2.1个百分点。全年除了1~2月和3月外，其余各月均实现同比增长，营业成本同比增速5月出现回落，6~8月趋于平稳，2020年末同比增速最终稳定在9.06%（见图3）。

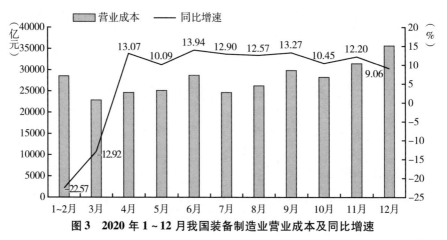

图3 2020年1~12月我国装备制造业营业成本及同比增速

资料来源：国家统计局网站。

3. 利润总额快速增长

2020年，我国装备制造业相关企业利润总额达到23326.88亿元，较2019年增长10.97%，增速与上年相比上升17.93个百分点。分月份看，除1~2月和3月外，其余各月均实现同比增长，增速起伏较大，其中4月达到全年最高，为50.12%，1~2月全年最低，为-72.50%（见图4）。

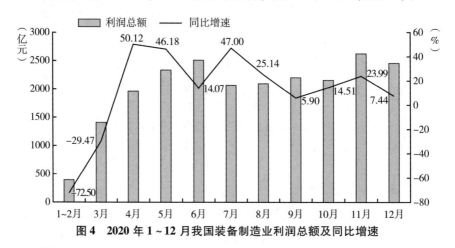

图4 2020年1~12月我国装备制造业利润总额及同比增速

资料来源：国家统计局网站。

（二）营运能力不断提升

2020年，我国装备制造业平均总资产周转率为8.55次，较2019年降低0.61次。总体来看，2020年装备制造业总资产周转率整体较为平稳，其中12月为全年最高水平，达10.49次（见图5）。

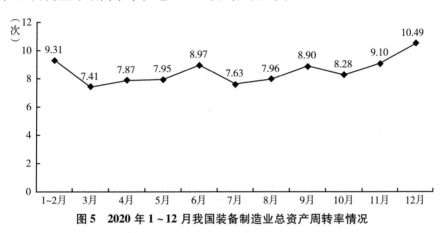

图5　2020年1~12月我国装备制造业总资产周转率情况

资料来源：国家统计局网站。

（三）盈利能力略微提升

1. 营业成本率略有下降

2020年，我国装备制造业的平均营业成本率为84.13%，同比下降0.09个百分点。2020年，我国装备制造业营业成本率总体保持稳定态势，保持在80%以上。分月份看，我国装备制造业营业成本率总体呈现下降趋势，12月达到了2020年以来的最低值82.32%（见图6）。

2. 总资产利润率波动回稳

2020年，我国装备制造业盈利能力向好，行业总资产利润率同比提高了0.02个百分点，分月份看，1~6月我国装备制造业总资产利润率节节攀升，6月达到最大值0.66%，7~10月维持在0.55%左右，年末有小幅抬升，11月总资产利润率达0.64%，12月下降至0.59%（见图7）。

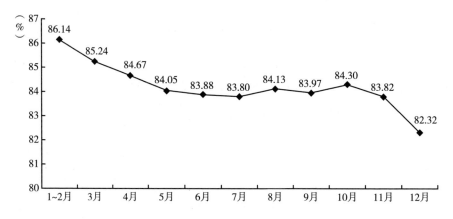

图6 2020年1～12月我国装备制造业营业成本率情况

资料来源：国家统计局网站。

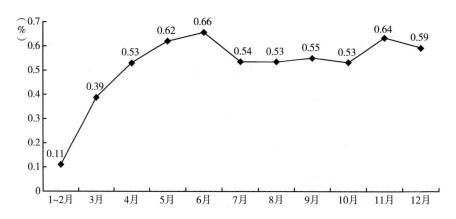

图7 2020年1～12月我国装备制造业总资产利润率情况

资料来源：国家统计局网站。

（四）偿债能力略有提升

2020年，我国装备制造业偿债能力呈现波动提升的趋势，平均资产负债率为56.67%，同比下降了0.15个百分点，比上年偿债能力略有提升。分月份看，我国装备制造业资产负债率整体呈现波动上升后小幅下降趋势，11月达到最高值56.92%，12月降至56.12%（见图8）。

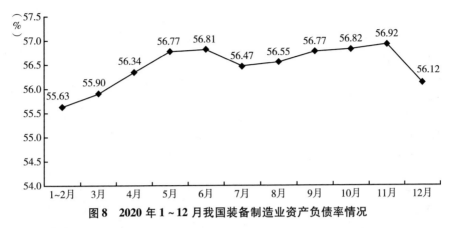

图8　2020年1～12月我国装备制造业资产负债率情况

资料来源：国家统计局网站。

三　2020年中国装备制造业产业结构概况

（一）各行业资产规模稳步扩大

2020年，在资产规模上，我国装备制造业各细分行业同比均有不同程度的扩大，其中资产规模较大的5个行业分别为：计算机、通信和其他电子设备行业，汽车行业，电工电器行业，铁路、船舶、航空航天和其他运输设备行业、石化通用行业。从资产规模增速看，工程机械行业，机器人与智能制造行业，计算机、通信和其他电子设备行业，仪器仪表行业4个行业的资产规模增速较快，均处于10%以上，分别为24.18%、22.79%、14.93%、10.67%（见表4）。

表4　2020年我国装备制造业细分行业资产规模及其同比增减情况

单位：亿元，%

行业分类	资产总计	同比增减
农业机械行业	2171.53	7.29
内燃机行业	2705.10	9.82
工程机械行业	7129.80	24.18
仪器仪表行业	9804.39	10.67
文化办公设备行业	1631.78	3.93

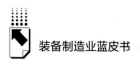
续表

行业分类	资产总计	同比增减
石化通用行业	22677.33	7.29
重型机械行业	13196.71	7.09
机床工具行业	10325.73	8.63
电工电器行业	61760.51	9.59
通用基础件行业	14740.92	8.18
食品包装机械行业	922.11	6.28
汽车行业	83410.49	5.99
其他民用机械行业	9042.02	8.16
铁路、船舶、航空航天和其他运输设备行业	25699.37	8.25
机器人与智能制造行业	6051.10	22.79
计算机、通信和其他电子设备行业	129821.05	14.93

资料来源：国家统计局网站、中国机械工业联合会。

（二）各行业主营业务收入分化特征明显

2020年，我国装备制造业16个行业的主营业务收入呈分化趋势。其中计算机、通信和其他电子设备行业，汽车行业，电工电器行业，石化通用行业，通用基础件行业5个行业的主营业务收入所占份额较大，分别占装备制造业主营业务收入的33.5%、23.2%、15.4%、5.1%和4.1%。主营业务收入增速较快的5个行业分别为：机器人与智能制造行业，工程机械行业，计算机、通信和其他电子设备行业，农业机械行业，内燃机行业。出现负增长的行业分别为：其他民用机械行业，铁路、船舶、航空航天和其他运输设备行业，文化办公设备行业。其中文化办公设备行业主营业务收入同比下降11.03%（见表5）。

表5　2020年我国装备制造业细分行业主营业务收入情况

单位：亿元，%

行业分类	主营业务收入	同比增减
农业机械行业	2533.39	7.81
内燃机行业	2007.54	7.66
工程机械行业	6392.00	23.16

行业分类	主营业务收入	同比增减
仪器仪表行业	7660.00	3.50
文化办公设备行业	1612.48	−11.03
石化通用行业	18514.60	0.78
重型机械行业	10260.27	2.21
机床工具行业	8622.46	0.50
电工电器行业	55510.68	7.27
通用基础件行业	14813.22	3.25
食品包装机械行业	810.87	2.74
汽车行业	83710.33	3.14
其他民用机械行业	10490.93	−0.16
铁路、船舶、航空航天和其他运输设备行业	11465.80	−0.60
机器人与智能制造行业	5583.19	23.24
计算机、通信和其他电子设备行业	120992.10	8.30

资料来源：国家统计局网站、中国机械工业联合会。

（三）各行业主营业务成本增速略有减缓

2020年，我国装备制造业主营业务成本额排名前五的行业分别是：计算机、通信和其他电子设备行业，汽车行业，电工电器行业，石化通用行业，通用基础件行业。其主营业务成本分别占装备制造业主营业务成本的34.38%、23.17%、15.44%、4.88%、3.97%，合计占81.84%。从细分行业主营业务成本增速来看，增长较快的前五大细分行业分别为：机器人与智能制造行业，工程机械行业，内燃机行业，计算机、通信和其他电子设备行业以及电工电器行业（见表6）。

表6　2020年我国装备制造业细分行业主营业务成本情况

单位：亿元，%

行业分类	主营业务成本	同比增减
农业机械行业	2141.75	7.07
内燃机行业	1633.63	8.12
工程机械行业	5116.54	24.30
仪器仪表行业	5730.18	2.82

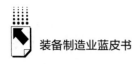

续表

行业分类	主营业务成本	同比增减
文化办公设备行业	1379.66	-11.27
石化通用行业	14913.79	0.51
重型机械行业	8413.47	1.11
机床工具行业	6991.43	-1.14
电工电器行业	47205.82	7.30
通用基础件行业	12136.10	2.04
食品包装机械行业	620.33	2.10
汽车行业	70825.89	3.47
其他民用机械行业	9159.36	-0.26
铁路、船舶、航空航天和其他运输设备行业	9666.30	-0.80
机器人与智能制造行业	4677.96	24.97
计算机、通信和其他电子设备行业	105103.00	8.10

资料来源：国家统计局网站、中国机械工业联合会。

（四）各行业利润水平差别较大

2020年，我国16个装备制造业细分行业均实现盈利，但利润总额存在明显差异。其中有5个行业的利润总额超过了1000亿元，分别是计算机、通信和其他电子设备行业，汽车行业，电工电器行业，石化通用行业，通用基础件行业。这5个行业实现的利润总额占整个装备制造业利润总额的比重达77.75%。从增长速度看，14个行业实现正增长，2个行业出现负增长。其中石化通用行业下降幅度最大，为-25.60%。此外，工程机械行业主营业务收入同比增长23.16%，但是利润总额却同比下降了1.07%。由此推测，工程机械行业利润下降可能是装备制造业总体利润增速放缓的重要制约因素（见表7）。

表7　2020年我国装备制造业细分行业利润情况

单位：亿元，%

行业分类	利润总额	同比增减
农业机械行业	123.54	14.23
内燃机行业	177.63	23.76
工程机械行业	617.89	-1.07

行业分类	利润总额	同比增减
仪器仪表行业	819.71	39.68
文化办公设备行业	77.12	11.65
石化通用行业	1289.51	−25.60
重型机械行业	677.04	3.59
机床工具行业	601.44	19.61
电工电器行业	3038.92	22.61
通用基础件行业	1068.58	14.59
食品包装机械行业	61.65	17.77
汽车行业	5231.21	4.12
其他民用机械行业	506.75	4.00
铁路、船舶、航空航天和其他运输设备行业	817.37	3.24
机器人与智能制造行业	350.01	35.82
计算机、通信和其他电子设备行业	6252.94	16.36

资料来源：国家统计局网站、中国机械工业联合会。

四 中国装备制造业技术创新概况

（一）创新引领动能转换

1. 技术创新成果较为突出

重大科技成果不断涌现。"嫦娥四号工程""海上大型绞吸疏浚技术装备"2项成果获国家科学技术进步奖特等奖，"400万吨/年煤间接液化成套技术创新开发及产业化"等成果获得国家科学技术进步奖一等奖，"厘米级型谱化移动测量装备关键技术及规模化工程应用"等成果获得国家科学技术进步奖二等奖。①

---

① 《国务院关于2020年度国家科学技术奖励的决定》，安徽文明网，2021年11月4日，http://ah.wenming.cn/sytt/202111/t20211104_6225116.shtml；《国务院关于2020年度国家科学技术奖励的决定》，中国经济网，2021年11月4日，http://www.ce.cn/xwzx/gnsz/szyw/202111/04/t20211104_37057688.shtml。

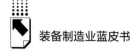
重大技术装备不断取得突破。2020 年 7 月，我国成功研制的全球最大吨位履带起重机成功完成首吊，该履带起重机最大起吊重量达 4000 吨，突破当前世界最大吨位。首台 10 兆瓦等级海上风力发电机组在福建兴化湾二期海上风电场成功并网发电，该机组是目前亚洲地区单机容量最大、全球单机容量第二大的海上风力发电机组。我国建造的世界最大的粉煤气化炉也于 2020 年 7 月也进入正式安装阶段。①

2. 首台（套）试验验证平台持续完善

我国通过支持研制应用等单位联合建设首台（套）重大技术装备试验验证平台，推动资源开放共享，促进科技成果转化。目前，行业主管部门加快组织推进医疗装备、农机装备等重点领域首台（套）试验验证平台建设。各个地方也加大对验证平台项目的调研和支持力度，如青岛围绕先进轨道交通装备、船舶海工装备、大型石油和化工装备、电子专用装备、重大技术装备关键配套及基础件等 5 个发展领域，首批推荐上报先进轨道交通车辆装备验证平台、海洋油气设备试验与检测平台等 7 个平台项目。

3. 5G 场景应用加快推进

据中国信息通信研究院预计，到 2025 年，5G 将带动网络建设投资约 1.2 万亿元以及相关信息消费约 8 万亿元，带动我国经济增加值 2.93 万亿元。② 装备制造业领域 5G 场景应用孵化基地建设不断加速。如中国船舶昆明船舶设备集团有限公司于 2020 年 6 月联合华为、中国移动和倍福中国（Beckhoff 中国）在云南昆船集团物流园区打造全国首个 5G 全场景智慧物流装备创新孵化基地并正式对外发布。③

---

① 《国内联播快讯》，央视网，2020 年 7 月 13 日，https：//tv.cctv.com/2020/07/13/VIDEC9K cWaDj4BO1aHCt2GYg200713.shtml。

② 《复工复产靠科技"新基建"正向我们走来》，《科学大观园》2020 年第 9 期；《科技创新释放巨大经济当量》，中国财富网，2021 年 12 月 27 日，http：//www.cfbond.com/zclb/detail/20211227/10002000000184516405680529068626 36_1.html。

③ 《全国首个 5G 全场景智慧物流新装备孵化基地正式对外发布（2020 年第 5 期）》，工业和信息化部装备工业发展中心网站，2020 年 7 月 16 日，http：//www.miit-eidc.org.cn/art/2020/7/16/art_74_5161.html。

4. 服务创新模式不断拓展

部分装备企业加快开拓下游服务市场，并以新营销模式适应消费端的产品需求。广西柳工充分发挥在工程机械领域的制造优势，以"全面解决方案"战略规划为导向，聚焦产品全生命周期，积极发展"智能化解决方案"新服务，建立并完善后市场服务新生态，加速推动企业实现从装备制造企业向综合性服务供应商转型。安徽合力是传统装备制造企业，该企业以行业特点和企业自身发展需求为出发点，以"制造＋服务"为发展模式，完善自身优势，通过开发高端智能新产品、形成智能制造新业态、打造智能服务新模式，积极推进"两业"融合试点工作，并以此开辟工业车辆制造业的价值链提升新路径。

（二）研发投入不断增长

1. 内部研发经费支出整体增长

内部研发经费支出实现稳步增长，同时各细分行业存在差异。2019年，我国装备制造业规模以上企业内部研发经费支出总额达到 7418.71 亿元，[①] 同比增长 5.82%。从不同行业来看，金属制品、机械和设备修理业的内部研发经费支出呈现较大涨幅，同比增长 30.69%；计算机、通信和其他电子设备制造业支出金额居行业首位，达 2448.09 亿元。

日常性支出仍为内部研发经费支出的主要方向。2019年，我国装备制造业研发经费的日常性支出为 6854.79 亿元，同比增长 7.98%，占内部研发经费支出的 92.40%，占比同比提高 1.8 个百分点；资产性支出为 563.92 亿元，同比下降 14.84%，占内部研发经费支出的 7.60%，同比下降 0.92 个百分点。其中金属制品、机械和设备修理业的支出增幅最大，日常性支出同比增长 32.22%，资产性支出同比增长 14.25%；汽车制造业的日常性支出增幅最小，为 0.02%；仪器仪表制造业资产性支出降幅最大，降低了 38.69%（见表8）。

[①] 本报告数据因四舍五入有误差，未做机械统一。

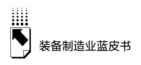

表8　2019年我国装备制造业内部研发经费支出情况

单位：亿元，%

行业	日常性支出		资产性支出		内部研发经费支出	
	金额	同比增速	金额	同比增速	金额	同比增速
通用设备制造业	773.02	15.96	49.86	-27.72	822.88	11.86
专用设备制造业	737.21	10.04	39.52	-29.18	776.72	7.02
汽车制造业	1192.56	0.02	97.05	-19.02	1289.61	-1.72
铁路、船舶、航空航天和其他运输设备制造业	405.76	8.10	23.32	-8.73	429.09	7.05
电气机械和器材制造业	1300.77	10.07	105.40	-23.80	1406.17	6.52
仪器仪表制造业	217.85	6.32	11.23	-38.69	229.08	2.62
金属制品、机械和设备修理业	15.79	32.22	1.27	14.25	17.06	30.69
计算机、通信和其他电子设备制造业	2211.82	8.13	236.27	0.82	2448.09	7.38

资料来源：《中国科技统计年鉴》（2019~2020）。

2. 内部研发经费资金来源以企业为主

企业资金为主要资金来源。从装备制造企业研发经费的资金来源分布看，2019年，我国装备制造企业研发经费支出合计7418.71亿元。其中94.87%为企业资金，达到7037.72亿元，比上年增长6.01%，高于77.60%的全国规模以上工业企业经费支出占比；5.13%为政府资金，达到380.23亿元；仅有0.01%为境外资金，金额为0.57亿元；其他资金占比极低，仅为0.15亿元（见图9）。

多数行业企业资金来源呈显著增长趋势。分行业看，2019年，计算机、通信和其他电子设备制造业来源于企业的研发经费最多，为2307.94亿元，占企业资金来源总额的32.79%；增速最快的行业是金属制品、机械和设备修理业，为16.88亿元，同比增长了35.17%。

政府资金对行业有所侧重。2019年，计算机、通信和其他电子设备制造业获得的政府资金最多，为140.05亿元，同比增速达到47.97%，占政府资金来源总额的36.83%；汽车制造业获得的政府资金增幅最大，同比上涨了114.79%。除上述行业外，铁路、船舶、航空航天和其他运输设备

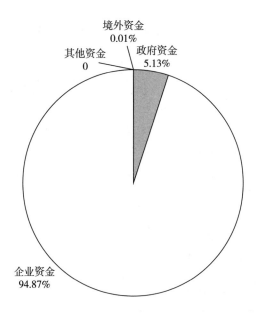

图9 2019年我国装备制造企业内部研发经费资金来源分布

资料来源：《中国科技统计年鉴》（2019～2020）。

制造业，电气机械和器材制造业获得的来源于政府的研发经费均有不同程度的增长，分别增长了14.88%和34.17%；专用设备制造业，通用设备制造业，仪器仪表制造业，金属制品、机械和设备修理业来源于政府的研发经费均有所下降，其中仪器仪表制造业与上年相比降幅较大，下降了16.36%。[①]

境外资金和其他资金大幅削减。2019年，总体来看，受逆全球化和中美关系影响，装备制造业各行业获得的境外资金大幅削减，约5700万元，降幅高达97.88%。获得其他资金金额仅0.15亿元，同比下降99.7%。仪器仪表制造业与金属制品、机械和设备修理业两个行业该年没有境外资金，其他各行业境外资金和其他资金均大幅削减（见表9）。

———————————

① 刘伟江、吕镯：《"营改增"、制造业服务化与全要素生产率提升——基于DI合成控制法的实证研究》，《南方经济》2018年第5期。

表9   2019 年我国装备制造业内部研发经费资金来源

单位：亿元，%

行业	企业资金		政府资金		境外资金		其他资金	
	金额	增速	金额	增速	金额	增速	金额	增速
通用设备制造业	800.63	13.17	22.14	-4.11	0.09	-95.80	0.0094	-99.67
专用设备制造业	747.55	9.56	29.03	-16.29	0.12	-97.28	0.0137	-99.68
汽车制造业	1233.22	-2.78	56.23	114.79	0.14	-98.20	0.0294	-99.70
铁路、船舶、航空航天和其他运输设备制造业	351.51	8.15	77.47	14.88	0.09	-88.31	0.0201	-99.74
电气机械和器材制造业	1361.35	7.68	44.71	34.17	0.07	-98.38	0.0411	-99.78
仪器仪表制造业	218.64	4.90	10.43	-16.36	0.00	0.00	0.0006	-99.96
金属制品、机械和设备修理业	16.88	35.17	0.17	-5.97	0.00	0.00	0.0007	-99.79
计算机、通信和其他电子设备制造业	2307.94	6.33	140.05	47.97	0.06	-99.11	0.0399	-99.50

资料来源：《中国科技统计年鉴》（2019~2020）。

3. 外部研发经费支出稳步增长

外部研发经费支出总额呈现稳步增长态势。2019 年，我国装备制造业规模以上企业外部研发经费支出总额为 617.46 亿元，与上年度相比增长了 1.46%。其中计算机、通信和其他电子设备制造业外部研发经费支出最多，达 284.01 亿元，仪器仪表制造业外部研发经费支出增幅最大，较 2018 年增长 39.63%。此外，部分行业的外部研发经费支出减少，包括计算机、通信和其他电子设备制造业，汽车制造业，电气机械和器材制造业及金属制品、机械和设备修理业，上述行业与上年相比分别减少 1.37%、7.76%、10.42% 和 0.76%。[①]

对国内研究机构和高校支出比重略有下降。2019 年，对国内研究机构和高校支出为 251.40 亿元，较上年增长 16.96%，占外部研发经费支出的

---

① 华鹏、薛红蕾：《工业企业研发支出的现状、问题及建议》，《中国发明与专利》2016 年第 4 期。

40.71%，相比上年有小幅下降，下降了5.16个百分点。从支出方向看，计算机、通信和其他电子设备制造业成为对国内研究机构和高校支出的主要方向，所占比重达到67.41%；仪器仪表制造业对国内研究机构和高校支出增速最快，相比上年有较大增长，增幅为40.94%；电气机械和器材制造业对国内研究机构和高校支出同比下降速度最快，较2018年下降了37.63%（见表10）。

表10　2019年我国装备制造业外部研发经费支出情况

单位：亿元，%

行业	外部研发经费支出	增速	对国内研究机构和高校支出	增速
通用设备制造业	27.27	6.78	7.91	7.51
专用设备制造业	21.43	32.22	5.34	7.97
汽车制造业	149.29	−7.76	32.39	−24.76
铁路、船舶、航空航天和其他运输设备制造业	86.78	28.17	23.52	7.56
电气机械和器材制造业	35.91	−10.42	9.28	−37.63
仪器仪表制造业	12.56	39.63	2.66	40.94
金属制品、机械和设备修理业	0.22	−0.76	0.82	−19.72
计算机、通信和其他电子设备制造业	284.01	−1.37	169.48	−6.41

资料来源：《中国科技统计年鉴》（2019~2020）。

4. 项目经费支出加速增加

2019年，我国装备制造业规模以上企业项目总数为29.82万项，同比增长25.82%；项目人员折合全时当量163.33万人年，同比增长3.14%，增幅略有扩大；项目经费支出7665.39亿元，比上年增长14.96%。

R&D项目在行业分布上集中度相对较高。从数量上来看，我国2019年60.31%的项目集中于电气机械和器材制造业，计算机、通信和其他电子设备制造业，通用设备制造业3个细分行业，这3个行业的项目数量分别为6.47万项、5.93万项和5.59万项；64.22%的项目人员折合全时当量集中于计算机、通信和其他电子设备制造业，电气机械和器材制造业，汽车制造业3个细分行业，项目人员折合全时当量分别达到了51.42万人年、30.33万人年和23.14万人年。

从项目经费支出看，69.54%的项目经费支出集中于计算机、通信和其他电子设备制造业，电气机械和器材制造业，汽车制造业3个细分行业，项目经费支出分别为2522.06亿元、1403.72亿元和1405.10亿元（见表11）。

表11 2019年我国装备制造业R&D项目情况

行业	项目		项目人员折合全时当量		项目经费支出	
	数量（万项）	增速（%）	数量（万人年）	增速（%）	数额（亿元）	增速（%）
通用设备制造业	5.59	26.14	22.37	10.03	827.37	18.18
专用设备制造业	4.88	29.63	19.67	9.26	774.47	12.39
汽车制造业	3.84	17.13	23.14	−2.63	1405.10	15.38
铁路、船舶、航空航天和其他运输设备制造业	1.37	21.88	8.64	5.96	483.62	32.91
电气机械和器材制造业	6.47	23.62	30.33	6.52	1403.72	11.01
仪器仪表制造业	1.66	26.05	7.25	9.31	232.10	9.89
金属制品、机械和设备修理业	0.09	52.10	0.50	24.02	16.94	35.94
计算机、通信和其他电子设备制造业	5.93	31.78	51.42	−2.21	2522.06	14.17

资料来源：《中国科技统计年鉴》（2019~2020）。

人均经费支出小幅增长。2019年，装备制造业规模以上企业单个R&D项目人均经费支出为36.98万元，较上年增长7.4%。其中汽车制造业，铁路、船舶、航空航天和其他运输设备制造业，计算机、通信和其他电子设备制造业，电气机械和器材制造业，专用设备制造业，通用设备制造业六大行业人均经费支出分别为60.71万元、55.95万元、49.05万元、46.28万元、39.37万元和36.98万元，均不低于装备制造业总体平均水平。

从增速上看，R&D 项目人均经费支出增速最快的行业是铁路、船舶、航空航天和其他运输设备制造业，达到 25.43%；而仪器仪表制造业的增速最慢，为 0.53%（见图 10）。

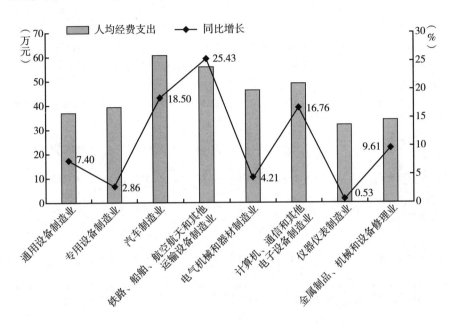

图 10 2019 年我国装备制造企业 R&D 项目人均经费支出及增速情况

资料来源：《中国科技统计年鉴》（2019～2020）。

5. 新产品开发项目数量同比增长较快

2019 年，规模以上装备制造企业新产品开发项目的总数量达到 36.04 万项，同比增长 19.03%；新产品开发经费总支出为 10063 亿元，同比增长 12.54%；新产品销售收入达到 126282.19 亿元，同比增长 7.55%，其中新产品出口收入为 29350.63 亿元，同比增长 6.14%。

分行业看，新产品开发经费支出、新产品销售收入和新产品出口收入最多的均为计算机、通信和其他电子设备制造业，金额分别为 3677.82 亿元、44150.95 亿元和 18193.59 亿元；最少的均为金属制品、机械和设备修理业，金额分别为 23.16 亿元、325.19 亿元和 98.45 亿元（见表 12）。

表12　2019 年我国装备制造企业新产品开发与生产情况

行业	新产品开发项目		新产品开发经费		新产品销售		新产品出口	
	数量（万项）	增速（％）	支出（亿元）	增速（％）	收入（亿元）	增速（％）	收入（亿元）	增速（％）
通用设备制造业	6.45	21.31	1027.87	16.64	11711.13	16.84	1695.28	12.54
专用设备制造业	5.77	23.92	969.88	15.14	8960.01	6.7	1186.30	1.97
汽车制造业	4.52	12.07	1735.16	4.97	27872.05	8.54	1276.01	-0.98
铁路、船舶、航空航天和其他运输设备制造业	1.57	17.65	541.89	13.92	6559.51	17.05	1355.04	17.84
电气机械和器材制造业	7.85	17.06	1764.44	4.68	24304.01	7.93	5176.34	13.99
仪器仪表制造业	2.15	24.11	322.78	16.67	2399.34	11.88	369.62	25.70
金属制品、机械和设备修理业	0.10	47.44	23.16	52.88	325.19	33.44	98.45	35.68
计算机、通信和其他电子设备制造业	7.63	18.61	3677.82	18.17	44150.95	3.17	18193.59	3.16

资料来源：《中国科技统计年鉴》（2019～2020）。

（三）研发组织建设持续加快

1. 研发机构总量增长

研发机构总量不断增长。2019 年，我国装备制造业规模以上企业建立的研发机构总数量达 44658 个，较上年增长 12.53%；机构经费支出达到 7646.50 亿元，同比增长 17.39%；仪器和设备购置金额为 4900.30 亿元，较上年增长 11.60%。

不同行业的研发机构建设差异较大。2019 年，研究机构人员数量最多的细分行业为计算机、通信和其他电子设备制造业，人员数量达 70.94 万人，该行业的机构经费支出及仪器和设备购置金额也最高，分别达到 3157.06 亿元、1334.44 亿元；机构数量最多的为电气机械和器材制造业，达 10773 个。从增速来看，机构数量增幅最大的是专用设备制造业，同比增长 14.83%；金属制品、机械和设备修理业的机构经费支出增速最快，同比增长 58.23%（见表13）。

表 13 2019 年我国装备制造企业办研发机构建设情况

行业	机构		机构经费支出		仪器和设备购置	
	数量（个）	增速（%）	金额（亿元）	增速（%）	金额（亿元）	增速（%）
通用设备制造业	8480	13.60	675.73	20.47	606.58	9.35
专用设备制造业	7300	14.83	618.88	18.94	424.87	2.16
汽车制造业	4565	13.16	1444.50	15.89	910.75	30.63
铁路、船舶、航空航天和其他运输设备制造业	1472	6.05	306.17	17.44	332.29	36.11
电气机械和器材制造业	10773	11.29	1215.25	16.21	1154.99	48.81
仪器仪表制造业	2376	13.58	218.72	17.77	125.94	−5.34
金属制品、机械和设备修理业	89	14.10	10.18	58.23	10.44	−21.76
计算机、通信和其他电子设备制造业	9603	11.78	3157.06	17.48	1334.44	−14.27

资料来源：《中国科技统计年鉴》（2019~2020）。

2. R&D 人员增速相对较快

R&D 人员实现小幅增长，2019 年，我国装备制造业规模以上企业 R&D 人员数量、R&D 人员全时当量、研究人员数量分别为 238.58 万人、175.16 万人年、59.35 万人，与上年相比分别增长 1.90%、3.28%、1.83%。

R&D 人员增速多呈上升趋势。2019 年，在八大主要行业中有 5 个行业的 R&D 人员数量呈现上升趋势，3 个行业（汽车制造业，铁路、船舶、航空航天和其他运输设备制造业及计算机、通信和其他电子设备制造业）的 R&D 人员数量与上年度相比呈现负增长，降幅分别为 3.06%、0.34%、1.56%。其中计算机、通信和其他电子设备制造业的 R&D 人员数量和 R&D 人员全时当量均最多，分别达 70.94 万人、54.38 万人年（见表14）。

表 14 2019 年我国装备制造业 R&D 人员情况

行业	R&D 人员		R&D 人员		其中:研究人员	
	数量(万人)	同比增速(%)	全时当量(万人年)	同比增速(%)	数量(万人)	同比增速(%)
通用设备制造业	33.33	8.96	24.09	10.42	7.29	10.62
专用设备制造业	29.50	7.54	21.28	9.45	7.30	11.71
汽车制造业	35.43	-3.06	25.06	-3.79	8.92	-0.60
铁路、船舶、航空航天和其他运输设备制造业	13.04	-0.34	9.33	4.47	3.78	3.95
电气机械和器材制造业	45.32	2.72	32.77	6.99	9.72	7.24
仪器仪表制造业	10.26	5.43	7.71	9.39	2.97	37.08
金属制品、机械和设备修理业	0.76	32.03	0.54	27.11	0.22	-7.54
计算机、通信和其他电子设备制造业	70.94	-1.56	54.38	-1.60	19.15	13.81

资料来源:《中国科技统计年鉴》(2019~2020)。

研究人员数量最多的是计算机、通信和其他电子设备制造业,为 19.15 万人。从研究人员增幅来看,2019 年,除了汽车制造业及金属制品、机械和设备修理业为负增长,其他六大行业均为正增长,其中仪器仪表制造业涨幅最大,为 37.08%。

不同行业研发机构人员配置略有差异。2019 年,从博士和硕士占研发机构人员比重来看,计算机、通信和其他电子设备制造业最高,达 19.26%;通用设备制造业最低,为 9.17%(见图 11)。

(四)科技产出量质齐升

1. 企业专利水平不断提升

2019 年,我国规模以上装备制造企业专利申请数量高达 68.20 万件,同比增长 11.91%。其中有 27.57 万件发明专利,同比增长 11.16%。有效发明专利为 81.62 万件。除了电气机械和器材制造业外,其他七大主要行业专利申请数量、发明专利数量、有效发明专利数量均有所上升。

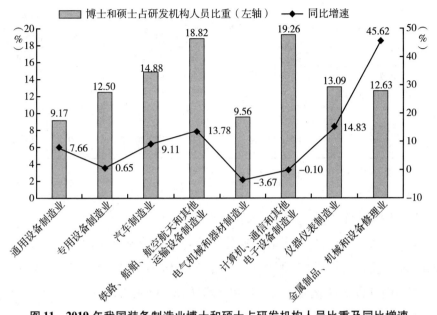

图11　2019年我国装备制造业博士和硕士占研发机构人员比重及同比增速

资料来源：《中国科技统计年鉴》（2019～2020）。

在专利申请方面，金属制品、机械和设备修理业的增长最为突出，同比增长32.63%。在发明专利方面，仪器仪表制造业涨幅最大，与上年相比增幅为25.27%。在有效发明专利方面，增长幅度最大的是金属制品、机械和设备修理业，与上年相比增幅为77.22%（见表15）。

表15　2019年我国规模以上装备制造企业专利申请情况

单位：万件，%

行业	专利申请		其中：发明专利		有效发明专利	
	数量	同比增速	数量	同比增速	数量	同比增速
通用设备制造业	9.50	20.36	2.80	13.07	9.16	16.35
专用设备制造业	9.44	15.72	3.10	8.50	10.75	9.88
汽车制造业	7.02	5.85	2.00	1.41	6.24	8.79
铁路、船舶、航空航天和其他运输设备制造业	2.85	16.56	1.27	19.52	3.86	16.48
电气机械和器材制造业	15.72	2.92	5.19	-5.31	14.31	5.24

行业	专利申请		其中:发明专利		有效发明专利	
	数量	同比增速	数量	同比增速	数量	同比增速
仪器仪表制造业	3.06	22.08	1.11	25.27	3.14	10.46
金属制品、机械和设备修理业	0.13	32.63	0.05	7.33	0.15	77.22
计算机、通信和其他电子设备制造业	20.48	14.18	12.05	20.25	34.01	13.23

资料来源:《中国科技统计年鉴》(2019~2020)。

2. 技术获取和技术改造经费支出快速增长

2019 年, 我国规模以上装备制造企业技术获取和技术改造经费支出为 2356.84 亿元, 同比增长 20.35%。其中 63.61% 的支出为技术改造经费支出, 费用达 1499.37 亿元, 与上年相比增加 25.46%; 17.48% 的支出为引进技术经费支出, 费用为 412.07 亿元, 与上年相比增加了 1.40%; 15.21% 的支出为购买国内技术经费支出, 费用为 358.67 亿元, 与上年相比增加了 26.56%; 3.68% 的支出为技术消化吸收经费支出, 费用为 86.73 亿元, 与上年相比增加了 18.04% (见图 12)。

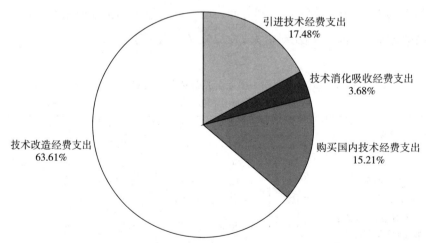

图 12 2019 年我国规模以上装备制造企业技术获取和技术改造经费支出占比情况

资料来源:《中国科技统计年鉴》(2019~2020)。

　　分行业看，2019年，汽车制造业引进、消化吸收和技术改造方面的经费支出金额均最高，分别为269.02亿元、72.81亿元以及691.97亿元。购买国内技术经费支出金额最高的为计算机、通信和其他电子设备制造业，达231.11亿元。从增速来看，半数呈增加趋势。具体而言，引进技术经费支出方面，汽车制造业同比增长17.72%，铁路、船舶、航空航天和其他运输设备制造业同比增长3.77%，仪器仪表制造业同比增长80.51%；计算机、通信和其他电子设备制造业和通用设备制造业降幅较大，分别为24.95%和23.60%。技术消化吸收经费支出方面，汽车制造业的增长幅度最大，达到28.89%；而仪器仪表制造业下降幅度最大，为89.10%。购买国内技术经费支出方面，八大行业均呈上升趋势，其中金属制品、机械和设备修理业增幅最大，为127.61%。技术改造经费支出方面，汽车制造业增幅最大，同比增长86.27%；而金属制品、机械和设备修理业降幅最大，为33.40%（见表16）。

表16　2019年我国规模以上装备制造企业技术获取和技术改造经费支出情况

单位：亿元，%

行业	引进技术经费支出		技术消化吸收经费支出		购买国内技术经费支出		技术改造经费支出	
	金额	增速	金额	增速	金额	增速	金额	增速
通用设备制造业	16.38	−23.60	3.67	−15.20	7.31	4.04	105.68	−7.84
专用设备制造业	6.42	−5.59	1.06	−32.71	3.73	11.38	71.41	0.26
汽车制造业	269.02	17.72	72.81	28.89	48.36	65.48	691.97	86.27
铁路、船舶、航空航天和其他运输设备制造业	18.97	3.77	0.68	−47.56	38.07	9.22	96.41	24.89
电气机械和器材制造业	14.39	−14.78	2.05	−48.21	27.90	17.58	173.18	−3.47
仪器仪表制造业	1.25	80.51	0.08	−89.10	2.03	10.46	15.98	−10.70
金属制品、机械和设备修理业	0.28	—	0.0002	—	0.17	127.61	1.93	−33.40
计算机、通信和其他电子设备制造业	85.37	−24.95	6.38	26.19	231.11	26.08	342.79	−4.86

　　资料来源：《中国科技统计年鉴》（2019～2020）。

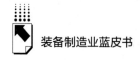

3. 课题开发数量增长较快

2019年，我国规模以上装备制造企业在课题开发方面具有突出表现，其中R&D课题总量为9605项，同比增长17.87%；投入人员总计11.85万人/年，同比下降1.64%；投入经费金额总计864.47亿元，同比增长8.96%。

分行业看，R&D课题数量增速最快的行业是铁路、船舶、航空航天和其他运输设备制造业，为31.72%；投入人员和投入经费增速最快的均为通用设备制造业，增速分别达到24.67%和114.87%；R&D课题数量、投入人员数量和投入经费金额均位列第一的为铁路、船舶、航空航天和其他运输设备制造业，分别为3384项、6.13万人/年和572.69亿元（见表17）。

表17　2019年我国规模以上装备制造企业开发课题情况

行业	R&D课题		投入人员		投入经费	
	数量（项）	增速（%）	数量（人/年）	增速（%）	金额（亿元）	增速（%）
通用设备制造业	728	22.15	3523	24.67	25.66	114.87
专用设备制造业	1200	28.34	3520	10.13	9.92	15.49
汽车制造业	67	−26.37	359	−35.36	1.47	−24.72
铁路、船舶、航空航天和其他运输设备制造业	3384	31.72	61310	−1.09	572.69	3.85
电气机械和器材制造业	358	−20.97	1143	14.42	4.44	12.45
仪器仪表制造业	620	−35.82	5198	−19.81	32.65	−0.78
金属制品、机械和设备修理业	4	0.00	1	−50.00	0.0063	10.53
计算机、通信和其他电子设备制造业	3244	27.97	43463	7.17	217.64	19.22

资料来源：《中国科技统计年鉴》（2019~2020）。

五　中国装备制造业对外经济分析

（一）对外贸易表现突出

2020年，我国机电产品累计的进出口总额达24997亿美元，与上年相比有小幅增长，增幅为 5.61% （见图 13），机电产品进出口总额占到货物贸易总额的一半以上，占比为 53.6%。2020 年，机电产品的进出口表现均优于外贸总体和非机电产品。

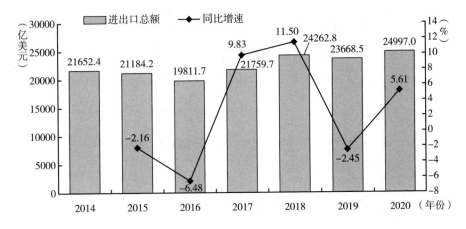

图 13　2014～2020 年我国机电产品进出口总额及同比增速

资料来源：商务部网站。

2020 年，我国机电产品累计出口额为 15466 亿美元，占我国货物出口额的 59.5%。分行业看，集成电路、照明设备、家用电器、自动数据处理设备及零部件四个行业累计拉动机电产品出口增长 3.7%。[①] 分月份看，1～3 月受疫情等因素影响，机电产品出口额大幅回落，6～11 月又回到平稳增长的状态（见图 14）。

2020 年，我国机电产品累计进口额为 9531 亿美元，与上年度相比增长 4.9%。分月份看，我国机电产品进口增速呈现波动上升趋势，12 月增速达到最高，为 20.2%（见图 15）。

---

① 《机电出口增长　"宅经济"产品增幅最大》，中评网，2021 年 2 月 4 日，http：//www. crntt. com/crn－webapp/doc/docDetailCreate. jsp？coluid＝218&kindid＝11711&docid＝106003335&mdate＝0204212114。

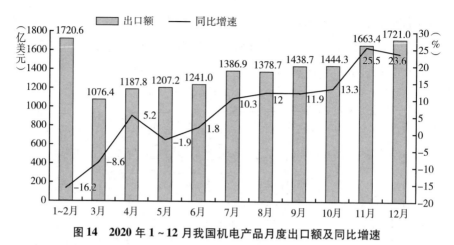

图14　2020年1~12月我国机电产品月度出口额及同比增速

资料来源：中国机电产品进出口商会。

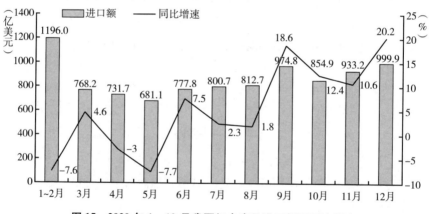

图15　2020年1~12月我国机电产品进口额及同比增速

资料来源：中国机电产品进出口商会。

（二）对外投资逆势增长

1.对外直接投资明显回升

2020年，我国实现对外直接投资1537.1亿美元，同比增长12.3%，较2019年增速回升16.6个百分点，占全球对外直接投资的比重为20.2%，规模首次位居全球第一。其中，流向装备制造业的对外投资额为119.0亿美元，与上年相比，增幅达到 89.8%，占我国制造业对外投资的比重达 46.1%，占同期我国对外投资总交易额的 7.74%。① 从细分行业来看，汽车制造业，计算机、通信和其他电子设备制造业，专用设备制造业，通用设备制造业，电气机械和器材制造业等是主要流向。②

2. 我国对美国的直接投资增长较快

2020 年，我国对外直接投资中对北美洲的投资金额为 63.4 亿美元，与上年相比有大幅增长，增幅为 45.1%，占该年对外直接投资流量的 4.1%（见表 18）。其中对美国投资 60.2 亿美元，同比增长 58.0%。从对美投资构成情况看，流向制造业 45.5 亿美元，同比增长 96.3%，占 75.6%。由此可见，制造业仍是中国企业的主要投资领域。③

表 18　2020 年中国对外直接投资流量地区构成情况

单位：亿美元，%

洲	金额	同比增长	比重
亚洲	1123.4	1.4	73.1
欧洲	126.9	20.6	8.3
非洲	42.3	56.1	2.8
北美洲	63.4	45.1	4.1
拉丁美洲	166.6	160.7	10.8
大洋洲	14.5	−30.3	0.9
合计	1537.1	12.3	100.0

资料来源：《2020 年度中国对外直接投资统计公报》。

3. 对欧洲投资出现增长

2020 年，我国对外投资流向欧洲的有 126.9 亿美元，与上年相比增长

---

① 国家统计局：《2020 年度中国对外直接投资统计公报》；《我国对外直接投资的产业结构与行业分布问题研究》，MBA 智库网站，https：//doc. mbalib. com/view/13000695c01b2ae7390 b641d4cbd12db. html。

② 袁峰：《中国企业对外直接投资风险与方向研究》，北京工业大学出版社，2019。

③ 《中国对外投资合作发展报告 2020》，商务部网站，http：//images. mofcom. gov. cn/fec/202106/2021063008 3052807. pdf；《新疆企业对美出口遇阻：如何应对新时期的跨境法律挑战?》，中伦网站，2021 年 4 月 13 日，http：//www. zhonglun. com/Content/2021/04 - 13/1420240353. html。

20.6%，对欧洲的投资额占当年对外直接投资流量的8.3%。主要流向荷兰
（49.4亿美元）、瑞典（19.3亿美元）、德国（13.8亿美元）、瑞士（10.7
亿美元）、英国（9.2亿美元）、卢森堡（7亿美元）、俄罗斯（5.7亿美元）
等国家。其中，中国对德国投资的项目总数量为170个，与上年相比增长了
10%，主要项目有中国电池制造厂商蜂巢能源在德建立电池工厂和研发中
心、中国电池企业宁德时代在德投资、中国科技初创企业初速度科技在德国
斯图加特设立研发中心、中国移动国际有限公司德国数据中心在法兰克福正
式启用。

4. 对"一带一路"共建国家投资较快增长

截至2020年底，我国境内投资者对"一带一路"共建国家直接投资额
达到225.4亿美元，与上年相比增长了20.6%（见图16），占同期我国对外
投资流量总额的14.7%，较上年提升高了1.0个百分点。涉及的境外企业
达1.1万余家，投资范围涵盖了63个国家；投资企业的行业分布覆盖了
《国民经济行业分类》中的18个大类，其中流向制造业的投资额达到76.8
亿美元，与上年相比增长13.1%，所占比重为34.1%；从国别构成看，投
资主要流向新加坡、印度尼西亚、泰国、越南、阿拉伯联合酋长国、老挝、
马来西亚、柬埔寨、巴基斯坦以及俄罗斯等国家。

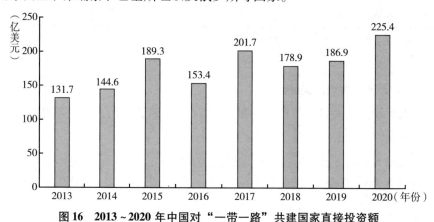

图16 2013～2020年中国对"一带一路"共建国家直接投资额

资料来源：商务部、国家统计局、国家外汇管理局《2019年度中国对外直接投资统计
公报》。

（三）外商投资力度趋弱

1. 高技术制造业利用外资规模下降

2020年，我国新设外商投资企业总计38578家，同比减少了5.7%；实际使用外资金额达1493.4亿美元，同比增长了5.7%。[1] 其中，高技术制造业实际使用外资金额达到103.0亿美元（见表19），同比下降了23.0%。

表19　2020年我国高技术产业吸收外资情况

	新设企业数（家）	比重（%）	实际使用外资金额（亿美元）	比重（%）
总计	38578	100	1493.4	100
高技术产业	10924	28.3	427.6	28.6
高技术制造业	857	2.2	103.0	6.9
高技术服务业	10067	26.1	324.6	21.7

资料来源：商务部外资统计。

2. 部分地区加大装备制造业对外开放力度

一是上海构筑更加开放的先进装备制造业产业体系。2020年前三季度，上海制造业投资有所增长，增幅为18.7%，已连续6个月保持增长态势。其中大项目对投资的拉动作用明显，集成电路重大项目投资增长已实现翻一番，新能源汽车重大项目投资也有较大涨幅，涨幅超过20%。上海瞄准集成电路、民用航空等领域，着力攻坚该领域的核心技术，布局了约200个科创攻关项目，致力于提升产业的核心竞争力。同时加快布局各类创新主体，已投资建设了4家市级制造业创新中心，培育扶持了20多家研发与转化功能型平台，以促进智能网联汽车和海洋工程装备等重点制造领域的发展。在一系列政策加持下，上海已成为我国产业集中度最高、产业链完整度最高、综合技术水平最高的地区。

二是山东省加大重大外资项目引进力度。2020年，山东省制造业实际

---

[1] 《中国外资统计公报2021》。

利用外资金额达 28.3 亿美元，占山东省实际利用外资金额的 25.2%，与 2019 年相比提高了 5.1 个百分点。从细分行业来看，专用设备制造、通用设备制造以及计算机、通信和其他电子设备制造等装备制造领域实际使用外资金额均大幅增长，反映出山东省引进外资的结构进一步优化升级。①

六 中国装备制造业发展中存在的主要问题

（一）中国装备制造业经济运行中存在的主要问题

1. 市场需求增速放缓

从国际来看，近年来，单边主义、贸易保护主义持续升温，许多发达国家实行"再工业化"战略，重新重视实体经济，对发展中国家实行市场和技术的封锁。加之新冠肺炎疫情的持续影响，全球经济环境恶化，我国外贸依存度下降，逐渐从外需拉动转向内需拉动。② 从国内来看，我国经济增速放缓，资源和环境状况约束趋紧，人口老龄化日益严重，劳动力出现负增长，各方面因素的影响制约了经济的快速发展，在经济增速减缓的大背景下，市场需求减少，我国装备制造业面临转型升级的挑战与机遇。

2. 行业企业亏损面小幅扩大

2020 年，全国规模以上装备制造企业共计 114812 家，其中亏损企业 19765 家，占比 17.22%，与上年相比上升了 1.11 个百分点。分月份看，2020 年，亏损面呈现逐月缩小趋势，但均高于 2019 年同期（见图 17）。从各细分行业来看，15 个主要行业中，亏损面扩大的行业有 9 个，其中文化办公设备行业，机器人与智能制造行业，重型机械行业，铁路、船舶、航空

---

① 《山东：加快制造业外资项目落地 上半年利用外资规模和质量双提升》，闪电新闻网，2021 年 8 月 13 日，https：//article. xuexi. cn/articles/index. html？ art_ id = 7249761318605047081& t = 1628824 269234&showmenu = false&study_ style_ id = video_ default&source = share&share_ to = wx_ single&item_ id = 7249761318605047081&ref_ read_ id = 2fb49d4d－3da3－4c88－ b8b0－54c4f4527398_ 1642922376986。

② 徐东华：《碳中和背景下中国装备制造业"危""机"并存》，《中国企业报》2021 年 9 月 14 日，第 5 版。

航天和其他运输设备行业规模以上企业亏损面分别较2019年扩大3.84个、2.06个、1.84个、0.87个百分点。亏损面缩小的行业共有6个，分别为通用基础件行业，计算机、通信和其他电子设备行业，汽车行业，工程机械行业，农业机械行业以及内燃机行业，其亏损面分别较上年度缩小0.48个、0.48个、0.49个、1.33个、2.23个和2.96个百分点。

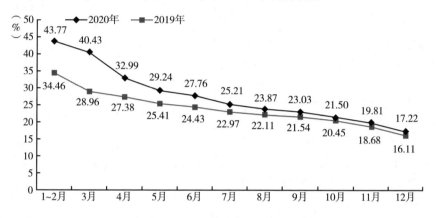

图17 2019年和2020年我国装备制造业亏损面对比

2020年，我国规模以上装备制造亏损企业亏损额3297.64亿元，同比减少3.22%。分行业看，15个主要行业中，亏损额增加的行业分别是汽车行业（62.35亿元）、电工电器行业（24.83亿元）、通用基础件行业（14.57亿元）、文化办公设备行业（7.27元）、石化通用行业（5.39亿元）、机器人与智能制造行业（5.31亿元）和食品包装机械行业（1.65亿元）（见表20）。

表20 2019年和2020年我国装备制造业细分行业亏损情况

单位：%，亿元

行业名称	亏损面		亏损额	
	2019年	2020年	2019年	2020年
农业机械行业	15.42	13.19	26.61	21.41
内燃机行业	20.56	17.60	15.32	10.16
工程机械行业	15.23	13.90	42.55	17.12
仪器仪表行业	13.64	13.66	61.63	49.80
文化办公设备行业	19.86	23.70	8.80	16.07

行业名称	亏损面		亏损额	
	2019 年	2020 年	2019 年	2020 年
石化通用行业	13.96	14.41	141.85	147.24
重型机械行业	14.59	16.43	78.97	57.21
机床工具行业	15.27	15.40	135.57	87.16
电工电器行业	16.44	16.64	489.08	513.91
通用基础件行业	13.95	13.47	97.82	112.39
食品包装机械行业	11.69	12.33	3.78	5.43
机器人与智能制造行业	23.97	26.03	63.38	68.69
汽车行业	20.88	20.39	1032.90	1095.25
铁路、船舶、航空航天和其他运输设备行业	15.64	16.51	226.52	164.40
计算机、通信和其他电子设备行业	19.60	19.12	982.62	931.40

资料来源：国家统计局网站、机经网。

3. 应收账款总额增长较快

目前，我国装备制造企业生产经营中较为突出的问题是应收账款总额较大。2020 年，我国规模以上装备制造企业的应收账款金额达到 8.69 万亿元，与上年相比增加了 13.28%。从细分行业角度看，2020 年应收账款超过万亿元的行业有计算机、通信和其他电子设备行业（3.05 万亿元），电工电器行业（1.58 万亿元）以及汽车行业（1.53 万亿元）。上述三个行业的应收账款额占全行业应收账款总额的 71.01%。从增速来看，除了文化办公设备行业及计算机、通信和其他电子设备行业以外，其他行业应收账款增速都在 10.00% 以上（见表 21）。

表 21　2020 年我国装备制造业应收账款增长情况

单位：亿元，%

行业名称	2019 年应收账款	2020 年应收账款	同比增长
农业机械行业	310.68	373.39	20.18
内燃机行业	268.23	311.39	16.09
工程机械行业	1692.40	2069.31	22.27
仪器仪表行业	2053.67	2345.87	14.23

续表

行业名称	2019年应收账款	2020年应收账款	同比增长
文化办公设备行业	366.47	382.15	4.28
石化通用行业	4668.92	5322.09	13.99
重型机械行业	2798.94	3205.06	14.51
机床工具行业	1478.76	1756.60	18.79
电工电器行业	13460.07	15846.98	17.73
通用基础件行业	2871.60	3443.23	19.91
食品包装机械行业	134.76	149.52	10.96
汽车行业	13753.87	15344.89	11.57
机器人与智能制造行业	1069.80	1533.21	43.32
铁路、船舶、航空航天和其他运输设备行业	3640.10	4293.20	17.94
计算机、通信和其他电子设备行业	28120.40	30494.60	8.44

资料来源：国家统计局网站、机经网。

4.装备生产成本刚性上升

2020年以来，装备制造业主要行业燃料、动力、原材料等上游领域价格上涨幅度较大，但是，装备制造企业的产品议价能力普遍比较低，因而生产成本上升如生产资料或原材料价格上涨就只能由企业内部消化，下游企业利润受到侵蚀。另外，随着我国老龄化进程加速，劳动力增长率下降，员工工资继续保持刚性上升态势，企业用工成本不断抬升。

5.部分行业发展动力不足

受国家政策及下游产业产能过剩影响，传统火电装备、重型机械行业发展环境依然严峻，如何完善产业结构、调整产品方向、寻找新的增长点仍是传统制造企业迫切需要解决的问题。农业机械装备行业发展缓慢，经营压力增大。农业机械装备行业的主要问题仍然是缺乏有效的市场供给，总体而言，我国农机化发展任重道远。

（二）中国装备制造业技术创新方面存在的问题

我国装备制造业科研能力还存在较大短板，原始创新技术和能力薄弱，

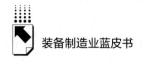
相关的基础研究稀少，关键技术及核心部件对国外的依赖程度仍比较高，容易陷入"增量薄利"的发展怪圈。[①]

1. 基础创新、原始创新成果相对欠缺

就整个生产链而言，我国装备制造业在设备样式、产品功能设计、技术指标研制方面仍在很大程度上依赖于模仿国外已有的设备、方案和技术路线。[②] 随着模仿创新和跟随创新的边际贡献越来越小，[③] 缺乏国产原创性使得装备制造业在国家产业和工业信息安全中处于劣势。如在上游设计领域，我国许多装备多处于"跟随模仿"阶段，尚未有效掌握先进的设计模式与方法，装备产品性能和试验验证等环节发展基础薄弱，关键制造工艺研制跟不上市场需求，先进制造模式仍有待推广应用。[④]

2. 基础共性技术供给不足，产品工艺验证缺失

装备制造业产业基础共性技术总体供给不足。主要表现在承担基础共性技术研发的主体不明确且相对分散，产业基础共性技术研发重点不突出，缺少系统规划，战略关键领域和前沿新兴领域的产业基础共性技术明显短缺，企业对基础共性技术的市场需求和政府支持下的基础共性技术供给不衔接、不匹配，而政府对企业从事基础类及应用基础类科研的支持相对较少。此外，针对中小企业的产业基础共性技术供给体系尚未建立。长期缺乏产品的工艺验证条件，国外企业一般以1:5甚至1:10的投入比例开展产品开发和工艺验证两个环节，而我国装备制造企业普遍缺乏试验验证能力，在工艺验证方面投入不足，部分新产品经前期研制后陷入难以大规模应用的瓶颈。

3. 产学研合作模式仍需优化

产学研合作将促使技术创新所需的生产要素组合在一起，推动产业和经

① 张丹宁、陈阳：《中国装备制造业发展水平及模式研究》，《数量经济技术经济研究》2014年第7期。
② 李强：《中国装备制造业企业高质量发展研究——基于政府与市场的影响分析》，博士学位论文，吉林大学，2020。
③ 曹聪、李宁、孙玉涛：《中国中长期科技规划与自主创新战略（2006－2012）》，《科学学研究》2018年第12期。
④ 李强：《中国装备制造业企业高质量发展研究——基于政府与市场的影响分析》，博士学位论文，吉林大学，2020。

济的发展。但我国当前产学研合作的效果并不尽如人意。一方面，装备制造企业缺乏与高校和科研机构产学研合作的动力，不愿意投入大量的资本与精力进行成本高、周期长、不确定性强的技术创新合作；另一方面，许多装备制造业产学研合作模式有待进一步深化，产学研创新仅为表面功夫，实际合作效果不尽如人意。两方的实际合作度并不高，因此装备制造业产学研合作模式的技术成果不多，市场经济价值也不大。

4. 推广应用难问题仍未得到根本解决

当前装备领域科研成果研制与产业化应用脱节的问题依然存在。新产品研制出来之后，由于产品缺乏既往应用业绩，且安全生产关系重大，多存在用户"不愿用""不敢用"的现象，在招投标过程中遭遇"弹簧门"。由于用户使用惯性、路径依赖等因素，国内技术装备和产品在应用市场中多处于相对劣势。

5. 创新型人才相对缺乏

当前我国制造业发展面临的难题之一是缺乏创新型人才。《中国制造2025》数据显示，到2025年我国制造业人才缺口将达6200万人，涉及制造业的十大领域。首先，我国当前的人才与装备制造企业需要的高端技术创新型人才素质、能力不匹配。其次，在新一代信息技术与装备制造业融合发展的背景下，我国相关的装备制造业人才出现断层。当前人才短缺、人才流失的问题严重制约了我国装备制造业的技术创新和转型升级。

（三）中国装备制造业质量品牌方面存在的问题

1. 产品质量水平仍有待提高

当前，为保证装备制造业产品质量合格，我国装备领域的标准、计量、认证认可、检验检测等国家质量技术基础能力建设还有待进一步提升。此外，在市场竞争机制不完善的情况下，一些企业为了争取更多市场份额，不惜降低价格、缩短生产周期、降低质量标准。市场恶性竞争导致产品质量难以得到保障。

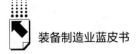

2. 行业标准化水平相对较低

制造高质量的产品必须有高标准支撑，争夺标准"制定权"是企业获得市场地位的重要途径。[①] 但从目前来看，我国装备制造业总体标准化水平还比较低。首先，企业的标准化意识不强，通常处于被动跟随的状态，对标准化的投入较少，创新能力较低。其次，既了解标准化规制又具备专业知识的人才稀缺，企业缺乏推动标准化的源泉和动力。最后，相关政策的缺失也使得企业获取国内外标准、技术法规、政策信息等较为困难，难以深化国际国内的标准化活动，技术性贸易壁垒导致中国装备制造业标准化整体水平不高。除此之外，行业准入、生产许可、行政执法等体系还不够完善，导致企业准入门槛低，生产的产品远达不到标准化水平，同时拉低了市场平均水平。另外，装备制造业领域节能、节水、环保、技术、安全等标准的实施还没有彻底落实，部分企业仍采用粗放型生产模式，产品结构落后，产品品质不过关。

3. 品牌建设水平有待提升

当前我国品牌与世界知名品牌相比，在国际上的品牌认知度和信誉度较低，缺乏足够的品牌影响力与全球竞争力。[②] 大部分中国品牌的竞争优势仍在于价格低，在市场竞争的初级阶段能够迅速赢得市场，但这种方式难以持久，通过低价竞争赢得市场份额的直接后果是品牌价值不高，用户对品牌缺乏较高的忠诚度。

（四）中国装备制造业产业结构方面存在的问题

1. 产业结构不合理

目前我国装备制造业产业结构不合理。一方面，造船、钢铁、水泥、煤炭等传统产业仍占主导地位，产能过剩；另一方面，大型数控设备、卫星航

---

① 唐璐、徐家莹、张世娟：《浅谈装备制造业高质量发展的标准化问题及路径研究》，第十八届中国标准化论坛，顺德，2021 年 10 月。

② 李敏祈、郭政、崔继峰：《中国制造业品牌现状、问题及成因"制造业质量与品牌发展战略"系列研究（一）》，《上海质量》2016 年第 6 期。

天、智能设备等高科技产业产品普遍供给不足，严重依赖国外。这导致我国装备制造业的产能总体过剩，而体现核心竞争力的高新技术装备又十分短缺。此外，我国制造业的500强企业多属于传统加工业，相比之下世界500强企业多集中于现代制造，反映出我国产业结构与西方发达国家存在较大差距，依然处于较低水平。[①]

2. 企业规模多数偏小

虽然我国工业增加值在世界范围内排名第一，但我国制造业主要依靠企业数量取胜。从单个企业来看，我国大多数制造业企业的规模比较小，很多企业还不符合行业对于规模经济的要求，整体的产业发展根基不稳固，容易受外界因素影响而产生波动，抵御风险的能力还有较大的提升空间。从国际竞争的角度看，我国制造业企业的规模还有很大的发展空间，与世界一流的制造业企业相比差距仍然非常显著，缺乏国际竞争力。

（五）中国装备制造业产业布局方面存在的问题

1. 集群区域发展不平衡

从我国装备制造业区域布局来看，经济相对发达的东南沿海地区产业集聚程度相对较高，而中西部地区的产业集聚程度相对较低。[②] 一方面，产业集聚程度过高容易产生拥挤，不仅会引起很多产业重复建设的问题，而且企业间过度竞争会导致经济效益严重下降，不利于分工体系与协作网络的形成，拥挤产生的环境污染也不利于产业和地区的可持续发展。另一方面，产业集聚程度较低的地区无法形成集聚及规模效应，不利于该地区产业的整体发展。因此需要寻求区际和区间的产业集聚发展平衡。

2. 创新资源溢出不足

在集聚程度高的东南沿海地区，装备制造业的头部企业也只是集中在几

[①] 《迷茫的中国制造，未来之路在何方？》，道客巴巴网站，https：//www.doc88.com/p-6771119319151.html。

[②] 李蕾、杨瑾：《全球价值链下中国装备制造业升级关键影响因素研究》，《技术与管理创新》2021年第5期。

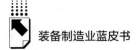

个核心省份的省会城市，且更多的是带动本地及所在园区的产业集群发展，对其他中小城市的溢出作用较小，并没有实现高水平的跨区域、跨产业融合与协作。① 本地高校和研究机构是推动产业技术进步和发展的重要主体，但多数企业不愿意通过产学研合作来促进创新资源的溢出，产业创新链还有待完善和巩固。

（六）中国装备制造业对外经济方面存在的问题

1. 关键装备部件与核心技术受制于人

当前我国技术水平要求较高的高端装备产品供给不足。2019年工信部调查结果显示，高端装备制造领域对外依存度很高，高档数控机床、高端仪器仪表以及九成以上的大飞机、汽车等核心基础零部件的精加工生产线设备仍高度依赖进口。此外，一些国家对我国的技术打压与封锁日益加剧，装备制造业关键领域的核心技术仍受制于人，这极大地影响了我国装备制造业乃至制造业的国际竞争力，也不利于维护我国制造业产业安全。

2. 应对风险能力弱

近年来，全球贸易保护主义蔓延，以美国为首的发达国家，加固对我国装备制造领域的贸易壁垒，加强高端技术出口管制，加征进口产品惩罚性关税，对我国装备制造产业的发展产生不利影响。我国装备制造企业体量较小，研发能力以及开发新兴市场的能力仍处于较低水平，产品结构较为单一，品牌溢价率低，在国际市场中议价能力相对较弱，出口产品中大多数附加值相对较低，利润率只有6%左右，在加征25%关税的情况下，企业利润极低。② 一旦外部风险加大，出口导向型装备制造企业发展极易陷入困境。

3. 对外投资并购受阻

近年来，为应对日益激烈的全球竞争，美日欧等经济体日益强化投资审查制度，在重点领域收紧外国投资准入资质。如2018年，美国发布《外国

---

① 杨凡：《长三角探索世界高端装备产业集群共建之路》，《浙江经济》2021年第9期。
② 徐东华主编《装备制造业蓝皮书：中国装备制造业发展报告（2019）》，社会科学文献出版社，2020。

投资风险审查现代化法案》，限制外资进入该国的关键核心技术、重要基础设施和个人敏感数据（TID）等领域，还将评估中国企业在美投资是否与先进制造目标保持一致，加大了我国在美国并购及投资高技术的难度。受美国影响，欧盟发布关于外国直接投资和自由流通的成员国指南，德国提升《对外贸易法》中的外国直接投资审查标准，澳大利亚、加拿大强化外资审查，印度限制来自与其陆地接壤国家的投资者。我国政府加大对外投资的风险监管力度。在这些因素影响下，我国制造业企业通过实施外延式投资并购实现升级发展的渠道逐渐收窄。

B.2
中国装备制造业发展展望

史仲光　张 挺*

摘　要： 2020 年，新冠肺炎疫情的持续蔓延使全球经济遭到重创。国际
上，我国中低端装备制造产业链面临向新兴经济体转移的压力，
高端装备则受到以欧美国家为首的发达国家的技术垄断和激烈竞
争，相关风险不可忽视。就国内来看，疫情之下我国在经济总
量、产业结构转型、科技成果和外贸体量方面均有亮眼表现，但
部分关键技术与设备所面临的"卡脖子"问题仍要高度重视。
总体来说，我国制造业发展稳中有进，但结构调整、转型升级的
任务还很艰巨。当前我国装备制造业投资市场风险投资和企业并
购事件较为频繁，公开募股的活跃程度则有所下降，部分新兴技
术、高端装备等领域，如"5G＋工业互联网"、工业机器人、商
业航天、高性能医疗设备、锂电设备等成为投资热点。装备制造
业在今后的发展中应加强防范宏观经济、管理运营、技术创新以
及融资和市场开拓等方面的风险，着力营造产业基础稳固、产业
结构优化、产业动能升级的新局面。

关键词： 装备制造业　高质量发展　风险投资　5G＋工业互联网　工业
机器人

---

* 史仲光，教授级高级工程师，机械工业经济管理研究院副院长，兼职业发展与评价研究所所
长，机械工业职业技能鉴定指导中心执行主任，主要从事职业教育评价与认证研究；张挺，
博士，高级经济师，机械工业经济管理研究院院长助理、产业经济研究所所长、环境能源研
究所所长、发展战略研究所执行所长，主要从事复杂系统科学、产业经济、农业农村改革
研究。

一　中国装备制造业发展前景展望

（一）国内外经济形势分析

1. 全球经济格局面临深刻调整

（1）全球经济显著萎缩

2020年，新冠肺炎疫情蔓延使全球经济遭遇重创（见图1）。世界各主要国家经济数据均有较大幅度萎缩。2020年美国、德国、法国和韩国GDP分别同比下降3.5%、5.0%、8.3%和1.0%。[①] 疫情发生后相较于供给端，需求的恢复存在一定程度的滞后，这使全球经济经受中长期动荡，陷入长期"L"形或者"W"形衰退。

图1　2010～2020年全球GDP增速

资料来源：世界银行、国际货币基金组织。

（2）国际贸易增速有所回升

受疫情影响，全球贸易大幅衰退，各国政府更关注抗击疫情，在一定程度上缓解了双边贸易紧张局势。多个国家通过实施强有力的货币和财政政策来支撑国民和企业收入，这使得消费和进口规模在"解封"后迅速反弹，经

---

① 国际货币基金组织（IMF）统计数据。

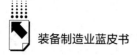

济活动也随之加速恢复。在各国实现有效疫情控制并保持自由开放的政策主张下，2021年全球贸易增速约为7.2%。发展中经济体的出口增长能够达到9.5%；进口方面，发达经济体和发展中经济体分别约增长7.3%和11.0%。①

（3）制造业竞争格局呈现新变化

联合国工业发展组织公布的《2020年国际工业统计年鉴》中关于全球制造业增长率的数据显示，全球范围的数据已经连续两年下降，到2019年已降至2%的边际增长率。其中，中国和美国的制造业增加值（MVA）增幅已分别从2018年的6.2%和3.2%降至2019年的5.5%和2.0%，欧洲的制造业增加值也呈现下降态势。2019年，全球制造业PMI逐季下滑，第一、二、三、四季度均值分别为51.9%、50.5%、49.3%、48.8%。值得注意的是美国、中国、欧盟、日本、德国等主要经济体，在PMI数据上的表现都相对较差，均在50.0%以下。2020年6月以来，虽然全球疫情形势仍不容乐观，但主要经济体制造业呈现显著复苏态势。截至2020年11月，包含中国在内的全球制造业生产指数达到100.8，不含中国的制造业生产指数则为98.4，这意味着全球制造业生产已经基本恢复至疫情前水平。

2. 我国经济总量与增速位居世界前列

（1）国民经济运行总体平稳

2020年，我国作为全球仅有的实现经济正增长的主要经济体，GDP同比增长了2.3%，达到101.6万亿元（见图2）。从全球来看，2020年全球生产总值的17%来自我国，金额在14.7万亿美元左右，稳居世界第二，我国人均GDP连续两年超过1万美元，与高收入国家的差距不断缩小，进一步稳固了在中上收入国家行列中的位置。

（2）产业结构转型不断加快

2020年中国第一、二、三产业增加值分别为77754亿元、384255亿元、553977亿元，涨幅分别为3.0%、2.6%、2.1%，其中第三产业增加值占GDP的54.5%，较上一年提高了0.6个百分点（见图3）。规模以上工业增加值相

---

① 国际货币基金组织（IMF）统计数据。

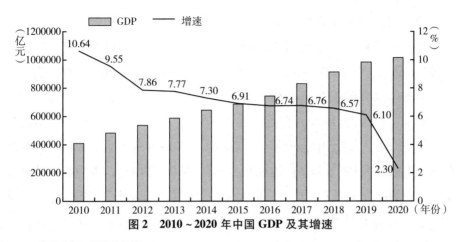

图2　2010～2020年中国GDP及其增速

资料来源：国家统计局。

较2019年上涨2.8%，其中制造业作为主要行业增速高于全行业，增长了3.4%。2020年，装备制造业增加值上涨了6.6%，高新技术制造业增加值上涨了7.1%，与规模以上工业相比分别高3.8个百分点和4.3个百分点。疫情下成长起来的新型商业模式使线上和线下的融合进程进一步加速，5G、人工智能、物联网等新技术，短视频、直播带货等线上平台营收逆势增长，远程办公、在线教育、互联网医疗等新模式，进一步推动经济重新恢复活力。①

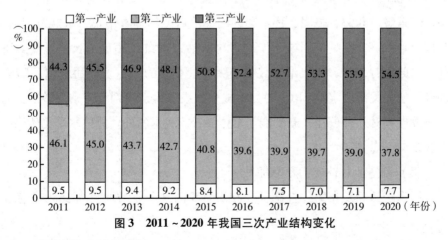

图3　2011～2020年我国三次产业结构变化

资料来源：国家统计局。

---

① 《在极不平凡之年取得极不平凡的成就》，《中国信息报》2021年1月19日。

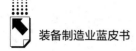

（3）科技创新成果不断涌现

从研发经费来看，我国 2020 年研究与试验发展（R&D）经费合计 24393.1 亿元，同比增长 10.2%，增加 2249.5 亿元，增速较上年下降 2.3 个百分点；R&D 经费投入强度（R&D 经费投入与 GDP 之比）为 2.40%，较 2019 年提高了 0.16 个百分点。按 R&D 人员全时当量来计算的人均经费达到 46.6 万元，较上年上涨 0.5 万元。我国 2019 年通过世界知识产权组织的《专利合作条约》（PCT）体系陆续提交 58990 件申请，成为通过世界知识产权组织提交国际专利申请的最大来源国。[①] 从创新成果方面来看，"嫦娥五号"成功登月并取样返回，火星探测器"天问一号"成功发射，以"蛟龙号""深海勇士号"载人潜水器的研发力量为主的科研团队研发的载人潜水艇"奋斗号"下潜突破万米，量子计算机原型机"九章"研制成功。科技创新能力的持续加强，推动了我国经济高质量发展进程。

（4）外贸保持平稳增长

2020 年，我国在货物贸易进出口总额方面再次取得新的突破，超越了历史最高水平，达到 32.16 万亿元，与 2019 年相比，进出口总额提高 1.9%，其中出口总额有较大幅度的提升，达到 17.93 万亿元，增长 4%；进口 14.23 万亿元，下降 0.7%；贸易顺差 3.70 万亿元。对外贸易伙伴方面，对东盟、欧盟、美国、日本和韩国进出口总额均有增长。全球范围内，我国是唯一一个在疫情影响下实现货物贸易进出口总额正增长的主要经济体。与此同时，签署亚太地区规模最大、最重要的自由贸易协定《区域全面经济伙伴关系协定》（RCEP），完成中欧投资协定谈判等一系列举措都为经济发展和对外开放注入新动能。总体来看，我国的外贸总体水平仍然保持着长期向好态势。[②]

（5）制造业总体实力不断提升

国家统计局发布的公告显示，2020 年我国制造业增加值为 265944 亿元

---

① 谢玮：《GDP 首破 100 万亿》，《中国经济周刊》2021 年第 2 期。
② 吴宗江、李玥铭：《区域全面经济伙伴关系协定（RCEP）与中国自行车电动车行业（综合篇）》，《中国自行车》2021 年第 1 期。

（接近 4 万亿美元），同比增长了 2.3%，连续 11 年居世界第一。美国第二，其制造业增加值约为 2.3 万亿美元，约是中国的 57.5%。日本第三，约为 1 万亿美元。德国制造业增加值略微超过 0.7 万亿美元，位列第四。随后是韩国、印度、意大利、英国。从制造业占比看，2006 年我国制造业占比达到峰值，为 32.5%，2006 年之后这一占比持续下跌，到 2019 年已下跌至 27.2%。当前我国处于工业化进程的中后期，制造业占比的下降是符合客观规律的。发达国家在这一阶段都会经历这样一个过程。但值得注意的是，我国的制造业占比与其他发达国家相比下降得过早、过快，很容易带来产业安全方面的一系列隐患，从而削弱我国经济发展的抗风险能力。总体来看，我国制造业仍处于中低端，存在许多难点需要攻克，实现制造强国任重道远。

（二）我国装备制造业发展前景

总体来看，国内外大环境对我国装备制造业发展造成的影响将有所减弱，但长期问题依旧根深蒂固，尤其在产业结构调整和转型升级方面仍然任重道远。虽然装备制造业主要的经济指标依旧保持在合理区间内，但目前看来仍然面临较大压力。我国经济发展已经多年保持在一个快速稳定的水平上，装备制造业也随着各行业的发展取得了长足进步，主营业务收入水平已经达到 36 万亿元，不仅规模在不断扩大，产业结构和发展质量也持续向好，未来将继续加快提升自主创新能力，推动产业结构升级，优化产业布局，强化质量品牌，继续向高质量发展迈进。

二 中国装备制造业投资机会分析

（一）2020 年中国装备制造业投资现状分析

1. 风险投资①市场较为活跃

2020 年，装备制造业投融资项目中，被披露的投资案例共 3698 起，其

---

① 风险投资（Venture Capital，VC），简称"风投"，包括天使投资、创业投资、私募股权投资等。

中有 2023 起案例披露了投资金额，总金额达 15218.43 亿元，平均金额 7.52 亿元，同比增加了 381 起，总投资金额同比增长 18.95%。[①] 从单月投资金额来看，2020 年 12 月为 2563.23 亿元，排名第一；7 月排名第二，达到 1971.97 亿元。从单月案例数量看，12 月最多，达到 343 起；9 月第二，达到 201 起（见图 4）。

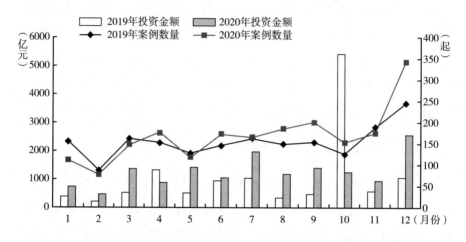

图 4 2019～2020 年我国装备制造业风险投资市场披露投资金额和案例数量

资料来源：投资中国（CVSource）数据库。

（1）北上广苏浙投资活跃度较高

从地区看，2020 年广东、上海、江苏、浙江、北京创业投资活动活跃度分列我国前 5 位。广东省融资金额比上年同期提高 181%，牢牢占据全国第一的位置；吉林的融资金额增速最快，较上一年增加了 580%；广东、江苏、上海、浙江仍然是融资活跃度较高的地域，其中，广东、上海、浙江案例数量及融资金额都有所增加，江苏则较上一年出现了 75% 的降幅（见表 1）。

[①] 如没有特殊说明，本部分数据均来自投资中国（CVSource）数据终端，http://www.cvsource.com.cn/index.jsp。

表1　2020年我国装备制造业创业投资市场案例数量和融资金额的前10名

单位：起，亿元

地区	案例数量	融资金额
广东省	718	2582.18
上海市	401	1762.93
江苏省	607	1442.49
浙江省	381	1037.24
北京市	353	798.11
安徽省	118	452.63
福建省	75	421.16
吉林省	24	386.94
湖北省	106	386.71
天津市	61	289.36

资料来源：投资中国（CVSource）数据库。

（2）上市及以后融资占主导地位

在融资规模上，2020年我国装备制造企业上市及以后融资共471起，较上年增加了103%，融资金额居首位，达到5962.76亿元；Buyout融资502起，融资金额达到4311.33亿元；非控制权收购927起，融资金额达到3019.41亿元；A轮融资合计483起，融资金额达到297.48亿元（见表2）。与上年相比，除了战略融资、种子轮、天使轮、C轮和E轮融资外，各轮次融资案例数量均有上涨；战略融资、私有化、借壳上市、C+轮、D+轮、Pre-B轮、E轮、种子轮融资金额减少，其他轮次在融资金额上都有所提高。从披露的风险投资案例数量角度看，投资案例更多分布于企业进入成熟期及以后阶段，不难看出投资者对相对成熟的企业有更高的投资热情。

表2　2020年我国装备制造业风险投资类型分布

单位：起，亿元

融资性质	案例数量	融资金额
上市及以后	471	5962.76
Buyout	502	4311.33
非控制权收购	927	3019.41
Pre-IPO	9	529.64

续表

融资性质	案例数量	融资金额
A	483	297.48
战略融资	95	150.97
B	205	141.92
D	35	138.56
战略合并	4	105.58
天使轮	188	103.33
私有化	10	82.81
C	74	77.09
Pre-A	146	61.66
定向增发	229	56.96
借壳上市	3	55.60
未披露	41	41.12
A +	112	29.28
C +	27	25.19
B +	60	22.36
E +	3	3.50
D +	7	1.07
Pre-B	27	0.40
E	4	0.30
种子轮	23	0.12
Pre-C	13	0.00
总计	3698	15218.44

资料来源：投资中国（CVSource）数据库。

（3）计算机、通信和其他电子设备制造业融资规模最大

2020年，装备制造业各子行业中，计算机、通信和其他电子设备制造业的融资案例数量和融资金额最多，分别为1304起和6054.30亿元，融资案例数量占行业总融资案例的35.26%，融资金额占全行业融资金额的比重为39.78%。通用设备制造业在融资案例数量和融资金额上均位列第二，案例1146起，占全行业的30.99%；融资金额2611.64亿元，占全行业的17.16%。电气机械和器材制造业的案例数量排名第三，融资案例数量为507起，占全年的13.71%；融资金额为2318.19亿元，占15.23%（见表3）。

表3　2020年我国装备制造业风险投资市场不同行业的案例数量和融资金额

单位：起，亿元

行业	案例数量	融资金额
计算机、通信和其他电子设备制造业	1304	6054.30
通用设备制造业	1146	2611.64
电气机械和器材制造业	507	2318.19
铁路、船舶、航空航天和其他运输设备制造业	148	1802.74
汽车制造业	309	1726.40
金属制品业	147	457.76
仪器仪表制造业	137	247.41
总计	3698	15218.44

资料来源：投资中国（CVSource）数据库。

2. 发行募资规模不断扩大

（1）首次公开募股（IPO）活跃度提升

装备制造行业IPO募资金额同比有所下降。2020年，我国披露上市相关信息并成功上市的装备制造企业共有18家，同比增加9家；合计募集资金136.30亿元，较上年减少4.93%。上市的18家装备制造企业均在A股上市。按月来看，IPO企业数量较多的三个月分别为12月、8月和9月，其中12月有5家装备制造企业上市，融资金额达42.74亿元，居全年之首，8月有4家企业于A股上市，融资金额为32.12亿元，融资案例数量和金额均位列第二（见图5）。

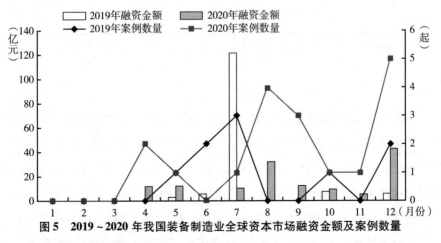

图5　2019~2020年我国装备制造业全球资本市场融资金额及案例数量

资料来源：投资中国（CVSource）数据库。

铁路、船舶、航空航天和其他运输设备制造业和金属制品业 IPO 企业数量并列第一。从分行业 IPO 企业数量来看，2020 年，仅有铁路、船舶、航空航天和其他运输设备制造业及金属制品业两个行业有企业成功进行 IPO，两个领域 IPO 企业数量并列第一。

铁路、船舶、航空航天和其他运输设备制造业融资规模最大，2020 年融资金额达到 73.39 亿元，占 2020 年装备制造业融资金额的 53.84%，其中友发集团、威奥股份和铁科轨道 3 家企业融资金额较多，分别为 18.26 亿元、12.20 亿元和 11.83 亿元；金属制品业融资金额为 62.91 亿元，位列第二（见表 4）。

表 4　2020 年我国装备制造业 IPO 融资市场分行业案例数量及融资金额

单位：起，亿元

行业	案例数量	融资金额
计算机、通信和其他电子设备制造业	0	0.00
电气机械和器材制造业	0	0.00
铁路、船舶、航空航天和其他运输设备制造业	9	73.39
通用设备制造业	0	0.00
汽车制造业	0	0.00
金属制品业	9	62.91
仪器仪表制造业	0	0.00
总计	18	136.30

资料来源：投资中国（CVSource）数据库。

（2）非公开发行融资有所下降

2020 年，装备制造业共有 21 家企业进行了非公开发行融资，其中有 6 家已完成募集，12 家正在募集中，3 家发行失败。已完成企业合计融资 76.03 亿元，平均融资金额为 12.67 亿元。2020 年成功进行非公开发行的企业同比增加 2 家，不论在数量上还是金额上，同比均有所增长。

按月份看，非公开发行活跃度较高的月份为 7 月和 12 月，这两个月均有 2 家企业募集到资金，8 月和 10 月均有 1 家企业成功完成非公开发行。7

月融资金额达到 40.82 亿元，位居第一；12 月融资金额达到 20.41 亿元，全年第二；然后是 8 月，融资金额 10 亿元，位列第三（见图 6）。

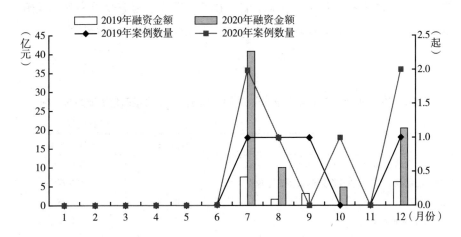

图6　2019～2020 年我国装备制造业全球非公开发行融资金额及案例数量

资料来源：投资中国（CVSource）数据库。

2020 年 A 股非公开发行全年案例数量小幅下降。2020 年，有 6 家装备制造企业在 A 股市场成功非公开发行，与上年相比，减少了 1 家。融资金额 76.03 亿元，同比增加 21.11%（见图 7）。

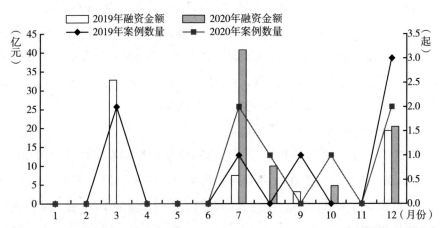

图7　2019～2020 年我国装备制造业 A 股市场非公开发行融资金额及案例数量

资料来源：投资中国（CVSource）数据库。

金属制品业非公开发行企业数量最多，铁路、船舶、航空航天和其他运输设备制造业融资金额最多。2020 年金属制品业完成非公开发行募资企业数量最多，共 5 家。从融资金额上看，铁路、船舶、航空航天和其他运输设备制造业最多，融资金额达 38.67 亿元，占全年总融资金额的 50.86%（见表 5）。

表 5　2020 年我国装备制造业非公开发行市场分行业的案例数量及融资金额

单位：起，亿元

行业	案例数量	融资金额
计算机、通信和其他电子设备制造业	0	0.00
铁路、船舶、航空航天和其他运输设备制造业	1	38.67
汽车制造业	0	0.00
通用设备制造业	0	0.00
电气机械和器材制造业	0	0.00
金属制品业	5	37.36
仪器仪表制造业	0	0.00
总计	6	76.03

资料来源：投资中国（CVSource）数据库。

3. 装备制造企业本土并购规模增长

2020 年，装备制造业披露并购案例累计 1447 起，有 1107 起披露了并购金额，总计 7578.68 亿元，并购案例数量较上年增加了 105 起，同比增长 7.82%。从交易金额上看，12 月交易金额最多，达 1313.43 亿元，3 月交易规模位列第二。从案例数量上看，12 月排名第一，共计 237 起，兼并活跃度居全年首位，6 月以 147 起位列第二（见图 8）。

（1）境内并购交易占主导地位

2020 年在境内进行的并购案例数量和交易规模均有所增长。2020 年，有 1135 家装备制造企业在境内开展并购交易，交易规模达 5558.59 亿元，平均融资金额为 4.90 亿元。境内并购案例数量同比增加了 24 起，交易规模同比增长 30.63%。

从各月来看，12 月境内并购交易规模为 1021.78 亿元，并购规模最大；

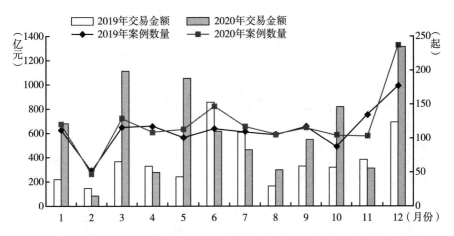

图8　2019～2020年我国装备制造业并购市场交易金额及案例数量

资料来源：投资中国（CVSource）数据库。

3月为955.62亿元，位列第二。从案例数量来看，12月共有204起并购案例，在全年居首位；6月排名第二，共106起（见图9）。

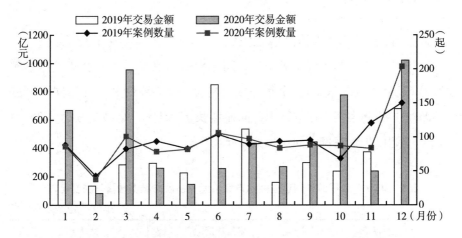

图9　2019～2020年我国装备制造业并购市场境内并购交易金额及案例数量

资料来源：投资中国（CVSource）数据库。

跨境并购交易案例数量有较大幅度缩减，交易规模涨势迅猛。2020年，装备制造业有62起跨境并购案例，同比减少172起，但并购金额增势迅猛，同比增长 277.47%，达到 1502.11 亿元。2020 年 5 月单月达到 900.04 亿元，位列第一，共有 4 起并购案例，平均交易额达到 225.01 亿元；6 月以 344.25 亿元交易金额位列第二；3 月位列第三（见图 10）。

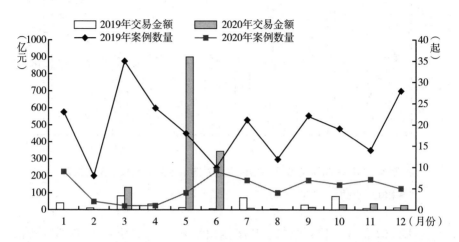

图 10 2019～2020 年我国装备制造业并购市场跨境并购交易金额及案例数量

资料来源：投资中国（CVSource）数据库。

（2）并购市场交易案例多数已完成

2020 年有 921 起案例完成交易，同比增长 5.50%，约占全年披露案例总数的 63.65%（见表 6）。全年完成交易金额达 7578.69 亿元，同比上涨 62.90%。447 起案例正在进行中，同比增长 15.21%，交易金额达 1236.28 亿元。79 起已失败案例，同比减少 2 起。

表 6 2020 年我国装备制造业并购市场不同交易状态案例数量与交易金额

单位：起，亿元

交易状态	案例数量	交易金额
进行中	447	1236.28
已失败	79	516.01
已完成	921	5826.40
总计	1447	7578.69

资料来源：投资中国（CVSource）数据库。

从实际完成情况来看，2020 年 10 月 28 日，赛灵思（VIE：XLNX）和超威半导体的并购正式对外公布，赛灵思是美国一家可编程芯片研发商，通过构建用户友好的开发工具，扩大计算生态系统，并加速数据中心应用，为用户提供 SoC、MPSoC 和 RFSoC 产品，广泛应用于汽车、5G 无线、数据中心等领域。超威半导体通过协议方式出资 3500000 万美元，成功进行股权转让，其他详细信息未进行披露。该并购是 2020 年单次并购金额最多的一起并购案例。

从失败的并购案例看，2020 年 7 月 8 日，紫光国微作为紫光集团有限公司旗下的半导体行业上市公司，对紫光联盛的并购计划以失败告终。这一案例是 2020 年最大的一笔并购失败案例，并购金额达到 1800000 万元，以 100% 控股进行并购。最终以紫光神彩、紫锦海阔、紫锦海跃、红枫资本和鑫铧股权投资管理分别以 1350000 万元、150000 万元、150000 万元、100000 万元和 50000 万元退出转让其 75.00%、8.33%、8.33%、5.56% 和 2.78% 的股份告终。

（二）装备制造业投资机会展望

1. "5G + 工业互联网"

（1）政策鼓励 "5G + 工业互联网" 产业发展

2018 年底，中央经济工作会议指出，"加快 5G 商用步伐，加强人工智能、工业互联网、物联网等新型基础设施建设"。2019 年 11 月，工信部在《"5G + 工业互联网" 512 工程推进方案》中指出："5G 与工业互联网的融合创新发展，将推动制造业从单点、局部的信息技术应用向数字化、网络化和智能化转变。"2020 年 2 月 21 日，中央政治局会议强调，"要推动 5G 网络、工业互联网等加快发展"；2020 年 3 月 4 日，中央政治局常委会做出重要部署，要求 "加快新型基础设施建设进度"；[①] 2020 年《政府工作报告》提出，"拓展 5G 应用，发展工业互联网"。

---

① 贾婧媛等：《基于北斗时空信息的城市燃气工业互联网平台》，《信息通信技术》2021 年第 3 期。

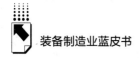

（2）"5G+工业互联网"市场潜力巨大

截至2021年9月底，全国5G基站数量已经达到115.9万座，5G融合应用趋势明显深化，深入信息消费、生产制造、民生服务等多个领域，创新融合案例超过1万个。工业互联网产业联盟发布的《中国工业互联网发展成效评估报告》指出，2020年我国工业互联网总指数为146.6（2019年为基期100），较上年提高46.6。不断加速成长的工业互联网正在逐渐成长为我国制造业高质量发展的重要动力。① 当下"5G+工业互联网"在建项目超过1800个，有100多家在垂直领域甚至全行业都具备一定影响力的工业互联网平台，连接设备数量超7600万台套。②

2. 工业机器人

（1）工业机器人保持快速发展势头

"十三五"期间，我国工业机器人产业实现了快速发展。从规模上看，我国机器人产业收入在2020年第一次突破1000亿元，从2016年到2020年的平均复合增长率大致为15%，其中工业机器人的产量有较大的增长，五年间从7.2万套迅速增长到21.2万套。③ 在工业机器人方面，我国已经连续8年成为世界上最大的消费国。2020年，我国制造业工业机器人使用程度有了较高水平的提升，平均机器人密度达到全球平均水平的近两倍，可达246台/万人。我国机器人产业从整机研发到批量制造等一系列环节的创新能力不断增强，从零部件制造到整机组装再到集成应用的全产业链体系已经基本建成。④

（2）政策引导和新冠肺炎疫情背景之下自动化需求爆发

工信部等15个部门起草的《"十四五"机器人产业发展规划》提出，

① 《"5G+工业互联网"赋能生产制造》，中国政府网，2021年12月8日，http://www.gov.cn/xinwen/2021-12/08/content_5659211.htm。

② 《"5G+工业互联网"加速赋能实体经济》，中国政府网，2022年1月14日，http://www.gov.cn/xinwen/2022-01/14/content_5668130.htm。

③ 齐旭：《工信部就〈"十四五"机器人产业发展规划〉举行新闻发布会》，《中国电子报》2021年12月31日。

④ 齐旭：《工信部就〈"十四五"机器人产业发展规划〉举行新闻发布会》，《中国电子报》2021年12月31日。

我国计划到 2025 年将国内市场打造成全球机器人技术创新策源地、高端制造集聚地和集成应用新高地，推动整个机器人产业的年营业收入同比增长超过 20%，制造业机器人的密度达到现在两倍的水平。[①] 接下来工业机器人产业仍将持续快速发展，具备良好的发展前景和市场空间。2021 年 10 月，工业机器人产量同比增长 38.5%，本轮增长一方面因工业机器人行业 2018 年以来连续 2 年下滑，库存处于低位，制造业利润总额和固定资产投资增速逐月恢复；另一方面由于产品性能的提升，"机器换人"的经济效用开始凸显，自动化需求在疫情之下爆发，预计后续将持续较快增长。

（3）协作机器人将迎来快速增长

随着机器人性能逐步提升、成本下降，加之人工成本抬升、招工难度加大，"机器换人"趋势加快。预计 2022 年全球协作机器人销量占比可由 2019 年的 6.4% 分别提升至 9% 以上。协作机器人内资品牌占比较高，产业优势明显，从核心零部件看，协作机器人需要的谐波减速器、驱动电机等均可实现国产替代，产业化更容易实现。[②]

3. 商业航天

（1）商业航天服务体系初步构建

太空经济及生态发展分论坛相关数据显示，2020 年，全球太空经济总值估计为 3850 亿美元，其中商业航天为 3150 亿美元，占 81.8%。国内航天科工集团提出打造太空经济新生态孵化平台的新构想，以促进太空科技成果和太空产品的转移转化。目前，卫星通信、导航、遥感在各行业广泛融合创新应用，商业航天正在逐步增强体系化、系统化服务能力，初步形成了商业航天与传统航天协同共进、融合发展的有利局面。[③]

---

① 王政：《我国连续八年成为全球最大工业机器人消费国》，《人民日报》2022 年 1 月 7 日，第 2 版。
② 《2021 年高端装备行业投资策略：自主可控，迈向全球》，道客巴巴网站，2020 年 12 月 13 日，http://www.doc88.com/p-69016934230545.html。
③ 《科技行业动态点评：商业航天高峰论坛：共商行业发展》，新浪网，2021 年 12 月 3 日，http://stock.finance.sina.com.cn/stock/view/paper.php?reportid=691843267946&autocallup=no&isfr omsina=no。

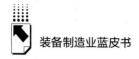

（2）商业航天有望步入快速发展期

SpaceX 过去十年，凭借颠覆性的火箭回收技术以及规模化生产模式将单次火箭发射成本降低了 50%，驱动了行业的变革。未来十年，商业航天将加快对各行业的颠覆。一方面，卫星互联网相关服务将得到快速发展，在商业航天的支撑下，卫星互联网可提供专网、车联网和广泛宽带等服务，能够短期服务全球长尾市场。另一方面，商业航天将推动洲际飞船、太空旅行等服务，跨洲旅行的时间将缩短至小时级别。[①]

4. 高性能医疗装备

（1）政策重点支持高性能医疗装备发展

2021 年 2 月 9 日，工信部发布《医疗装备产业发展规划（2021—2025年）》（征求意见稿），该规划发展愿景为"到 2025 年，关键零部件及材料取得重大突破，高端医疗装备安全可靠，产品性能和质量达到国际水平"，健全产品体系，实现在多领域、多场景的规模化应用，规模以上企业营业收入的年均复合增长率达到 15% 以上，高端医疗装备产业受到更大力度的扶持。

（2）多个产业细分方向成为未来发展重点

诊断检验装备、治疗装备、监护与生命支持装备、中医诊疗装备、妇幼健康装备、保健康复装备、植介入器械为七大重点发展领域。其中，诊断检验装备聚焦高端影像诊断装备、高端细胞分析装备、检验分析装备、POCT装备等的开发；监护与生命支持装备领域重点强调推动透析设备、呼吸机等产品的升级换代和性能提升；植介入器械领域提出加快微型化、精密化植入式心脏起搏装备、神经刺激装备研制。

（3）高端医疗设备上市进程加快，创新医疗装备注册评审流程提速

当前，我国在产业支持模式上持续创新，不断引导地方政府、社会资源等支持高端医疗装备、关键零部件、基础材料等攻关，同时加强优质医疗装备企业的上市培育。在产品审批进度上，支持拥有发明专利、技术属于国内首创且国

---

① 《电子行业：AI、区块链、商业航天的未来十年》，雪球网，2021 年 6 月 21 日，https://xueqiu.com/3966435964/186563389。

际领先、具有显著临床应用价值的医疗装备进入特别审批通道，进行优先审批。[1]

5. 锂电设备

（1）锂电设备投资加快

"双碳"经济驱动锂电设备快速增长。预计2023年我国动力锂电设备市场规模将达到729亿元，复合增长率将达到53.39%。根据我国"双碳"战略，我国新能源车渗透率提升速度超出规划预期，中汽协发布的《中国汽车市场中长期预测（2020—2035）》报告预测2025年中国汽车销量有望达3000万辆，渗透率目标为20%，有望提前实现，带动锂电设备需求快速增长。由于设备效率提升以及规模采购，锂电设备投资目前为1.7亿元/GWH～1.8亿元/GWH，预计锂电设备投资在2023年将达到顶峰。

（2）海外市场需求上涨

欧美新能源车销量持续超预期，预计2025年欧洲市场新能源车销量将达到465万辆，美国市场也有望达到400万辆以上。随着海外新能源车市场持续发力，海外锂电池厂的需求有望于2022年起量。成熟锂电池厂开始规模化扩产，新兴电池厂逐步实现量产，国内企业不断赴海外建厂或收购海外电池厂，整车厂采用合资或自建等方式保障自身的电池供应。海外订单毛利率高，国内设备企业在多方面具备明显优势，积极布局海外市场。[2]

三　中国装备制造业发展风险分析

（一）宏观调控风险

1. 第四次科技产业革命加快重塑全球竞争新优势

当前，以大数据、物联网、人工智能等为核心的新一轮科技革命，正在

---

① 《医药生物行业〈医疗装备产业发展规划（2021—2025年）（征求意见稿）〉》，新浪网，2021年2月17日，http://stock.finance.sina.com.cn/stock/go.php/vReport_Show/kind/lastest/rptid/666913878545/index.phtml。

② 《锂电设备行业专题研究：海外需求复苏，设备出海进行时》，知乎，https://zhuanlan.zhihu.com/p/454480305。

从导入期转向拓展期。创新驱动新增长与服务价值链延伸的发展模式将成为装备制造业转型升级的新方向。在新一轮科技革命和产业变革当中，我国装备制造业想要获得可持续发展的竞争优势，就必须加快信息化、智能化技术的导入，转型的速度越快，就越容易在世界竞争格局当中占据有利地位，那些未能跟上新技术、新模式发展步伐的产业，可能要面临在下一轮产业竞争中被淘汰的风险。

2. 新冠肺炎疫情加剧全球产业链供应链断供风险

在新冠肺炎疫情持续蔓延下，全球进入疫情防控常态化时期。[①] 从国际来看，新冠肺炎疫情已经严重影响了我国的进出口贸易。中国海关统计的2020年1~4月数据显示，受疫情影响我国进出口总额同比下降7.5%，为12983.3亿美元。其中，我国出口6782.8亿美元，同比下降9.0%；进口6200.5亿美元，同比下降5.9%。随着疫情的持续蔓延，国外大批企业相继停产，对全球制造业造成了系统性的打击。就装备制造业来说，疫情引发了原材料供给受限、物流迟缓、资金紧张、出口阻碍等一系列问题，这无疑给我国工业尤其是装备制造业带来了较为严重的长期冲击。就高端装备制造业而言，大部分国内市场被国外企业垄断，而疫情的全球蔓延导致大量欧美日韩等主要经济体的企业停摆，将"反噬"我国产业复苏。[②]

3. 全球经济将步入低速增长周期

自2008年国际金融危机以来，世界经济就一直处于低水平运行。而近年来在债务攀升至历史最高水平、劳动生产率增速迟缓、多边贸易体系WTO上诉机构停摆且改革谈判达成共识困难重重、金融监管持久性存在漏洞、经济民族主义特别是资源民族主义抬头等因素的影响下，全球经济更是缺乏复苏动力。[③] 人口增速放缓和老龄化趋势日益严重是各发达国家乃至全

---

① 刘志彪：《疫情对产业影响的特点、风险及政策建议》，光明网，2020年2月25日，http：//theory. gmw. cn/2020 - 02/25/ content_ 33589490. htm。

② 沈国兵、徐源晗：《疫情全球蔓延对我国进出口和全球产业链的冲击及应对举措》，《四川大学学报》（哲学社会科学版）2020年第4期。

③ 《全球仍处在中低速增长轨道——世界经济形势分析与展望》，"海报新闻"百家号，2022年1月5日，https：//baijiahao. baidu. com/s? id =1721072080412479648&wfr = spider&for = pc。

球面临的严峻挑战，这直接导致结构性需求长期不足，进而引致经济增长动能下降，随着时间的推移，经济运行过程中存在的各种风险将逐渐暴露。装备制造业行业属于顺周期性行业，经济下行必然会对企业购置设备需求产生不利影响，进而影响整个行业的发展。

4. 各国竞争越来越激烈

在不确定因素明显增多的全球环境下，国际体系和国际格局深度调整，以美国为首的全球经济格局和利益分配结构正不断变化，全球经济与贸易重心形成"由西向东"的转移趋势。发达国家与新兴经济体、发展中国家之间的竞争在全球化进程中日趋激烈。在多个主要发达国家大力推进"再工业化"战略以及东南亚国家生产优势日益提升的双重影响下，中国在深度工业化进程中面临一系列由此产生的高端挤压及资源争夺压力，[1] 中国企业被限制出口，来自境外的订单和投资都出现了一定幅度的下降，装备制造业随之步入了发展瓶颈期。在新冠肺炎疫情的持续影响下，美、英等发达国家贸易保护倾向加剧，针对中国的贸易制裁和技术封锁也更加严厉，中国装备制造业面临严峻考验。[2]

（二）金融风险

1. 融资结构不佳，融资渠道单一

装备制造业上市公司融资难是其发展的重要瓶颈，一旦面临较大的融资需求缺口，易造成投资回收期延长、技术研发中断、投资项目失败等后果。[3] 因我国资本市场还不成熟，企业融资难主要表现为新兴融资方式受到较多阻力、信用担保机制不健全等。此外，我国装备制造业上市公司融资方式相对单一，主要是外源融资中的银行借款，融资结构仍然不够完善，目前尚未充分推广交易性金融负债、应付债券、长期应付款等资本市场的新兴融

---

① 佟家栋等：《"逆全球化"与实体经济转型升级笔谈》，《中国工业经济》2017 年第 6 期。

② 张月月、俞荣建、陈力田：《国内国际价值环流嵌入视角下中国装备制造业的升级思路》，《经济学家》2020 年第 10 期。

③ 叶姗：《我国装备制造业融资风险研究》，《价值工程》2019 年第 24 期。

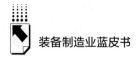

资方式。

2.偿债能力不足，信用环境欠佳

当前，我国正处于经济转型的关键期，装备制造业仍存在创新能力不足、融资缺口大、投资风险大、产能过剩等突出问题，如许多资金投入并没有得到相应的产出，缺乏偿还债务的能力。信用担保机构在缓解装备制造业融资难问题上发挥着越来越重要的作用。但由于我国装备制造业当前信用环境欠佳，信用担保机构审核装备制造业上市公司的融资条件更加严格，限制条件也随之增多，信用担保机构在行业融资需求不断膨胀的情况下未能提供良好的辅助作用，形成了"偿债能力不足—信用差—融资难"的恶性循环。

（三）市场风险

1.贸易保护主义加剧，国际市场拓展受阻

近年来，随着我国对外贸易规模的快速增长以及产业升级的推进，我国高端制造业也逐渐成为各国贸易摩擦所针对的焦点。如美国政府2018年6月发布的对约500亿美元商品加征25%关税的清单，主要针对我国数控机床和工业机器人、航空航天设备、农机装备、生物医药和医疗器械等重点发展领域。中美贸易环境恶化制约了我国高端装备制造产品向美国出口。关税影响如持续存在，将直接降低中国的要素竞争力，部分外资企业或将寻求在其他发展中国家发展新的供应商或建设供应基地，继而影响我国在全球供应链中的地位。[①]

2.转型升级仍需加快，国内市场结构性失衡

我国装备制造业产业结构不尽合理，体现在中低端产业产能过剩，高端产业的保障能力不足。当前我国装备制造企业的投资主要流向了优化产品布局、开展数字化改造等，在先进装备及核心部件、高性能材料以及高技术制

---

① 《2019年我国高端装备制造业投资机会与风险分析》，豆丁网，2020年3月31日，https：//www.docin.com/p‐2337000092.html。

造工艺等方面供给不足。中低端市场同质化竞争严重，企业利润低，而高端市场又被发达国家大型企业垄断，很难形成具有国际竞争力的跨国企业。[①]

（四）技术风险

1. 技术研发投入风险较大

目前我国装备制造业在技术创新过程中面临一系列的风险问题。首先，装备产品技术复杂、研制周期长、投入大，研发成果不达预期或者超出计划时间等问题，都将影响后期投产和回报，导致企业面临技术风险。其次，我国装备制造业在全球产业链上位于微笑曲线两端的位置，与发达国家的企业相比，我国在技术成熟程度、技术先进程度方面都相对落后，技术研发和创新活动面临一定的失败风险。最后，技术的生命周期较短，且存在被模仿和被替代的可能性，尤其是在当前国内外知识产权保护力度还不够的情况下，技术研发的成果能够获得预期回报的可能性大打折扣，企业面临的技术研发风险较大。[②]

2. 知识产权诉讼风险加大

知识产权诉讼风险是当前我国装备制造业尤其是高端装备制造业所面临的亟须化解的风险。一方面要保护企业内部知识产权不受侵害，另一方面要保证不侵害其他国家的知识产权。以专利为例，我国装备制造企业"走出去"面临的专利风险主要分为两种，一种是企业主观造成的风险，另一种则是不同国家的客观情况导致的风险。前一种主要为由于竞争优势单一，且大量制造业产业的高精尖技术专利被欧美国家掌握，我国装备制造业在突破和发展的过程中，很容易侵犯他国企业的专利权，产生被起诉的风险，当前专利侵权是我国装备制造业被诉的主因，且胜诉率偏低。后一种则是发达国家以知识产权为由加强制裁我国装备制造企业。例如美国

① 张丹宁、陈阳：《中国装备制造业发展水平及模式研究》，《数量经济技术经济研究》2014年第7期。
② 《2019年我国高端装备制造业投资机会与风险分析》，豆丁网，2020年3月31日，https://www.docin.com/p-2337000092.html。

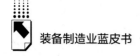

"337调查"，我国装备制造业在发展过程中，面临知识产权保护强国的特别程序调查风险。

（五）管理经营风险

1.财务风险涉及面广

在筹资方面，装备制造企业资本投入需求量大，很容易面临债务本金和利息不能如期偿付的风险。在投资方面，处于发展上升期的装备制造企业，会通过购买股权投资等方式对外投资，具有一定的投资风险。此外，内外部环境的变化会使企业在进行产品研发、技术改造或者扩大规模时的投资收益不确定甚至损失。[1] 在资金回收方面，大型装备多采用小批量单式生产这一模式，价格高、外件多，加之生产周期长、资金流转慢，从而导致资金流断裂、坏账损失等风险增加。在现金流方面，装备制造企业往往生产周期长、现金流不高，偿债能力差，一旦企业经营出现了以债抵债的现象，将有可能导致现金流风险。[2]

2.跨国经营环境复杂多变

装备制造企业跨国经营时的风险主要包括东道国政治风险、知识产权风险、外汇风险、市场风险等。[3] 政治风险在很大程度上会影响关税政策、出口和进口的手续政策等，这些将会推高企业的经营成本。外汇风险和市场风险等受国际形势变化的影响较大，在当前百年未有之大变局下，我国装备制造业应该对复杂多变的跨国经营环境保持谨慎。

（六）人才供给风险

1.高端技能人才供给不足

从宏观上看，人才供需结构存在矛盾。我国装备制造业发展正处于转型

---

① 朱立亚：《高端装备制造业上市公司财务风险预警》，《财会学习》2018年第29期。
② 谢惠丽、王德发：《装备制造企业财务风险识别与防范研究》，《中国管理信息化》2018年第15期。
③ 邰仲文：《中国装备制造业走出去风险防范分析——以中国中车为例》，硕士学位论文，辽宁大学，2016。

关键期，对高技能人才和高素质产业工人的需求持续增加。而职业教育与产业需求不匹配，专业技术工人相对欠缺。在新兴产业等高精尖领域，人才需求不仅增速大，而且在复合型人才和科技领军人才方面还面临短缺困境。从人才链与产业链的关系来看，高质量的产业链需要人才链的支撑，而在某种程度上产业链又能够促进制造业人才链的形成。然而，各地人才引进培养与产业发展需求严重"脱靶"，人才与产业错配问题突出。此外，我国装备制造业在规模化、系统化、制度化的高技能人才培养方面还有所欠缺，相关高技能人才培养缓慢且晋升难。[①]

2. 低端劳动力被机器加速替代

随着智能制造的不断推进，制造业发展出现了"机器换人"的现象。在这个过程中，机器不再是劳动力的使用工具，而是可以当作劳动力来使用。在工作枯燥性和工作强度大的岗位，出于改善劳动条件的原因，企业采用以机器取代低技能劳动者的方式进行革新。这种替代对不同性质的企业的影响是不同的，部分国有企业内部会存在隐性失业的问题，而其他企业又会产生劳动力需求转变、需求供给的结构性错配问题。从产业演进的角度来看，"机器换人"是必然趋势，低技能、工作内容高度程序化的工人将在这个过程中被淘汰，装备制造业对高技能工人和高精尖人才的需求不断增加将是必然结果。[②]

① 《装备制造业的三个困境：招商难题如何破解》，"大商汇商学"百家号，2020 年 4 月 27 日，https://baijiahao.baidu.com/s? id = 1665108168658549611&wfr = spider&for = pc&searchword = 。
② 张艳华：《制造业"机器换人"对劳动力就业的影响——基于北京市 6 家企业的案例研究》，《中国人力资源开发》2018 年第 10 期。

B.3
中国装备制造业发展政策建议

李河新　张 挺*

摘　要： 本报告从增强创新能力、推动产业链协同发展、加快智能化绿色化升级、加强质量品牌建设、打造创新产业集群、优化发展环境、加强国际合作七个方面，提出了推动中国装备制造业高质量发展的政策建议。在增强创新能力方面，建议通过优化国家创新体系、完善"政产学研用"协同创新机制、开展重大装备研制应用工程、发挥企业创新主体作用构建完善的创新体系。在产业链协同发展方面，建议构建全产业链开放协同治理模式、加快培育"专精特新"中小企业、推动国有企业战略重组。在智能化绿色化升级方面，建议通过构建智能制造系统、建设智能工厂、打造工业互联网平台等方式加快推动智能化发展，通过加强绿色产品和技术研发攻关，推动绿色制造工程，组织开展碳达峰、碳中和先行示范，提升装备绿色标准等措施加快绿色转型。建议实施质量品牌提升工程、加强质量标准体系建设、积极参与国际规则制定等。在打造创新产业集群方面，建议促进产业链和创新链的空间融合发展、建设科创载体平台、加强技术基础设施和公共服务体系建设。在优化发展环境方面，建议通过转变政策支持方式、加强高技能人才培育、强化产城融合、推动产融结合等措施优化发展环境。在加强装备制造业国际合作方面，建议加大外资

---

* 李河新，博士，机械工业经济管理研究院发展战略研究所所长、城乡规划研究所执行所长，主要从事区域经济、产业经济研究；张挺，博士，高级经济师，机械工业经济管理研究院院长助理、产业经济研究所所长、环境能源研究所所长、发展战略研究所执行所长，主要从事复杂系统科学、产业经济、农业农村改革研究。

吸引力度、加强"走出去"和国际产能合作、保障产业链供应链安全稳定。

关键词： 装备制造业　高质量发展　创新能力　产业集群

一　加快推动装备制造业创新发展

（一）优化国家基础和应用创新体系

当前我国在装备制造创新链条中，面向应用的产业基础共性技术研发环节仍缺乏有效供给，建议从国家和地方层面组建产业技术研究院，加强高等院校装备技术学院建设，弥补产业基础共性技术缺失环节。同时，持续加大对基础研究和产业基础共性技术的长期稳定支持，切实提高科研经费的投入比例，增强产业基础共性技术供给，提升产业基础科研能力。[①]

（二）完善"政产学研用"协同创新机制

为顺应全球创新协同化、网络化趋势，我国应以科技研发计划为牵引，分领域推动"政产学研用"协同创新，支持企业、科研机构与高校等以战略合作、股权合作等形式成立科研攻关实体，开展重大装备研制，合力攻克关键技术。鼓励引导骨干企业强化产业链和创新链的融合，联合产业链上下游企业组建产业技术研制应用创新联盟，打通产品创新链研制和应用各环节。探索实施尖端创新集群竞赛机制，重点支持一批产学研创新联合体。

（三）开展重大装备研制应用工程

通过专项资金、产业基金、政策性金融等多种财政金融支持方式，支持

---

① 苗圩：《大力推动制造业高质量发展》，《智慧中国》2019 年第 4 期。

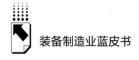

国家重大科技项目、重大装备创新工程的建设，构建关键共性技术的技术转移机制，完善装备研发应用体系，加强应用示范项目建设，促进重大装备产品的示范应用。充分发挥政府采购需求引领作用，进一步加大有关创新型产品和服务的政府采购力度，通过扩大新产品、新技术的采购规模，促进装备技术创新与规模效应发挥，带动重大创新装备跨越式发展。

（四）提升企业创新主体地位

建立健全技术创新的市场导向机制，支持企业集聚各种创新要素；综合运用财税金融等多种支持措施，支持企业增加研发开支，成为创新成果研制应用主体；深化科技体制改革，不断优化知识产权保护制度，推动人才、资金等要素加快向企业流动；加快科研装备、共性技术、基础数据等国家科技资源向企业开放；健全科技成果转化机制，构建更加完善的技术扩散体系，鼓励向中小企业转移或许可由财政资金支持的科技创新成果，构建面向中小企业的公共科研支撑体系，推动中小企业合作创新。

二　推动产业链上下游协同发展

（一）推动整机和零部件、材料等上下游协同发展

构建自下而上的全产业链开放协同治理模式，优先发展基础技术、关键共性技术、关键基础零部件等；支持地方政府和产业园区围绕产业链核心企业引进布局上中下游企业，增强产业的平台功能；支持龙头企业基于产业链纵向整合重组业务发展体系；支持产业技术创新联盟建设，积极推动整机厂以用户需求为引领，联合下游供应商共同开发研制新产品；逐步形成以基础技术为支撑，以关键基础零部件为配套，以龙头企业为引领，上下游协同发展的产业链新格局。

（二）培育产业链上的"专精特新"中小企业

不断优化"专精特新"相关服务体系，围绕税收、研发、知识产权、

融资、上市辅导等方面，通过"一企一策"帮扶计划，实施精准培育。加强对"专精特新"政策体系的宣传、申报辅导。支持中小装备制造企业聚焦产品细分市场，提升产品质量，重视品牌声誉，培育一批在国内外拥有强大实力的"专精特新""小巨人"[①]、单项冠军企业，支持并引导一批具有先进生产工艺、研发投入大、科技水平高的创新型中小企业。

（三）加快国有装备企业重组整合

聚焦装备制造领域国有企业的战略性重组，促进实力雄厚的骨干企业通过产业链横向合并和纵向整合、跨区域并购重组、海外兼并和直投，推动企业规模发展、精益管理、创新发展。推动国有资本向具备核心竞争力的龙头企业聚集，优化存量、提升增量，持续提升装备制造领域国有企业的业务盈利能力和市场竞争力，培育一批具备关键技术以及国际影响力的优势国有企业。

三 推动装备制造业智能化、绿色化升级

（一）推动装备制造业加快实现智能化转型

以大数据、云计算、5G 等技术为依托，加快推动新一代信息技术与装备制造业融合发展，"以工艺、装备为核心，以数据为基础，依托制造单元、车间、工厂、供应链等载体，构建……智能制造系统"[②]，加强智能制造领域技术攻关和产品研发，推进智能技术与先进制造技术融合发展，开展智能制造试点示范，加快智能工厂的建设进程，提高产品智能化水平，扶持一批标杆性智能制造企业。持续推进工业互联网、物联网平台建设，支持企

---

① 根据工信部的定义，"专精特新""小巨人"企业是"专精特新"中小企业中的佼佼者，是专注于细分市场、创新能力强、市场占有率高、掌握关键核心技术、质量效益优的排头兵企业。

② 《"十四五"智能制造发展规划》。

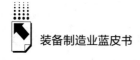
业与平台或云服务企业加强合作，逐步实现研发、生产、营销等管理体系的信息化、数字化，推进企业供应链的网络化和智能化，加强研发制造等资源的平台化管理，与供应链上下游实现云端协同。

（二）促进装备制造业绿色低碳发展

加强绿色产品和技术研发攻关，以绿色制造工程为抓手，推动装备支撑电力、钢铁、石化等高排放行业节能减碳能力建设。组织开展碳达峰、碳中和先行示范，探索有效模式和有益经验，支持有条件的地方和重点行业、重点企业率先实现碳达峰。聚焦装备绿色发展需求，加快推进绿色行业标准、团体标准等的制定工作。加大政府绿色采购力度。以供应链绿色发展为导向，以采购为纽带，传递节能环保要求，促进绿色产品推广应用。加大财税支持，拓宽融资渠道，强化环保监管，科学推进碳交易，营造有利于装备制造业绿色低碳发展的外部环境。

四 加快装备制造业质量品牌提升

（一）实施质量品牌提升工程

搭建质量和品牌信息共享平台，完善质量和品牌指标体系，开展信息渠道和共享机制研究，提高质量和品牌建设过程透明度，加大监督力度；加强质量和品牌服务平台建设，为中小企业提升质量品牌提供专业培训、咨询服务；完善质量和品牌活动推进平台，帮助企业更快更好地实现质量和品牌提升；引导企业优化质量管理体系、引进先进质量工具、开展品牌培育和推广等活动，支持第三方机构开展公共质量品牌管理体系建设、品牌规划、人才培育等活动；建立品牌分级机制，激发企业主动进行质量品牌提升的动力，促进形成扶优限劣的市场机制和氛围。

（二）加强质量标准体系建设

完善和优化装备的质量认证体系和标准体系建设。进一步整合简化行业的强制性标准，优化完善推荐性标准，鼓励制定符合市场需求的创新型产品。组织实施装备制造业标准化和质量提升规划，围绕重点产业链供应链，成套成体系地进行标准制修订和质量认证，提高国际标准转化率。完善品牌管理制度和国家级的品牌价值评价标准，不断优化品牌价值评价标准体系。①

（三）积极参与国际标准和区域标准制定

鼓励我国企业对接国际标准，主动参与和主导国际标准、区域标准的制定，发挥标准引领作用，提升企业在本行业的话语权。加强政府间、从业机构间多层次合作，针对高铁、民用飞机等战略产业存在的国际市场准入壁垒，推进标准协调和制度对接。加快绿色低碳等领域标准互认进程，以更加积极的姿态参与认证认可国际标准和规则的制定。

五 打造装备制造业创新产业集群

（一）加快产业链和创新链的空间融合发展

坚持以创新引领产业集群发展，推进我国装备制造业产业链、创新链的跨区跨产业协同发展；支持产业基础好的中小城市与大城市协同配套设立科研机构，为产业发展提供创新资源；推动总装型装备制造企业、重点高校、研究机构合力构建区域创新合作平台，逐步增强科技创新能力，发挥产业集群效应。

（二）构建新兴科创载体平台

根据行业需要，建设和完善多层次的产业载体和公共服务平台，如创业

---

① 《工业和信息化部　质检总局　国防科工局关于印发〈促进装备制造业质量品牌提升专项行动指南〉的通知》。

孵化器、公共实验室、产业基地、产品测试平台等。建设一批配备一流设施且具有专业服务能力与先进管理理念的产业发展综合服务载体。按照"强创新、优链条、聚集群"思路，推动研发项目和产业项目更快落地，实施"补链、延链、强链、稳链"计划，促进传统产业链朝高端创新集群的发展方向演进。

（三）加强技术基础设施和公共服务体系建设

为加快推动创新资源集聚，在保障公共基础设施的同时，还应重点加快技术基础设施建设，完善制造业创新中心、工程技术研究中心以及院士专家工作站等的合理布局，推动技术基础设施资源共享。整合社会专业化服务资源，在科技孵化、技术研发、产品设计、智能制造、检验检测、品牌营销、认证服务、技能培训、法律咨询等方面为企业提供全方位的服务，解决企业发展"共性难题"。基于工业互联网平台在产业链中发挥的重要作用，最大限度地发挥工业技术、行业知识以及基础模型的共享应用，促进整个产业链优势共享。

六 营造装备制造业发展的良好环境

（一）转变产业政策支持方式

推动产业政策从差异化、选择性向普惠化、功能性转换，从政府主导产业政策向政府竞争中立政策转换。[1] 逐渐弱化对重点产业的帮扶，将政策重点转向加强以"新基建"为代表的公共基础设施建设，提升创新产品共性技术、验证平台、应用场景等创新领域公共产品供给，完善以支持中小企业为重点的公共服务体系建设，构建市场化、社会化融资服务体系，提升

---

[1] 徐东华主编《装备制造业蓝皮书：中国装备制造业发展报告（2019）》，社会科学文献出版社，2020。

行业标准，破除行业壁垒、放开市场准入、打造公平竞争的产业营商环境。

（二）培育吸引高技能人才

畅通装备制造业人才系统培养渠道，推进基础制造业知识通识教育，精准对接高精尖人才，打造产学研高度融合机制，加速实现重点人才的精准和高效供给，实现学科专业设置与产业发展同步，保证先进技术领域的人才供给不断层；落实医疗保健、住房、配偶安置、子女入学等优惠政策，改善科技服务专业人才工作与生活环境；通过扩大高层次科技人才的技术移民试点，多途径引进海外人才，优化人才引进机制；打破企业、高校、科研机构之间的人才流动壁垒，鼓励企业、高校与科研机构开展人才双向挂职，支持科研人员实施成果转化、创办企业和企业兼职，推动高校、科研机构和企业间人才的自由流动。

（三）强化产城融合，推动产融结合

按照"职住平衡、生产和生态互动融合发展"的新要求，推动产业空间转型升级，从单一产业承载向综合承载和满足公共需求功能转变，加快人才和产业的双重集聚，建设新型产业综合体和生态宜居地，推动城市生态发展。以支持关键领域自主创新为着力点，深化产融合作，加大资本市场对重点领域和重点企业的支持力度，探索市场化扶持方式，重点研究产业基金模式、产业专项资金股权投资模式等，全面撬动社会资本向创新企业集聚。按照"谋、创、孵、育、投"五位一体原则，加快建设由股权融资、低息贷款、保险补偿等多元扶持方式构成的资金支持体系，促进装备制造业创新发展。

七 加强装备制造业国际合作

（一）加大外资吸引力度

优化营商环境，完善支持外商投资的政策措施，构建外商投资服务平

台，在用地、人才引入、融资、税务办理、科技研发、投资流程方面给予支持和便利，在简流程、减时间、降成本、优服务上着重发力，[①] 加大对优质项目的奖励力度。加快形成更开放的市场体系、更完善的竞争规则，加强部门之间的协调和数据共享，实现信息共享与标准互认，促进高能级市场资源要素的畅通和有效配置。

（二）加强"走出去"和国际产能合作

紧密结合国家规划的重大战略，促进国际产能与装备制造业协同发展。依托"一带一路"共建国家级顶层合作倡议，借力不断推进的周边基础设施建设，结合"走出去"进一步发挥我国的装备和优势产能，以"工程"带动"产业"，加快我国装备制造企业"走出去"的步伐。注重全球范围内的装备制造产业链布局，把产业链作为关注重点制定发展战略，编制装备制造业国际产能合作地图，对不同区域内产业、产能合作的重点给予必要的协调和指导，[②] 针对不同国家的特点与需求开展跨国产业合作。

（三）保障产业链供应链安全稳定

发挥大数据等新技术的优势，密切跟踪重点出口企业运营状况，同时注意基本面因素的变化，会同有关部门实时关注政策风险、市场风险等外部风险，加强预测，提前预警，积极协助防范风险；针对产业薄弱环节，实现关键技术攻关，解决"卡脖子"难题，在产业优势环节，应该"精耕细作"，发挥所长，积极拓展和优化海外布局；以高水平开放推进与政治友好国家的产业链供应链国际合作，构建相对稳定的区域性产业链供应链体系。

---

① 2019 年《佛山市深化营商环境综合改革实施方案》。
② 张述存：《境外资源开发与国际产能合作转型升级研究——基于全球产业链的视角》，《山东社会科学》2016 年第 7 期。

行 业 篇
Industry Reports

B.4
电工电器行业发展概览

李 鹏 聂喜荣 袁星煜*

摘 要： 本报告梳理了国际电工电器行业发展概况和趋势，通过年度分析和月度分析研究了 2019 年和 2020 年我国电工电器行业规模变化、运行情况、产业结构变化，总结了我国电工电器行业主要产品技术水平和重大技术突破，并探讨了我国电工电器行业当前存在的主要问题及未来发展趋势。研究结果表明，2019~2020 年我国电工电器行业受全球经济增速放缓和新冠肺炎疫情等的影响，行业发展增速放缓。随着能源结构进一步优化，绿色新能源成为产业新增长点，输电网结构不断改进；国内电工电器行业虽有部分技术已经达到国际先进水平，但部分核心零部件仍然依赖进口，行业发展仍旧面临行业集中度低、缺乏核心技术人才等问题，需要进一步

* 李鹏，副研究员，机械工业经济管理研究院工业工程所所长，主要从事工业工程研究、产业研究、劳动定额研究；聂喜荣，机械工业经济管理研究院工业工程所副研究员，主要从事工业工程研究、产业研究、劳动定额研究；袁星煜，助理研究员，机械工业经济管理研究院院长助理、科研基础部主任，曾任国资委商业信用中心中央企业供应商评价项目组组长。

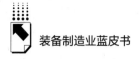

提高核心技术研发，通过自主创新等举措提高产业竞争力。

关键词： 电工电器　智能制造　新能源　输变电

一　电工电器行业定义和分类

（一）定义

电工电器行业是我国装备制造业重要的代表性行业，涵盖发电、变电、输电、配电、用电设备和电工器材以及各种特殊用途电器设备等行业。产品涉及能源的开发和利用，电能的生产、输送、转换和电能的使用等整个电能流程系统。①

（二）分类

根据《国民经济行业分类》（GB/T　4754—2017）中对应的行业代码及行业名称，按照机械工业信息中心统计系统中的分类，电工电器行业分为27个子行业，电工电器行业分类见表1。

表1　电工电器行业分类

中类代码	类别名称	小类代码	类别名称
307	陶瓷制品制造	3073	特种陶瓷制品制造
309	石墨及其他非金属矿物制品制造	3091	石墨及碳素制品制造
341	锅炉及原动设备制造	3411	锅炉及辅助设备制造
		3413	汽轮机及辅机制造
		3414	水轮机及辅机制造
		3415	风能原动设备制造
		3419	其他原动设备制造

---

① 赵霞：《电工电器工业行业现状分析》，《机械工业标准化与质量》2011年第12期。

中类代码	类别名称	小类代码	类别名称
342	金属加工机械制造	3424	金属切割及焊接设备制造
346	烘炉、风机、包装等设备制造	3461	烘炉、熔炉及电炉制造
		3465	风动和电动工具制造
356	电子和电工机械专用设备制造	3561	电工机械专用设备制造
381	电机制造	3811	发电机及发电机组制造
		3812	电动机制造
		3813	微特电机及组件制造
		3819	其他电机制造
382	输配电及控制设备制造	3821	变压器、整流器和电感器制造
		3822	电容器及其配套设备制造
		3823	配电开关控制设备制造
		3824	电力电子元器件制造
		3825	光伏设备及元器件制造
		3829	其他输配电及控制设备制造
383	电线、电缆、光缆及电工器材制造	3831	电线、电缆制造
		3832	光纤制造
		3833	光缆制造
		3834	绝缘制品制造
		3839	其他电工器材制造
384	电池制造	3849	其他电池制造

资料来源:《国民经济行业分类》(GB/T 4754—2017)、机械工业信息中心。

二 国际电工电器行业发展概况

(一)国际电工电器行业发展现状

1. 市场现状

(1)光伏发电中国保持领先,其他各国持续发力

全球各国对光伏发电的发展越来越重视,近年来科学的发展和技术的进步推动光伏发电成本持续下降,光伏发电产业政策扶植国家取得了相应发展。例如,德国持续优化能源结构,不断加大光伏产业扶持力度;美国在光

伏领域推行税务改革，减免了家庭光伏设备的投资税，多方主体共赢的租赁模式使得光伏产业在美国打开了新的市场；日本推崇市场化机制，进一步修改补贴制度，为了促进市场的公平竞争引入了"竞价制度"和"降价时间表"，日本推行的制度有效促进了光伏产业链的完善与发展。

现阶段我国光伏产业生产、投资规模及技术水平等多方面均呈快速发展态势，产业发展势头迅猛，且后劲十足。中国光伏行业协会报告显示，2019~2020年光伏电池再创新高，达到历史峰值，超过90吉瓦。我国新增装机容量和累计装机容量这两项指标均遥遥领先于世界，并不断刷新纪录，2019年我国光伏发电累计装机容量已达到210吉瓦，2019年光伏发电量超过了2200亿千瓦时。

（2）中国电工电器行业企业积极走向全球

近年来，随着全球市场需求的变化，中国电工电器行业在不断扩大产业规模的同时，电工电器行业骨干企业加大创新力度并积极开拓新市场。例如，亨通集团开展多元化发展，并积极布局国际海缆运营业务，产业链从海底光缆生产制造向海底光缆系统运营延伸；卧龙集团凭借自身跨国公司的竞争优势，其技术和生产能力得到了海外高端汽车制造商的认可，得到了采埃孚纯电动汽车驱动电机订单。[①]

2. 技术现状

（1）继续保持环保化、智能化主旋律

近年来，随着环保低碳成为能源的发展方向，化石燃料需求不断降低，清洁能源的发展已经迈过探索期，清洁能源的成本也迅速降低。全球对清洁能源的投资将迅速增加，对石油的投资将快速减少，尤其是在电力等领域，清洁能源的占比将超过化石燃料的占比。中国近年来出台各种政策或者意见支持发展绿色产业，对能源体系绿色低碳转型做出详细指导，清洁能源、绿色能源等企业将获得更多的政策支持。

在全球新一轮科技革命和产业变革中，数字化、"互联网＋"、物联网

---

① 中国电器工业协会：《电工行业2019年全年经济运行形势分析》，《电器工业》2020年第4期。

及 5G 等先进信息技术与电工电器深度融合，新技术突破使发电、变电、输电、配电设备在智能化方面都取得了长足的发展。随着智能制造和大数据时代的到来，传统电力系统、电气工程在信息化、自动化和智能化的驱动下，控制系统逐渐由传统的人工操控转向智能化控制，传统变电站和输电网向智能变电站和智能电网升级，智能化的应用使企业生产效率得到大幅提升。

（2）欧美继续保持电线、电缆制造优势，亚洲追赶

20 世纪末，欧美国家、日本等发达国家已经形成了成熟的电缆产业链，欧美的发达国家和日本占据了当时全球大部分的产能和需求，在全球市场中占据重要位置。法国耐克森、英国 BICC 和意大利的普瑞斯曼公司等历来重视在产品研发方面的投入，其技术水平一直在全球电缆制造领域保持领先地位。尤其是高端市场技术要求和质量要求严格，欧美国家、日本等引领行业发展，几乎垄断全球高端市场。

目前，全球电线、电缆制造行业已步入稳定增长阶段，得益于新兴国家经济的快速增长，在一定程度上呈现存量竞争的特征，新兴国家经济的快速发展推动世界电线、电缆的生产中心向亚洲转移，带动了中国、菲律宾、越南、中东国家等的快速发展，亚洲地区电线、电缆制造行业在全球所占的份额越来越大。中国电线、电缆制造行业保持了良好的发展势头，行业总体产值逐年稳步提升，出口规模稳步扩大，推动电线、电缆制造企业提升生产技术、优化生产工艺、提供完善的售后服务和提升产品丰富度及研发能力，向品质化和综合化方向发展。

（二）国际电工电器行业发展趋势

1. 市场趋势

（1）可再生能源占比不断扩大

由于技术进步、规模经济和拍卖竞争激烈，清洁能源风能和太阳能等的综合电力成本继续下降，新建太阳能光伏发电厂的电力成本在 2019 年就已经比十年前下降了 83%。随着可再生能源生产成本不断下降，可再生能源在电力装机容量投资中所占的份额不断上升，可再生能源发电占比将不断扩大。

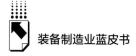

虽然欧美国家的电力市场建设相对成熟，但仍面临能源转型的挑战，传统能源比重将不断缩小，可再生能源比重将不断扩大。在时间上，建立了贴近实际运行状况的市场体系及交易机制，交易周期不断缩短；在空间上，加速构建跨区跨国大范围电力市场，充分利用了区域间电源结构互济、负荷特性互补的优势；市场主体不断丰富，储能等需求侧资源逐步参与市场；市场价格信号进一步精确化，从而适应可再生能源带来的波动性；容量机制及电力辅助服务也在不断探索和优化，以保证发电充裕度和系统运行安全，并进一步促进可再生能源消纳。①

（2）电网运行状况正在发生深刻变化

加强电网监测和数据分析，支持电网稳定，优化可再生能源和外部环境的调节。华为推出了涵盖电力业务各方面的智能业务解决方案，将传统电力系统与大数据、云计算、物联网、移动互联网、智能感知（BCIMI）技术相结合，实现综合感知、互联和各种电力终端的商业智能化，促进电网运行向智能化转变。英特尔引入先进的电网管理解决方案，采用基于物联网技术的实时监控基础设施和智能边缘设备，便于从整个电网（包括分布式能源）收集和分析数据，还可实现电路电压监测与优化、弧垂和浪涌源识别、负载平衡改善、技术和非技术损失源的确定、故障位置隔离、缩短大修调查时间等关键功能，从而提高电网运行效率，提高可靠性和安全性。

2. 技术趋势

（1）智能制造仍是技术发展的主攻方向

先进技术对制造业的影响越来越大，全新一轮的科技革命与产业变革正席卷全球，全球各国先后出台各种计划和战略，意在将大数据、高科技、互联网、虚拟制造信息技术与实体制造技术融合，将智能制造作为国家发展战略，智能制造日益成为制造业生产方式转变的重要方向。

近年来，无论在发电设备、变电设备、输电设备、配电设备还是在用电

---

① 张显、史连军：《中国电力市场未来研究方向及关键技术》，《电力系统自动化》2020年第16期。

设备领域，随着智能制造战略的落地实施，世界各国电工电器行业都取得了长足的发展。未来制造业的竞争将转为技术的竞争，而智能化是关键核心之一，利用网络化、大数据以及智能化，不仅可以检测设备运行状况，还可以诊断故障以及迅速修复，拓展了制造业的服务领域。而随着对效率、节能和电网升级等需求的不断提高，智能化需求的不断上升，智能制造成为技术发展的主攻方向。

（2）清洁、可再生能源成为研究热点

根据国际可再生能源署（IRENA）发布的《2021年可再生能源统计》（Renewable Capacity Statistics 2021），截至2020年末全球可再生能源总装机容量为2799.10吉瓦，相较2011年增长了110.48%，较2019年末的2538.44吉瓦增长了260.66吉瓦，增长率为10.27%。[①] 在新冠肺炎疫情肆虐、全球经济增长放缓的大背景下，2020年可再生能源装机总容量增幅甚至超过了2019年。其中，增长最为显著的是太阳能和风能，2020年的新增装机量分别为127吉瓦和111吉瓦，达到新增可再生能源总量的91%。这表明可再生能源对于全球新增发电产能的重要性日益提升。[②] 美国能源部投资8000万美元建设零碳发电和制氢工厂，支持21世纪碳排放为零的发电和制氢联产工厂的发展。尽管新冠肺炎疫情导致全球经济增长放缓，但可再生能源行业仍然实现了超预期的增长，"绿电时代"愈来愈近，将成为可再生能源下一个迅猛发展时期的新起点。

三　我国电工电器行业规模分析

（一）工业增加值增速放缓

2019~2020年，我国电工电器行业大部分子行业的工业增加值增速放

---

① 国际可再生能源署：《2021年度可再生能源装机容量统计》。

② 《可再生能源将开启"黄金十年"》，北极星太阳能光伏网，2021年4月14日，https://guangfu. bjx. com. cn/news/20210414/1147204. shtml。

缓，2020 年电池制造增加值增速比 2019 年下降 9.1 个百分点，石墨及其他非金属矿物制品制造增加值增速比 2019 年下降 4.5 个百分点，电线、电缆、光缆及电工器材制造增加值增速比 2019 年下降 3.7 个百分点，陶瓷制品制造增加值增速比 2019 年下降 3.4 个百分点，电子和电工机械专用设备制造增加值增速比 2019 年下降 3.2 个百分点，输配电及控制设备制造增加值增速比 2019 年下降 1.3 个百分点，锅炉及原动设备制造和电机制造增加值增速分别同比增长 7.7 个百分点和 12.9 个百分点。2019 年增速差为正数的主要子行业中输配电及控制设备制造增加值增速差最大，达到 6.6 个百分点（见表 2）。

表 2　2018～2020 年我国电工电器行业增加值增速对比

单位：%，百分点

行业名称	2020 年	2019 年	2018 年	2020 年增速差	2019 年增速差
陶瓷制品制造	2.4	5.8	6.7	−3.4	−0.9
石墨及其他非金属矿物制品制造	7.7	12.2	7.5	−4.5	4.7
锅炉及原动设备制造	13.5	5.8	0.8	7.7	5.0
电子和电工机械专用设备制造	10.3	13.5	13.9	−3.2	−0.4
电机制造	23.6	10.7	4.7	12.9	6.0
输配电及控制设备制造	12.1	13.4	6.8	−1.3	6.6
电线、电缆、光缆及电工器材制造	4.8	8.5	4.1	−3.7	4.4
电池制造	9.0	18.1	14.9	−9.1	3.2

资料来源：根据中国机械工业联合会机经网数据库数据整理。如无特殊说明，以下数据均来自机经网。

（二）资产规模呈波动趋势

2020 年，电工电器行业资产规模达到 67685.87 亿元，同比增加 9.78%。从月度数据来看，2019 年和 2020 年同比增速处于波动态势。2019 年 5 月资产规模当月增加 1214.58 亿元，12 月出现亏损，亏损达 395.93 亿元。2020 年波动幅度略小于 2019 年。2019 年电工电器行业资产规模同比增速均值低于 2020 年，2019 年同比增速最高为 1～9 月的 6.15%，最低为 1～

4 月的 2.10%。2020 年同比增速在上半年先升后降,下半年同比增速稳步增加,最低为 1~7 月的 4.72%,1~12 月增速最高,为 9.78%（见图 1）。

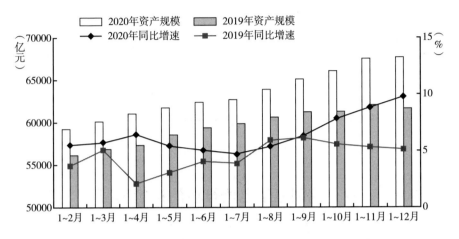

图 1　2019~2020 年我国电工电器行业资产规模及同比增速

（三）电工电器行业大部分产品产量呈下降趋势

2019~2020 年,我国电工电器行业主要产品产量增减不一。2020 年,发电机组（发电设备）产量达 141681753 千瓦,同比增长 30.25%,其中,水轮发电机组和风力发电机组产量分别同比增长 83% 以上。电站水轮机和燃气轮机的产量下降明显,同比下降速度超过两位数。电站水轮机的产量下降速度最快,同比增速为 -21.94%,产量仅为 750368 千瓦;燃气轮机的产量同比下降 18.33%。电站用汽轮机的产量同比下降 7.47%（见表 3）。

表 3　2020 年我国电工电器行业主要产品产量及同比增速

产品名称	计算单位	2020 年产量	同比增速（%）
发电机组（发电设备）	千瓦	141681753	30.25
水轮发电机组	千瓦	20905405	85.17
汽轮发电机组	千瓦	52800405	-1.82
风力发电机组	千瓦	55008687	83.67
工业锅炉	蒸发量吨	439112	-1.15

产品名称	计算单位	2020年产量	同比增速(%)
电站锅炉	蒸发量吨	257362	−6.69
电站用汽轮机	千瓦	49633648	−7.47
电站水轮机	千瓦	750368	−21.94
燃气轮机	千瓦	3459245	−18.33
交流电动机	千瓦	317050406	8.41
变压器	千伏安	1736011889	0.04
电力电缆	千米	52425083	4.93

四　我国电工电器行业的运行情况

（一）总体运行情况分析

1.2020年利润总额同比增速波动较大

2020年，电工电器行业实现累计利润总额3038.92亿元，同比增长16.44%。从月度数据来看，2020年电工电器行业各月利润总额总体呈上升趋势，在1~2月仅为39.71亿元，11月达到最大值，为405.19亿元。2019年各月利润总额波动较大，10月利润总额达到最低值，为91.61亿元，12月最高，为308.77亿元。2020年各月利润总额同比增速波动较大，1~2月同比增速最低，为−82.55%；10月最高，为233.35%。2019年各月利润总额同比增速波动幅度相对较小，2019年8月最高，为28.57%；10月最低，为−66.26%（见图2）。

2.主营业务收入同比增速总体呈上升趋势

2020年，电工电器行业累计主营业务收入为55510.68亿元，同比增长8.40%。从月度数据来看，2019年和2020年各月主营业务收入同比增速呈相反趋势，2020年各月主营业务收入上半年相对稳定，下半年略有上升。2020年电工电器行业各月主营业务收入12月最高，达7040.52亿元；3月最低，为4048.90亿元。2019年同比增速在12月达到最高，为46.98%；

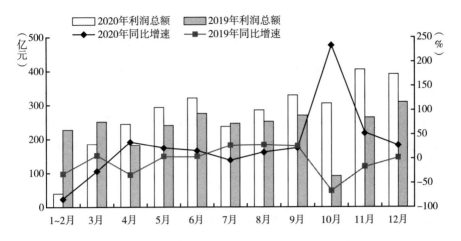

图 2　2019~2020 年我国电工电器行业利润总额及同比增速

10 月同比增速最低，为 - 32.75%。2020 年 10 月同比增速最高，为 85.95%，各月同比增速前三季度总体平稳增加，第四季度呈下降趋势。总体来看，2019 年和 2020 年各月同比增速除 10 月波动较大外，大体呈上升趋势（见图 3）。

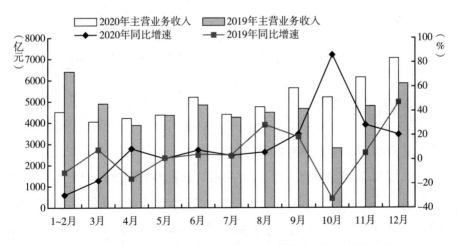

图 3　2019~2020 年我国电工电器行业主营业务收入及同比增速

3. 主营业务成本同比增速全年波动较大

2020 年，电工电器行业累计主营业务成本为 47205.82 亿元，同比增长 8.38%。从月度数据来看，2020 年各月主营业务成本同比增速前三季度总体呈上升趋势，从 1~2 月的 -29.14% 增长到 9 月的 21.27%，10 月急剧增长到最大值 89.89%，11 月、12 月又分别下降到 20% 多。2019 年各月主营业务成本 12 月达到最大值，为 4881.53 亿元（1~2 月为累计值，除外）。2019 年各月主营业务成本同比增速波动较大，10 月达到最小值，仅为 -34.31%；第四季度，又回升，12 月达最大值，为 55.10%（见图 4）。

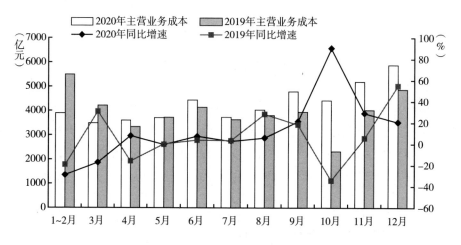

图 4　2019~2020 年我国电工电器行业主营业务成本及同比增速

（二）盈利能力

1. 2020 年总资产利润率总体呈增加趋势

2019 年和 2020 年电工电器行业的累计总资产利润率分别为 4.23% 和 4.49%，分别同比下降 0.61 个百分点和 0.26 个百分点。从月度数据来看，2019 年各月总资产利润率呈波动趋势，其中 12 月达最大值（0.50%），10 月达最低值（0.15%）。2020 年各月总资产利润率前半年平稳增加，后半年总体呈上升趋势，全年的总资产利润率 1~2 月最低，仅为 0.07%；11 月最高，为 0.60%（见图 5）。

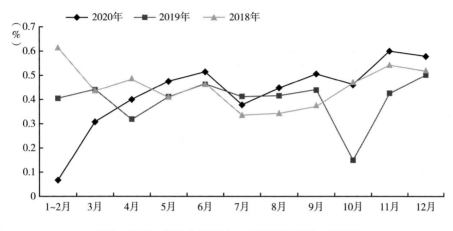

图5　2018～2020年我国电工电器行业总资产利润率

2. 2019～2020年主营业务成本率变动趋于一致

电工电器行业2019年和2020年的累计主营业务成本率分别为85.05%和85.04%，同比分别增长0.03个百分点和降低0.01个百分点。从月度数据来看，2019年各月主营业务成本率总体呈下降趋势，围绕85%小幅波动，在10月达到最低，仅为83.20%；4月最高，为86.04%。2020年各月主营业务成本率除1～2月外基本和2019年保持一致，最大值略高于2019年最大值，为86.16%，最小值为1～2月的60.85%（见图6）。

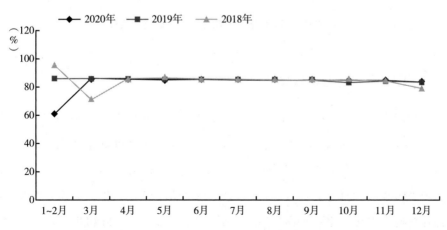

图6　2018～2020年我国电工电器行业主营业务成本率

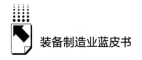

（三）偿债能力趋于平稳

2019 年和 2020 年电工电器行业的资产负债率分别为 56.04% 和 55.92%，同比分别增长 4.34 个百分点和降低 0.12 个百分点。从月度数据来看，2019 年和 2020 年电工电器行业各月的资产负债率全年呈平稳趋势，各月的资产负债率均高于 2018 年同期。2019 资产负债率 1～11 月最高，为 56.48%；1～5 月资产负债率最低，为 55.87%。2020 年资产负债率在 1～11 月总体平稳增加，最小值为 1～2 月的 55.63%；1～11 月为最大值，为 57.20%；12 月略有下降（见图 7）。

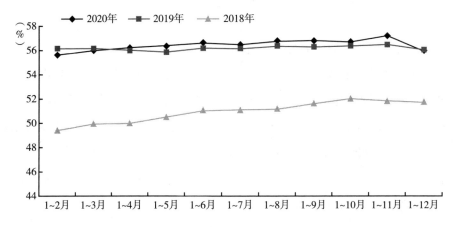

图 7 2018～2020 年我国电工电器行业资产负债率

（四）营运能力略有降低

2019 年和 2020 年电工电器行业总资产周转率分别为 0.83 次和 0.82 次，且 2019 年总资产周转率比上年下降了 0.01 次。从月度数据来看，2018～2020 年电工电器行业各月总资产周转率波动幅度越来越小。2019 年各月总资产周转率最大值为 1～2 月的 0.11 次，最小值为 10 月的 0.05 次；2020 年各月总资产周转率比较平稳，其中 3 月、4 月、5 月、7 月和 8 月均为 0.07 次，最大值也仅为 12 月的 0.10 次（见图 8）。

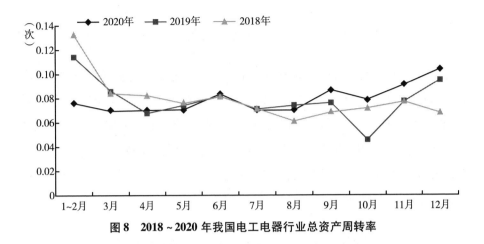

图 8　2018～2020 年我国电工电器行业总资产周转率

五　我国电工电器行业产业结构分析

（一）主要子行业资产规模呈增长趋势

2020 年，我国电力装备行业主要子行业资产规模与上年同期相比均显著增长。从增速看，2020 年我国电力装备行业主要子行业中，发电机及发电机组制造同比增长 21.47%，其他主要子行业均同比增加。从占比看，2020 年锂离子电池制造累计资产额达 8921.45 亿元，占全行业的 13.18%，占比比 2019 年增加 0.98 个百分点；其次电线、电缆制造累计资产额达 7954.72 亿元，占比为 11.75%，占比下降 0.8 个百分点（见表 4）。

表 4　2020 年我国电力装备行业主要子行业累计资产额

单位：亿元，%

子行业	累计资产额	同比增速	占比
发电机及发电机组制造	5992.65	21.47	8.85
锂离子电池制造	8921.45	18.57	13.18
配电开关控制设备制造	6843.29	5.08	10.11
光伏设备及元器件制造	7892.43	14.95	11.66
电线、电缆制造	7954.72	4.80	11.75

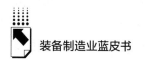

（二）电线、电缆制造主营业务收入占比急速下降

在我国电工电器行业主要子行业中，电线、电缆制造主营业务收入的占比从 2019 年的 20.02% 下降到 2020 年的 9.40%，下降了 10.62 个百分点。从增速看，2020 年在我国电力装备行业主要子行业中，风能原动设备制造和发电机及发电机组制造行业主营业务收入增长较快，分别同比增长 73.45% 和 52.46%，而配电开关控制设备制造的同比增速从 2019 年的 7.68% 下降为 2020 年的 -6.68%（见表 5）。

表 5　2020 年我国电力装备行业主要子行业主营业务收入

单位：亿元，%

细分行业	主营业务收入	同比增速	所占比重
风能原动设备制造	1040.89	73.45	1.88
发电机及发电机组制造	4656.95	52.46	8.39
变压器、整流器和电感器制造	3522.00	3.38	6.34
配电开关控制设备制造	4883.67	-6.68	8.80
电线、电缆制造	10769.32	4.82	9.40

（三）风能原动设备制造利润额同比增长显著

2020 年，风能原动设备制造利润额同比增长 131.78%。从占比看，2020 年配电开关控制设备制造和电线、电缆制造利润额同比增速均略有下降，分别同比降低 0.03% 和 0.89%，2020 年配电开关控制设备制造和电线、电缆制造利润额占比分别为 13.67%、12.89%（见表 6）。

表 6　2020 年我国电力装备行业主要子行业利润额

单位：亿元，%

细分行业	利润额	同比增速	所占比重
风能原动设备制造	96.10	131.78	3.16
发电机及发电机组制造	194.19	57.08	6.39

细分行业	利润额	同比增速	所占比重
变压器、整流器和电感器制造	221.09	13.27	7.28
配电开关控制设备制造	415.37	-0.03	13.67
电线、电缆制造	391.72	-0.89	12.89

六　我国电工电器设备行业技术水平分析

（一）主要产品技术水平

近年来，我国电工电器行业技术快速发展，技术水平稳步提升，很多电工电器产品技术甚至达到国际先进水平，尤其是发电设备和输变电设备领域技术处于国际领先水平。

1. 发电设备

我国电工电器行业发电设备企业不断突破自我，攻克技术难题，促使我国发电设备，尤其是成套发电设备的技术水平在国际上处于领先地位。2019～2020 年发电设备企业在水电设备、火电设备、风电设备和核电设备等方面攻克高新技术、创新产品，取得了丰硕的成果：在水电设备领域，哈电集团和东方电气承接并完成世界首座单机百万千瓦水电站——白鹤滩水电站，首批机组投产发电；火电设备领域的超（超）临界二次再热发电技术，风电设备领域的大容量机组研发技术在国际上处于领先水平，国内首台大功率 10 兆瓦海上风机成功研制；"华龙一号"和高温气冷堆核电站示范工程（华能石岛湾核电站）等都是核电设备技术水平的代表。

2. 输变电设备

在输变电设备领域，随着一大批重点项目的实施和落地，我国电工电器行业企业全面掌握超、特高压输电技术，特高压设备技术处于世界领跑地位，且设备国产化能力逐步提升。我国研发出一批具有国际先进水平的高端装备并相继投入运用，如西电集团自主研发超、特高压变压器/电抗

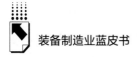

器出线装置，成功应用于多个超、特高压交直流输变电工程项目，巴西美丽山二期特高压输电项目和昌吉—古泉 ±1100 千伏特高压直流输电工程等。

（二）重大技术突破

1. 世界技术水平最高的 GIL 工程正式投运

目前世界电压等级最高、输送容量最大、单体气体绝缘输电线路（GIL）最长的苏（苏州）—通（南通）GIL 综合管廊工程于 2019 年 9 月正式投运，打通了华东特高压交流环网，是特高压输电领域又一项重大技术创新。通过 GIL 输电技术，将高达 450 米、宽近 100 米的双回 1000 千伏特高压线路走廊压缩至内径为 10.5 米的隧道之中。该工程是目前世界技术水平最高的 GIL 工程。该工程在实施过程中，突破了一系列关键技术和核心设备。如南京南瑞继保电气有限公司一体化监控系统，实现了在复杂网络环境的电力、安防、照明、通风、排水、消防等业务自动控制和数据融合；针对快速泄流装置，研制了对应的控制设备，为确保苏通管廊安全、可靠运行提供了有力保障。[①]

2. 核电技术取得重大突破

"华龙一号"全球首堆——中核集团福清核电 5 号机组热态性能试验于 2020 年 3 月 2 日基本完成，这是我国拥有自主知识产权的三代核电，"华龙一号"是民族品牌和"国家名片"，是我国核电技术的重大科技成果，是我国由核电大国向核电强国跨越的标志，具有重要意义。[②]

3. 全球最大功率风力发电机下线

全球最大功率半直驱风力发电机即全球首台 12 兆瓦海上半直驱永磁同步风力发电机于 2020 年 2 月 23 日成功下线，年发电量将达 58 吉瓦时，是

---

① 《特高压交流 1000 千伏苏—通 GIL 综合管廊工程正式投运（2019 年第 16 期）》，工业和信息化部网站，2019 年 12 月 16 日，https://www.miit.gov.cn/jgsj/zbes/zdjszb/gjzdjszbjb/art/2020/art_ 2781361fb4034887ad6965b45663959f.html。

② 《华龙一号全球首堆热态性能试验基本完成》，《电气应用》2020 年第 3 期。

我国自主研制的、目前我国对外出口的最大功率发电机。

4. 世界最大联合循环电站项目成功并网

沙特阿美吉赞 3850 兆瓦电站项目 12 燃机带负荷于 2020 年成功并网，这是目前实现成功并网的世界最大联合循环电站项目。

5. 世界首个通过5轮次 C2 级背对背电容器组开合试验断路器研制成功

世界首个通过该项极端严酷试验的 550 千伏支柱式断路器——LW15A – 550 型 550 千伏滤波器断路器于 2020 年 2 月 27 日成功完成 5 轮次 C2 级背对背电容器组开合试验（BC）。

6. 光热发电世界性难题获得突破

敦煌大成光热电站于 2020 年 6 月全面投入商务运行，此光热发电站的发电量全额上网。中国电建集团中南勘测设计研究院在该电站的承建中突破了防止熔盐在集热管凝结的世界性难题。我国是全球首个掌握熔盐线性菲涅尔式光热发电技术并将其产业化应用的国家。

7. 国内首台超超临界660兆瓦汽轮机改造成功

东方电气集团东方汽轮机有限公司运用第四代通流改造技术对景德镇 2 号汽轮机进行成功改造，改造后各项性能通过考核试验。这是我国首台超超临界 660 兆瓦等级通流改造机组，改造机组成功解决了煤电机组深度调峰能力和全负荷经济性之间的矛盾，对我国实现能源结构转型升级完成碳中和战略目标具有重要意义和重大作用。

七　我国电工电器行业存在的主要问题

（一）行业集中度低，中低端产品产能过剩

目前我国电工电器行业仍然存在行业集中度低的问题，不论从企业数量还是从占整个行业销售额的比重来看，目前占主导地位的仍然是中小型企业，而大型企业数量较少。中小型企业生产的大多数产品雷同，产能过剩，市场竞争激烈。因此在整个电工电器行业中低端产品产能过剩，造成

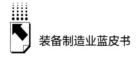

低端产品价格竞争日益白热化，例如电线、电缆制造行业中，中低端电线、电缆由于进入门槛低，江浙一带厂家众多，市场供需始终是供过于求；变压器制造行业，也和电线、电缆制造行业一样，中低端产品技术含量不高，生产厂家众多，产品雷同，都是靠打价格战赢得市场，甚至部分企业仅仅依靠贴牌生产维持生计。

（二）子行业之间发展不均衡，且关键零部件依赖进口

我国电工电器行业经过近年的快速发展，核心技术取得重大进步，部分核心技术达到世界领先水平，部分高端技术已经领跑世界，但是子行业之间发展不均衡，能够领跑世界走出国门的企业主要是发电机及发电机组制造行业及输配电设备制造行业企业，如发电机及发电机组制造行业的东方电气集团、哈电集团及上海电气集团等，但是部分子产业发展仍然落后，例如电线、电缆制造行业，江浙一带大量中小民营企业生产同质商品，产业集中度低，没有像发电机及发电机组制造行业一样形成行业龙头企业，总体是大而不强。

而已经处于世界领先水平的子行业中，也有部分关键零部件不能实现国产化，主要是因为为了实现技术的快速发展，许多技术是通过技术引进然后改造升级再创造取得突破的，基础技术仍然存在差距。例如，铸造锻造焊接和热处理等关键基础工艺与世界先进水平仍然有差距，造成部分高端零部件原材料只能依赖进口；发电设备的大型锻铸件、阀门，输配电设备的部分开关和控制保护设备，高压及特高压交流设备仍然不能完全实现国产化，主要依赖进口。

（三）研发投入不足，缺乏高端技术人才

技术进步离不开大量的研发投入，发达国家将大量销售收入投入研发，我国电工电器行业的研发投入占销售收入比重远远落后于发达国家。行业企业缺乏对研发人才队伍的建设，研发人员的待遇也跟不上，造成核心技术研发人才不够，高端技术人才不足，没有形成自己的可持续创新的团队，自主

创新能力以及技术转化能力有待提高。企业要想掌握核心技术,享受科技带来的红利,必须重视研发投入,大量培养高端人才,并配套提高研发人员待遇,形成核心技术人才激励机制。

八 我国电工电器行业发展前景分析

(一)我国电工电器行业发展前景预测

1.碳达峰关键期新能源设备需求增加

随着国家大力提倡绿色发展,大力开展环境保护,节能环保的新能源成为社会热点。"十四五"时期是碳达峰的关键期、窗口期,国家要求构建清洁低碳安全高效的能源体系,控制化石能源消耗总量,相关政策激励电工电器行业在新能源引用技术及相关设备研制领域快速发展。在逐渐压减碳排放的宏观背景下,必然需要提升传统能源发电效率,同时大力发展新能源产业,提升新能源在整个能源消费中的比重。未来,水电、风电、光伏发电等可再生能源发电设备需求将持续快速增长,核电设备也将迎来新一轮发展机遇。

2."风光水火储一体化"推动储能装备发展

2020年,国家发展改革委、国家能源局联合发布《关于开展"风光水火储一体化""源网荷储一体化"的指导意见(征求意见稿)》,提出了积极探索"风光水火储一体化"的实施路径,这是推动储能装备应用的又一重大利好政策。

2019~2020年,新能源在电力结构中的占比越来越高。风电、光伏发电等新能源本身具有一定的随机性、波动性、间歇性,需要配置大量可调节资源,而各种储能方式是非常好的手段,可以协调发电和负荷之间时空不匹配的情况。"新能源+储能"组合并网占比从2019年的17%增加至2020年的43%,储能装备正在成为行业标配。

3.氢能产业快速发展

当前,我国制定了符合自身国情的国家能源发展战略,发挥体制优势促进关键核心技术攻关，尽快建立健全行业监管体系和标准体系，通过试点示范探索氢能多元化应用路径。未来，氢能在国家能源体系中的定位、氢的来源和成本、氢能的多元化应用、氢能产业的投入产出效率、关键核心技术攻关的体制机制设计等问题，还需要各界进一步探讨和解决，共同助力我国氢能产业健康有序发展。

（二）我国电工电器行业投资机会

1. 微电网以及各类分布式能源系统

2020年，我国输电网结构不断改进，资源配置持续优化。近几年，国家在电力主干网架方面持续增加投入，网架不断强化，在主干网架强化的同时，微电网以及各类分布式能源系统的发展潜力逐步显现，依托分布式新能源发电以及综合能源优化利用的微电网未来有机会成为新能源发电本地利用的重要方式。"十四五"期间，随着碳达峰、碳中和目标的落地以及可再生能源装机增长，电网投资将保持高位增长并逐步向配网倾斜。

2. 可再生能源发电装备

当前，全球各国日益重视新能源开发与利用，全球气候大会所倡导的环境保护政策加快了各国开发利用可再生能源的脚步。其中，一些欧洲国家政府提供上网电价补贴，利用配额制、财政拨款和各类补贴助力可再生能源行业增长。未来，欧洲国家对可再生能源发电设备的需求将持续增加，市场规模将会进一步扩大。我国也在积极通过政策杠杆推动光伏发电、风电等可再生能源发展，提升可再生能源在整体能源消耗中的比重，可再生能源发电装备未来市场同样呈现增长的趋势。

3. 水电、核电发电设备

诸如风电、光伏发电等可再生能源发电装备具有较高的制造成本和使用成本，在新兴经济体的推广应用存在一定压力，阻碍了其推广发展的步伐；同时，由于经济发展相对滞后，新兴经济体对传统能源水资源的利用率不高。开发水电资源已经成为部分新兴经济体确保能源供应的首选方式。

对于中国、印度等发展中国家，由于自然资源条件的限制，未来核电也可成为替代传统化石能源的选项。随着核能发电技术的不断提升，未来核电发展将步入快车道。我国目前已经启动多项核电项目，未来还将会在沿海地区推进新核电站的建设计划，核能发电及其配套输变电工程预计将会促进对相关装备的需求增长和增加新的投资机会。

4. 天然气发电装备

燃气轮机具有发电效率和热效率高的特点，燃气发电在电力系统中具有特殊地位。发达国家的经验表明：从安全和调峰要求的角度出发，在电网中配置10%左右的燃气轮机组是有必要的。在我国，部分地区的峰谷差异较大，需要配置部分燃气轮机及其联合循环系统来适应建设的需要，市场需求旺盛。

5. 输变电设备及线材

在我国，用电量大的区域主要是华东及华南沿海经济发达地区，而主要的电力生产企业分布在中西部地区，需求方与供给方相距遥远，传输损耗高。特高压传输成为减少传输损失的重要方式。同时，当前如火如荼的新农村建设、小城镇建设也对城市电网、农村电网升级改造提出了新的要求。规划建设跨地区、长距离、大容量、超高压远程输变电工程，加快智能电网建设，都需要大量高技术、高效率的输变电设备及线材，这为输变电设备制造企业，电线、电缆生产制造企业提供了新的机遇，未来预计输变电设备制造行业，电线、电缆制造行业将实现持续的稳定增长。

九 我国电工电器设备行业发展建议

（一）政府

1. 加强顶层设计，协调新能源产业发展

"十四五"期间，随着全社会用电需求提升以及新能源发电市场的扩大，电工电器企业或将迎来新的发展机遇。目前，政府需要多层次、多角度优化政策，引导产业发展。

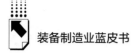

要加强顶层设计，进一步明确特高压输变电技术的发展有利于优化我国电网和电源布局，实现我国能源资源的高效配置，协调新能源和储能业务有序发展。同时要完善政策机制，健全标准体系，引导行业开展深化特高压输变电、新能源开发等相关技术研究。

2. 加快行业数字化转型

随着数字化制造技术在各行各业深入应用，数字化带来全行业制造运营模式的优化与提升，建议重点关注智能制造模式在电工电器行业中的不同应用，形成各行业解决方案，提升运行效率，完善生产过程，推进质量实时监控与提升，实现全产业链实时运营管理，加快电工电器行业企业数字化转型。

3. 加强行业监督

电工电器行业中，部分产品如住宅低压开关柜等，涉及人身安全，未来，涉及人身安全的电工电器行业企业需要设置必要的技术门槛，同时对应用环节的相关技术人员加强培训，用高标准提高产品的安全性，保障用户人身安全。

（二）行业

1. 突破传统思维，树立新的发展理念

当前，电工电器行业发展的主要问题是基础理论和相关材料底层研究不足；行业对核心性共性技术和核心工艺技术研究不够、储备不多，行业创新能力不强；同时，生产要素成本快速上升导致企业效益不高，行业整体竞争力有待提高。

电工电器行业目前最大的发展症结是低端过剩，高端缺乏，结构性矛盾突出，建议行业用新的发展理念推进企业技术管理与经营管理，统筹协调稳增长、促改革、调结构、防风险之间的关系，破解行业发展难题。[1]

2. 推动品牌建设，提高质量水平

经过多年的发展，我国电工电器行业在很多细分领域做到了世界规模第

---

[1] 邓伟：《电力装备行业发展现状、重点及措施建议》，《电器工业》2020 年第 10 期。

一，但细究起来，部分产品在质量稳定性、安全性等方面与国际先进水平仍有较大差距，体现了行业质量检测、技术评价等质量管理能力相对滞后。当前，我国电工电器行业亟须完成由低成本竞争优势向质量效益竞争优势转变这一过程。这个过程需要坚持以质量为中心，避免重复建设和低水准扩张。

3. 巩固智能制造成果，宣传绿色制造理念

目前，随着我国积极推动火电"近零排放"、发展核电以及增加可再生能源占比，"优化增长"成为当今能源生产和利用的最主要方向。目前来看，未来相关电力装备领域仍有较大的增长空间。"十四五"期间，电工电器行业一方面应加快引领企业实现重大装备技术的转型升级；另一方面应在燃煤发电机组、中小型电机、工业电热、电焊机、配电变压器等装备领域引导企业加快生产环节的节能改造，优化工艺，提高生产环节的质量与效益。

（三）企业

1. 中小企业应增加技术研发投入，提高企业竞争力

研发投入占比是我国装备制造业与西方发达国家的重要差异之一，同时研发资金的使用效率低也是目前行业企业存在的问题。应该讲，电工电器行业企业竞争就是技术竞争，未来，行业中小企业应通过产品技术创新实施产品差异化战略，以技术创新增加企业盈利。企业通过产品差异化策略，能实现产品的"专精特新"，使企业有充足的能力应对市场竞争。

2. 加强员工培训，保证人岗匹配

人才队伍建设是企业实现管理目标的基础，是实现企业发展的根本动力。企业的竞争，归根到底还是人才的竞争。电工电器行业企业的特点之一就是对员工的知识结构和专业深度要求高，行业通用性不足，为此，电工电器行业企业要重视员工专业理论的培养，技术岗位与技能员工岗位员工培训应该是企业人才培养的重点。未来要将专业深度作为技术人员的培训重点、将设计规范的操作流程作为技能员工培训的首要内容，提升各级员工的专业技术和专业技能。

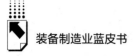
3. 建立科学的管理体系，保障企业高质量发展

国际上优秀的装备制造企业均建立了完善的、具有企业特定文化和生产特征的管理体系，例如丰田生产体系、卡特彼勒生产体系等，科学合理的管理体系可以保证企业内部协调一致。我国电工电器行业企业众多，每个企业均有各自的生产经营特点，未来，企业需要建立自身的科学管理体系，建立传承和持续优化机制，推动企业持续发展。

B.5
重型机械行业发展概览

郭文娜　章　毅　杨建华*

摘　要： 本报告在分析重型机械行业国际市场发展现状和发展趋势的基础
上，重点分析 2020 年我国重型机械行业及其主要子行业的运行
情况和发展趋势。2020 年我国重型机械行业总体发展平稳，主
要经济指标表现尚可，某些领域技术获得突破性进展。基于行业
供需失衡、产业结构调整和转型升级缓慢、技术水平存在差距等
问题，我国重型机械行业应推动产业升级，提高企业自主创新能
力，加快国际化步伐。

关键词： 重型机械　矿山机械　物料搬运设备　产业升级

一　行业定义和分类

（一）定义

重型机械行业是为我国能源开发、原材料生产、交通运输等部门和国防
建设等工业提供技术装备和超大型铸件、锻件的基础装备的行业，是装备机
械制造业的重要组成部分。[1]

---

* 郭文娜，副研究员，机械工业经济管理研究院研究部主任；章毅，机械工业经济管理研究
院研究部高级工程师；杨建华，机械工业经济管理研究院研究部高级经济师。
① 中国机械工业年鉴编辑委员会、中国重型机械工业协会编《中国重型机械工业年鉴 2020》，
机械工业出版社，2021。

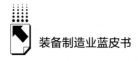

（二）分类

按照《国民经济行业分类》（GB/T 4754—2017）的规定，重型机械行业归口的行业小类包括冶金专用设备制造，矿山机械制造和轻小型起重设备制造，生产专用起重机制造，生产专用车辆制造，连续搬运设备制造，电梯、自动扶梯及升降机制造，其他物料搬运设备制造以及铁路机车车辆制造，窄轨机车车辆制造十个行业小类（见表1）。

表1　重型机械行业分类

代码	行业名称
343	物料搬运设备制造
3431	轻小型起重设备制造
3432	生产专用起重机制造
3433	生产专用车辆制造
3434	连续搬运设备制造
3435	电梯、自动扶梯及升降机制造
3439	其他物料搬运设备制造
351	采矿、冶金、建筑专用设备制造
3511	矿山机械制造
3516	冶金专用设备制造
371	铁路运输设备制造
3712	铁路机车车辆制造
3713	窄轨机车车辆制造

资料来源：《国民经济行业分类》（GB/T 4754—2017）。

二　国际重型机械行业发展概况

（一）发展现状

1. 市场现状

国际重型机械行业的竞争格局已经形成并且在短期内不会发生改变，各发达国家根据各自的国情，完成了整个装备工业的产业分工和产品分工，各国均选择 2~3 个主导领域进行攻关突破，通过组建大型的国际跨国公司、跨国集团来发挥其在装备制造领域的竞争优势。德国的西马克公司、日本的三菱重工、韩国的斗山重工等都是各国装备制造优势的集中所在。这些跨国公司资产规模相当大，资金雄厚，研发能力很强，技术水平领先，国际市场份额大，规模经济显著，利润空间较大。

重型机械行业的产品主要是单件小批，与项目息息相关，属于专业化生产的产品，不同于批量化生产，也和通用型装备（机械）的生产有很大差别。国际上重型机械生产巨头如美国的三大厂（麦斯它、维一尤耐特、不劳考克斯）以及德国三大厂中的萨克、德马克都消失了。

2. 技术现状

（1）大型化

重型机械产品的大型化不仅能保证产品的稳定性和提高产品效率，更有利于节约成本，符合现阶段的普遍需求。例如矿山机械，矿山企业生产规模不断扩大，相应地要求采矿机械设备大型化，尤其在一些大型矿山生产企业，小型机械设备正逐渐被大型设备取代，从而提高作业的稳定性和效率。

（2）高端化

国际重型装备跨国公司将数字技术、网络技术和智能技术融入产品研发、设计、制造的全过程，利用现代设计手段优化零部件结构，通过选用轻量化材料等手段，使产品向高强化及轻量化转型。依托技术优势，加大高附加值产品比重，实现产品和产业结构迈向中高端。

（3）成套化

重型机械行业综合技术水平主要体现在超强的系统集成能力和提供综合解决方案两个方面。

国外跨国公司已经改变了传统的经营模式，采用以设备总成套、技术总负责甚至工程总承包为主的方式，进行研究开发、方案制定，结合技术转让，利用各国优势实现本地化生产，从而实现市场全球化、资源配置本地化。

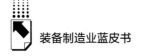

（二）发展趋势

1. 市场趋势

当今世界国际环境复杂多变，正处于大变革大调整时期，面临百年未有之大变局，时代主题仍然是和平与发展，但同时国际环境越来越复杂，不确定性大大增强。以经济和科技为核心的竞争加剧，单边主义、贸易保护主义抬头，贸易紧张局势加剧，国际贸易规则面临挑战，世界经济持续发展面临风险。

突如其来的新型冠状病毒感染的肺炎疫情，对世界人民生命安全及全球产业链、供应链形成冲击，给世界经济带来严重影响。目前地缘政治局势紧张，地区冲突不断，全球经济衰退，疫情蔓延，不稳定性、不确定性明显增加，世界发展环境面临深刻复杂变化。

重型机械国际市场平稳发展，总体呈温和增长态势。欧美国家依旧处于主导地位，市场稳定，发展空间可能进一步加大。亚洲、非洲等的发展中国家是潜在的重要市场。发展中国家普遍基础设施建设相对落后，为重型机械行业提供了较大市场。"一带一路"倡议和成立亚洲基础设施投资银行等，在促进相关地区基础设施建设的同时，为国内企业提供了契机。

钢铁、矿山、石化等是重型机械下游行业，主要集中于亚洲和非洲，这些行业亟须转型升级，以促进重型机械行业的发展。

2. 技术趋势

现阶段世界各国纷纷推出了新兴产业发展战略，推动装备制造业向高端智能、绿色环保等方向发展。重型机械行业作为装备制造业的重要分支领域，为满足提高资源利用率、劳动生产率和节能率的要求，采用高技术、新工艺、新材料制造大型设备成为发展的大趋势，继续朝着高端化、服务化和生态化方向发展。

（1）高端化

攻克核心技术，将数字化技术、网络化技术和智能化技术融入产品生命周期的全过程，利用现代设计手段优化零部件结构，通过选用轻量化材料等手段，使产品向高强化及轻量化转型。依托核心优势，加大高附加值产品比重，实现产品和产业结构迈向中高端。

（2）服务化

服务化已成为世界装备制造业发展的重要趋势。随着信息技术与经济全球化的发展，为增加产品的核心价值，装备制造企业提供越来越多的优质全面服务，有些甚至转变成专业的服务提供商。重型机械制造企业服务化是指制造企业从以生产物品为中心向以提供服务为中心转变的动态过程。服务化分为投入服务化和产出服务化两个部分。投入服务化包括新技术前期调研、研发推进、制定全面解决方案以及后期的物流、广告推广、供应零部件、技术支持等方面；产出服务化包括售后服务、维修保养、金融租赁和保险等。

（3）生态化

和谐发展是世界发展的总体趋势，也要求重型机械朝着更加生态化的方向发展。通过对制造模式、制造工艺以及制造资源和制造组织的改造和创新，使产品在整个生命周期内的环境污染减少甚至彻底消失，进一步提高资源利用效率，同时降低能源消耗，从而使企业的经济效益与社会效益相协调。

三　我国重型机械行业规模分析

（一）工业增加值增速放缓

2020年，我国重型机械行业工业增加值增速呈放缓态势。主要子行业中，物料搬运设备制造业，采矿、冶金、建筑专用设备制造业为正增长，铁路运输设备制造业为负增长。

具体来看，2020年，物料搬运设备制造业增加值同比增加6.5%，增速较2019年降低5.5个百分点；采矿、冶金、建筑专用设备制造业增加值同比增加6.0%，增速较2019年降低4.7个百分点；铁路运输设备制造业增加值同比减少6.5%，增速较2019年降低13.7个百分点（见表2）。

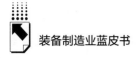

表2 2020年1~12月我国重型机械行业主要子行业增加值增速对比

单位：%

月份	物料搬运设备制造		采矿、冶金、建筑专用设备制造		铁路运输设备制造	
	本月	累计	本月	累计	本月	累计
1~2	0.0	−24.8	0.0	−24.8	0.0	−38.1
3	−1.0	−12.8	2.3	−11.6	−7.6	−21.9
4	12.0	−3.9	16.0	−2.1	2.3	−14.3
5	11.4	−0.1	18.1	2.8	1.4	−10.7
6	7.3	1.5	12.2	4.8	−9.0	−10.3
7	6.4	2.3	10.0	5.6	−13.0	−10.7
8	13.1	3.7	6.3	5.7	−12.3	−10.9
9	11.1	4.6	6.2	5.8	−11.8	−11.0
10	11.6	5.3	6.4	5.9	−15.7	−11.5
11	7.8	5.6	6.9	6.0	9.6	−9.2
12	14.6	6.5	5.8	6.0	13.7	−6.5

资料来源：机经网。如果没有特殊说明，本报告数据均来自机经网。

（二）资产规模实现稳定增长

2020年，重型机械行业资产规模达到14133.01亿元，同比增长7.09%。分月份来看，资产规模年内波动较大，但总体呈增长态势。资产规模同比增速整体呈上升趋势，3月增速最低，为3.27%；10月增速最高，达到7.89%（见图1）。

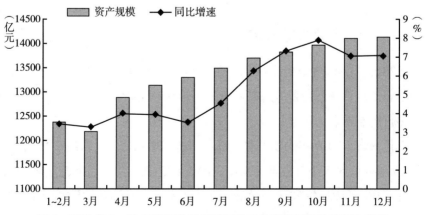

图1 2020年1~12月我国重型机械行业累计资产规模及其同比增速

（三）产品产量变化呈分化态势

从主要产品产量来看，2020 年重型机械行业矿山机械产量为 653.6 万吨，同比减少 0.2%；金属冶炼设备产量为 69.9 万吨，同比增加 5.4%；起重机产量为 1074.7 万吨，同比增长 11.7%；输送机械（输送机和提升机）产量为 134.7 万吨，同比减少 2.1%；金属轧制设备产量为 34.6 万吨，同比减少 34.3%（见表 3）。

表3　2020 年我国重型机械行业主要产品产量及增长情况

单位：万吨，%

产品名称	产量	同比增长
一、冶金设备		
1. 金属冶炼设备	69.9	5.4
2. 金属轧制设备	34.6	−34.3
二、矿山机械	653.6	−0.2
三、物料搬运设备		
1. 起重机	1074.7	11.7
2. 输送机械(输送机和提升机)	134.7	−2.1
四、其他		
1. 水泥设备	33.8	−14.6
2. 锻件	992.0	8.1
3. 铸钢件	1081.7	−11.1

注：产品按行业惯例统计。

四　我国重型机械行业的运行情况

（一）总体运行情况分析

1. 主营业务收入小幅增长

2020 年，我国重型机械行业主营业务收入为 10260.27 亿元，同比增加 2.21%，增速比 2019 年降低 7.11 个百分点。分月来看，各月主营业务收入增速波动较大。1～2 月、3 月增速为负，其余月份增速均为正。其

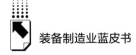
中，9月的30.58%为全年的最高点，之后增速回落，至12月为1.07%
（见图2）。

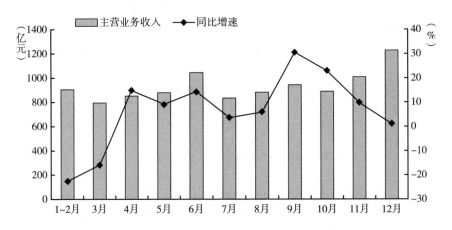

图2　2020年1~12月我国重型机械行业主营业务收入及其同比增速

2. 主营业务成本略有增长

2020年，我国重型机械行业主营业务成本为8413.47亿元，同比增长
1.11%，增速较2019年降低7.64个百分点。分月来看，重型机械行业主营
业务成本1~2月、3月、5月和11月增速为负，其余月份为正。其中，4
月增速最高，达55.59%（见图3）。

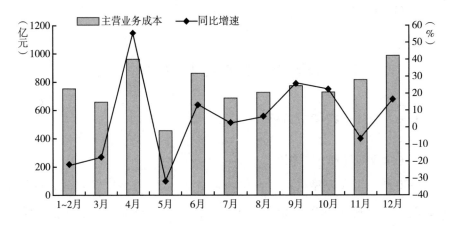

图3　2020年1~12月我国重型机械行业主营业务成本及其同比增速

3. 利润实现一定增长

2020 年，我国重型机械行业实现利润 677.04 亿元，同比增长 19.61%，增速较 2019 年降低 18.25 个百分点，利润增速高于主营业务收入增速，重型机械行业呈现良性运行状态。分月来看，1~2 月增速为负，3 月开始波动上升，9 月达到单月最大增速，为 106.68%，之后持续下降，11 月增速仅为 3.14%，12 月回升至 31.74%（见图 4）。

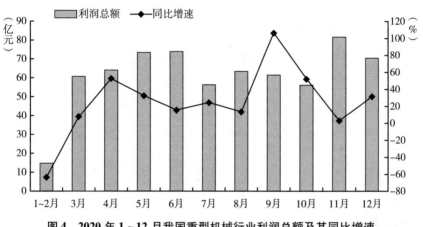

图 4　2020 年 1~12 月我国重型机械行业利润总额及其同比增速

（二）营运能力有待提高

总资产周转率有所下降。2020 年，我国重型机械行业总资产周转率为 0.73 次，比 2019 年下降 0.03 次。分月份来看，重型机械行业总资产周转率在 0.06 次到 0.09 次之间波动，12 月最高，达到 0.09 次（见图 5）。

（三）盈利能力增强

1. 总资产利润率小幅上升

2020 年，我国重型机械行业总资产利润率为 4.79%，较 2019 年增加 0.47 个百分点。分月来看，重型机械行业总资产利润率 1~2 月最低，为 0.12%，之后呈波动上升态势，11 月达到年度最大值，为 0.58%（见图 6）。

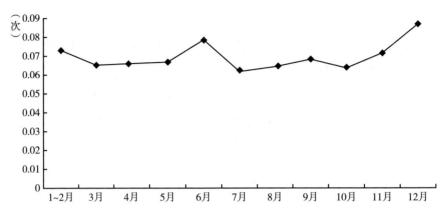

图5　2020年1～12月我国重型机械行业总资产周转率

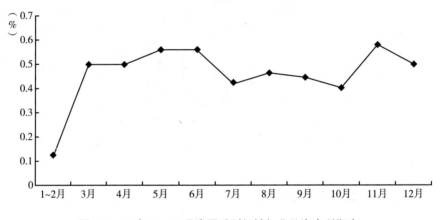

图6　2020年1～12月我国重型机械行业总资产利润率

2. 主营业务成本率略有下降

2020年，我国重型机械行业主营业务成本率为82.00%，比2019年降低0.89个百分点。分月份来看，主营业务成本率4月最高，为93.07%，其余月份较为平均，在82.00%至83.36%区间（见图7）。

（四）偿债能力基本持平

2020年，我国重型机械行业总资产负债率为61.30%，比2019年上升0.86个百分点。总资产负债率第一季度呈上升态势，之后比较平稳，略有

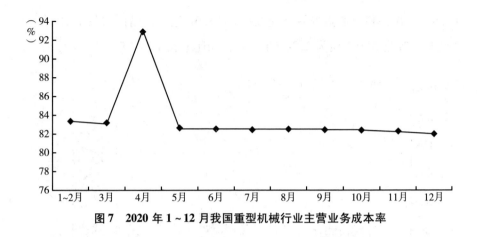

图7 2020 年 1 ~ 12 月我国重型机械行业主营业务成本率

上升，10 月达到峰值 62.03%，随后呈小幅下降趋势，12 月为 61.30%（见图 8）。

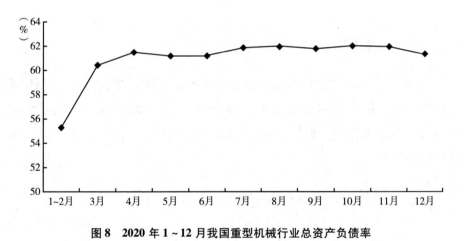

图8 2020 年 1 ~ 12 月我国重型机械行业总资产负债率

五 我国重型机械行业产业结构分析

（一）主要细分行业资产规模增减不一

2020 年，物料搬运设备制造业资产规模为 8121.96 亿元，同比减少

20.55%；矿山机械制造业资产规模为 3715.01 亿元，同比增长 1.38%；冶金设备制造业资产规模为 2294.04 亿元，同比增长 15.84%（见图9）。

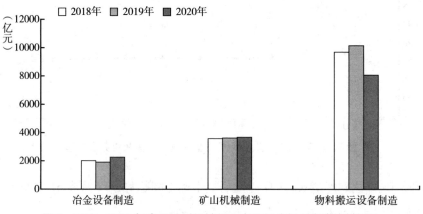

图9　2018～2020 年我国重型机械行业主要细分行业资产规模对比

（二）主要细分行业主营业务收入分化

2020 年，物料搬运设备制造业主营业务收入为 6588.69 亿元，同比下降 10.75%；矿山机械制造业主营业务收入为 2395.8 亿元，同比增长 3.08%；冶金设备制造业主营业务收入为 1275.78 亿元，同比增长 20.71%（见图10）。

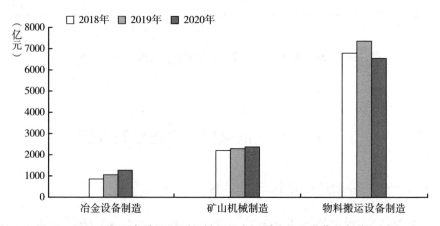

图10　2018～2020 年我国重型机械行业主要细分行业主营业务收入对比

（三）主要细分行业主营业务成本增减不一

2020 年，物料搬运设备制造业主营业务成本为 5379.16 亿元，同比降低 19.01%；矿山机械制造业主营业务成本为 1955.6 亿元，同比降低 3.27%；冶金设备制造业主营业务成本为 1078.72 亿元，同比增长 5.08%（见图 11）。

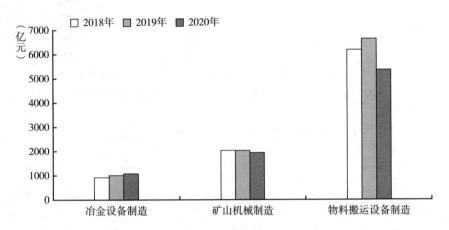

图 11　2018～2020 年我国重型机械行业主要细分行业主营业务成本对比

（四）主要细分行业利润实现增长

2020 年，物料搬运设备制造业实现利润 472.64 亿元，同比增长 0.38%；矿山机械制造业实现利润 142.28 亿元，同比增长 4.46%；冶金设备制造业实现利润 62.12 亿元，同比增长 3.83%（见图 12）。

六　我国重型机械行业贸易分析

（一）进出口规模

2020 年，重型机械行业主要产品进出口总额 219.6 亿美元，同比下降 11.6%。其中，出口额 176.7 亿美元，同比下降 12.0%；进口额 42.9 亿美元，同比下降 10.1%；进出口顺差 133.8 亿美元，同比下降 12.6%（见表4）。

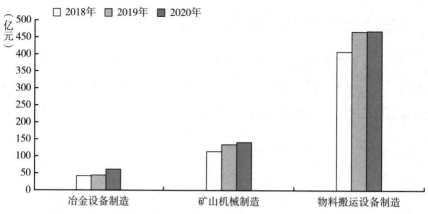

图12　2018～2020年我国重型机械行业主要细分行业利润对比

表4　2020年我国重型机械行业主要产品进出口情况

单位：亿美元，%

	本年出口金额	同比增长	本年进口金额	同比增长	进出口总额	同比增长	进出口顺差	同比增长
重型机械行业主要产品	176.7	-12.0	42.9	-10.1	219.6	-11.6	133.8	-12.6
一、冶金设备	15.1	-19.7	4.9	2.3	20.0	-15.3	10.3	-27.1
二、矿山机械	13.9	-17.7	4.0	-2.3	17.8	-14.7	9.9	-22.6
三、物料搬运设备	147.7	-10.5	34.1	-12.5	181.8	-10.9	113.6	-9.9

（二）进出口产品结构

2020年，物料搬运设备在进出口贸易中所占比重较大，矿山机械在贸易中占比相对较小。

具体看来，冶金设备中，冶炼设备出口0.33亿美元，占比2.19%；连续铸钢设备出口0.26亿美元，占比1.73%；轧制设备出口3.71亿美元，占比24.54%；冶金备件出口10.82亿美元，占比71.54%。冶炼设备进口0.11亿美元，占比2.23%；连续铸钢设备进口0.02亿美元，占比0.31%；轧制设备进口1.81亿美元，占比37.31%；冶金备件2.92亿美元，占比60.14%。①

---

① 数据因四舍五入有误差，未做机械调整，下同。

矿山机械中，采掘设备出口3.96亿美元，占比28.54%；破碎设备出口5.94美元，占比42.77%；洗选设备3.23亿美元，占比23.27%；提升设备出口0.12亿美元，占比0.88%；其他出口0.63亿美元，占比4.54%。采掘设备进口1.42亿美元，占比35.80%；破碎设备进口1.53亿美元，占比38.66%；洗选设备进口0.88亿美元，占比22.31%；提升设备进口0.05亿美元，占比1.21%；其他进口0.08亿美元，占比2.02%。

物料搬运设备中，轻小型起重设备出口23.08亿美元，占比15.63%；起重机出口30.48亿美元，占比20.64%；工业车辆出口33.08亿美元，占比22.40%；连续搬运设备出口15.60亿美元，占比10.57%；电梯及自动扶梯出口26.97亿美元，占比18.26%；其他物料搬运设备出口18.47亿美元，占比12.50%。轻小型起重设备进口3.52亿美元，占比10.32%；起重机进口1.44亿美元，占比4.22%；工业车辆进口3.65亿美元，占比10.69%；连续搬运设备进口9.85亿美元，占比28.88%；电梯及自动扶梯进口2.19亿美元，占比6.42%；其他物料搬运设备进口13.47亿美元，占比39.48%。

七　我国重型机械行业技术水平分析

（一）主要产品技术水平

1. 冶金装备及成套装备

目前，我国可以做到冶金全流程设备供应，技术水平和产品质量均达到国际先进水平。

近年来，我国成功研制拥有自主知识产权和具有当代国际先进水平的300t高效RH真空炉外精炼装备、鞍钢2130毫米冷连轧机、2150毫米热连轧机以及中宽带钢轧机、宽厚板轧机、330毫米×2500毫米宽厚板坯连铸机成套技术装备、810毫米扁钢可逆热连轧机组、铝合金十二辊型材矫整机、5000毫米宽厚板辊式全液压系列矫直机、大断面棒材飞剪等大型装备。

2. 起重机械

起重机械行业的骨干生产企业、科研单位、大专院校、技术机构，紧跟国家"智能制造""绿色制造"等相关战略和理念，重点突破了智能起重搬运、起重机绿色设计、安全监控、寿命评估等一批关键技术，开发研制了自动化垃圾搬运起重机、轻量化节能型通用桥式起重机、智能搬运起重机系列产品，以及起重机故障自动诊断与报警、起重机远程监控系统。不断提升设计能力和产品水平，带动应用技术研究，打造了我国在专用起重机领域的质量品牌，形成专用起重机行业独有的核心技术体系，并大力促进了行业技术的整体进步。

智能起重机自动完成工艺流程的操作运行，有利于提高工作效率，降低运行成本，并能对在役起重机械实时监控、记录起重机的运行状态。新一代智能起重机械已经在冶金工业、造纸工业、汽车工业等领域的智能制造工艺方面得到检验和应用。

3. 输送装卸机械

输送机械行业不断推出因地制宜的全地形、长距离产品，适应高海拔、耐低温的产品，无中间驱动和下行发电的节能产品，管状带式和廊道带式输送的环保型产品，集中推出许多高品质、高效率的新产品。如SKGD管状带式输送机、带式输送机栈桥一体化、高速大运量客运索道等。

在装卸机械方面，成功研制14500吨/小时堆料机和14400吨/小时取料机、12700吨/小时矿石装载机、环形堆取料机、DQLK2000/7500.55型斗轮堆取料机、新型三车翻车机卸车系统等拥有自主知识产权和具有当代国际先进技术水平的产品。

4. 大型铸锻件

我国大型铸锻件技术研发系统、生产制造系统和极限制造能力在全球产业领域表现突出。铸锻件行业开发锻焊结构加氢反应器、煤直接液化反应器的制造技术，完成世界最大的煤液化反应器（2044吨）、加氢裂化反应器（1600吨），承制完成世界首套260万吨/年产沸腾床渣油锻焊加氢反应器（2400吨）和世界最大3000吨级浆态床锻焊加氢反应器；研制出具有世界级先进技术水平的大型支承辊、核电常规岛低压整锻转子、火电转子、水电上冠和下环、30吨轴重的重载辗钢车轮等新产品。自主设计制造核电常规岛 AP1000 整锻低压转子、CAP1400 整锻发电机半速转子、核动力 DC 项目蒸发器一体化下封头、CAP1400 反应堆压力容器等产品，打破了国外技术垄断。它们为大国重器锤炼钢筋铁骨，如燃气轮机用大型轮盘锻件、发动机叶片、大型船用模锻件、电站用大型模锻件、压力容器锻件不仅基本满足了国内需求，还从根本上解决了大型石化容器长期依赖进口的问题，使我国成为世界上生产能力最强、技术最先进的加氢反应器制造国家。

（二）重大技术突破

1. 压力成型装备

成功研制具有当代国际先进水平的 25000 千牛大型伺服闭式四点压力机、环保型多工位高速全自动冷镦机、3000 千牛/7500 千牛米大型锻造操作机、200 兆牛模锻压机工艺试验平台、120 兆牛航空万吨级铝合金板张力拉伸机装备、355 兆牛离合器式高能螺旋压力机、可强旋 13 米长的高精密管的强力旋压机、30 兆牛多点数控成形油压机、新型 66000 千牛连续模式冲压自动线，完成了金属挤压/模锻设备与工艺创新能力平台建设，形成了门类齐全的锻压机械体系。

2. 矿山设备及成套装备

成功研制具有当代国际先进水平的装备，并拥有自主知识产权。如矿井提升智能恒减速电液制动系统、电磁直驱提升机、周边传动中心搅拌式液压分段提耙浓缩机、高效盘式过滤机、圆锥式制砂机、120~360吨电动轮自卸车、WK 系列大型矿用机械正铲式挖掘机。部分产品达到国际领先水平，综采工作面超重型成套输送设备年产可达 1500 万吨，世界首套 8.8 米超大采高智能化综采成套装备，创煤炭综采高度、效率和单产世界之最。研制的掘支运一体化智能成套快速掘进装备，在神木汇森凉水井矿成功应用，月进尺 3088 米，创世界纪录。研制的矿石破碎线工程技术，包含粗骨料加工技术，石灰石、白云石破碎加工技术；开发二次资源分选

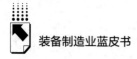

加工技术和不锈钢渣综合处理技术，使我国超细磁铁矿分选处理技术处于世界先进水平。

3. 机械立体停车设备

在解决城市交通道路不畅、居民停车难、取车不方便的问题方面，停车设备行业向空间求发展，以自动化、智能化求便利。不断开发适应城市小区环境的高层机械停车库系统、智能化立体停车库、城市公共交通公交车场用智能化大型立体停车库，走出了一条我国中高端自动化智能化机械式停车立体库自主创新的发展道路。

4. 新材料

成功研制出"电渣型不锈钢带极堆焊焊剂"并实现产业化应用，打破国外对该材料应用市场的长期垄断。首支调相机转子研制成功，填补了国内行业空白。

八 我国重型机械行业存在的主要问题

（一）行业供需不平衡

1. 市场需求下降

国内市场方面，传统市场需求不足。钢铁、有色、建材、煤炭等行业是重型机械行业的传统服务对象，近年来这些行业生产能力过剩，投资效益不断下降，新建和技改项目大幅减少，重型机械市场需求有限。以钢铁行业为例，目前其正处于过剩产能消化期。

此外，新兴市场无法也无力支撑起重型机械行业的发展。以新能源产业为例，目前其在国内尚处于初步发展阶段，市场需求拉动有限。

国际市场方面，受国际市场的不确定性以及疫情等的影响，市场需求大幅下降。

综上，重型机械行业市场需求下降，未来不容乐观。

2. 产品供给同质化，中低端市场竞争激烈

产业结构单一，产品领域过窄，集中度低，研制能力分散，难以形成突出优势。大型企业综合实力还不强，在科研、新产品开发、技术改造和企业管理等方面的精力和资金投入滞后，无法形成对行业更高水平发展的技术支撑，制约着行业的发展和整体水平的提升。众多小型企业普遍技术力量薄弱，产品趋于同向化、同质化，产业集中度低，能源消耗大，低端产能过剩，同业竞争日益严重。

（二）产业转型升级缓慢

1. 系统解决方案能力不足

由于历史原因，我国重型机械企业仅能为用户提供产品，产品参数往往由用户企业提供，而重型机械制造企业自身不懂用户工艺，技术服务能力较弱，缺乏提供全面系统解决方案的能力。而世界一流企业不局限于高品质重型设备的生产，其核心竞争力体现为能为客户提供全面解决方案，这些企业普遍具有很强的标准、工艺、设计及技术服务等能力。

2. 产品质量及可靠性亟待提升

我国重型机械行业产品附加值不高，仍以中低端产品为主。一些重大技术成套装备和关键零部件仍然依靠进口。

对技术含量高的成套设备和工程总承包项目，我国企业没有能力与国际跨国公司竞争，通常由跨国公司进行技术总负责和工程总承包，国内企业利润空间十分有限。

而一般技术性能的产品，国内则生产能力过剩。企业间往往只能通过价格战占领市场，利润空间低甚至为负，企业无力进行技术改造和科研投入，用户企业不认可，长期形成恶性循环，导致高新技术产品国产化受挫，长期依赖进口。

（三）与国际先进企业存在技术差距

通过几十年来自主研发，结合消化吸收国外先进技术，我国的重大技术

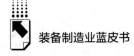

装备设计制造能力有了较大的提高，已形成了较完整的成套设备设计制造体系，已能自行设计和制造并出口大型成套设备，这些装备已接近国际先进水平，但在一些大型成套设备和大型铸件关键技术和质量稳定性方面仍存在一定差距。

1. 成套设备关键技术

同国外相比，我国在大型成套设备的某些关键技术上还存在一定差距，多年来一直未能取得突破性进展。例如冶金设备，国产大型成套冷、热连轧机主要是三电控制技术较差，对外国技术依赖程度较高。

2. 核心部件

我国长期以来存在重主机、轻配套的思想，重型机械制造业所需配套件要求可靠性高、技术性能好。因此，目前仅有少量国产配套件能满足大型高端设备的要求，关键零部件例如减速机、部分种类轴承、液压件和自动化控制系统等仍需要进口。

九 我国重型机械行业发展前景分析

（一）我国重型机械行业发展前景预测

目前世界经济形势空前严峻，正处于大变革大调整时期，发展存在较大不确定性。以经济和科技为核心的竞争加剧，单边主义、贸易保护主义抬头，贸易紧张局势加剧，国际贸易规则面临挑战，世界经济持续发展面临风险。发达国家纷纷实施"再工业化"、制造业回流战略，贸易摩擦频繁高发，使我国制造业在一定程度上受到影响。

突如其来的新型冠状病毒感染的肺炎疫情，对世界人民生命安全及全球产业链、供应链造成冲击，给世界经济带来严重影响。

（二）我国重型机械行业投资机会

1. 智能化矿山机械产品

矿山机械发展的重大技术与装备如下：深井、超深井大型提升装备与智能控制系统；智能化采掘以及锚固设备；保安型井下智能供液系统；大型粉磨设备及工艺系统；自磨机、球磨机粉磨效率控制系统；松散物料成型设备，救灾防险机器人；海上施工用各种钻机设备以及起重输送设备等。

2. 大型复杂截面的冶金铸锻件

我国重型机械制造业已经建设了世界上最大等级的大型铸锻件生产基地，我国大型铸锻件与国外的差距主要在钢种的开发、大钢锭凝固偏析控制、锻压工艺、热处理工艺上，有些工艺技术需要进行深度实验研究。重点投资集中于高质量支承辊、高端冷轧工作辊、700℃先进超超临界铸锻件、重型燃机压气机及透平转子体全套锻件研制及批量稳定制造、低温发电转子锻件、双相不锈钢锻件、大型储氢罐、特殊合金飞机用锻件、盾构机刀圈、压裂泵用液压缸锻件、热作模具钢锻件、核电用高强度螺栓等。

十 我国重型机械行业发展建议

（一）推动产品升级

大力实施质量和品牌振兴战略，以提升质量、创建品牌、改善服务、提高效益为重点，确保产品质量安全，引领和创造市场需求，不断提高产品竞争力。

一是攻关关键零部件。产品的升级换代需要大力攻关关键零部件，例如主机上的减速机、轴承、液压件、电动机、电器件、自动控制等。

二是加快产品技术更新。加快产品技术更新步伐以实现产品升级，如在生产线上采用机器人进行搬运、定位、焊接等工序来保证产品质量，提高生产效率；利用新工艺实现废弃物的减排、处置、再利用等。

三是产品的技术研发必须与市场结合，服从营销导向，面向市场，融入市场。以市场需求为导向，瞄准国际市场，不断加大研发投入，提高研发能力，争取在国际市场竞争中占有一席之地。

四是开发节能降耗装备。《中国制造2025》提出要全面推行绿色制造，加大先进节能环保技术、工艺和装备的研发力度。基于此，重型机械行业应该积极推行"绿色制造"，开发节能降耗装备。围绕能源使用及转换的重点工艺、工序和设备推广热电联产、煤炭高效燃烧、新一代炼焦等先进节能技术工艺；加快淘汰落后机电产品和技术，持续提升起重机、大型减速机、大型辊压机、大型水泥回转窑等终端用能产品能效水平。此外，重型机械行业需要增加废气液固减排和排放资源回收等成套设备的开发，如烟气减排，钢渣再利用，高炉、焦炉余热发电等。

（二）提高自主创新能力

技术创新是重型机械行业的固有属性，而自主创新才是重型机械企业可持续发展的动力之源。重型机械行业应进一步提高自主创新能力，加大研发投入力度，引进创新模式，加快科技成果转化。

一是进一步加强重型机械行业的研发机构建设。在关键创新领域组建一批国家级实验室和技术中心，开展前沿技术跟踪，负责战略高度的关键技术攻关、高端产品以及大型成套装备的研发和技术集成。并对行业共性技术进行前瞻性、基础性研究，同时集成高校、科研院所及社会各种科技资源参与科技兴企，与这些机构签订长期科技合作协议，攻克核心零部件国产化难题。

二是加大对重大共性技术、产品核心技术的投入。在冶金成套设备方面，可重点攻克大型成套冷、热连轧机的关键技术，提高冶金设备机电一体化水平；在大型铸锻件方面，加大以核电、超临界机组为代表的高端大锻件的人力和资本投入，逐步完善并掌握大型锻件核心制造技术，以满足我国核电、火电等先进重大技术装备不断发展的要求。在核心零部件方面，行业应改变传统重成套、轻配套，重主机、轻元件的思想，提高对零部件的重视程度，加大研发投入，引入可靠性指标，促进基础件的技术升级。

三是促进产学研合作。积极探索业务协同化模式，加大高等院校、科研院所和生产企业间的协同合作，鼓励各主体发挥自我优势，深度合作，取长补短，共享成果，缩短研发时间。

四是加大对重型装备制造行业龙头企业的支持力度。在科研立项、资金支持、税收等方面向龙头企业倾斜，鼓励龙头企业加大技术改造力度，增加研发投入，提高装备水平和综合方案解决能力，充分发挥龙头企业在科技进步中的引领与基础作用。

（三）加快"走出去"步伐

重型机械行业应积极应对外部环境变化，更好利用"两个市场、两种资源"，加快"走出去"步伐，开拓国际市场。

1. 优化出口产品结构

依据国际市场需求进一步优化产品结构，提高产品的出口竞争力，积极扩大对外工程承包，提高成套工程的对外协作和竞标能力，以产业结构升级为基础，优化出口产品结构。进一步扩大冶金设备、矿山机械和物料搬运设备等三大优势行业产品出口总量，进一步优化三大行业内部出口产品结构。

2. 发展国际高端市场

我国重型机械行业国产化水平和市场占有率已有长足进步，但在高端市场所占比重仍较低。我国重型机械行业想做大做强，要充分借鉴美国与欧盟的经验，注重自主创新。

一是进一步加强高端装备的研发制造。一方面通过全球合作、产业链整合、资本市场运作等方式，发展一批具有国际竞争力的综合性跨国公司。另一方面不断提高企业的国际化经营能力和服务水平。支持企业在境外投资和进行并购、股权投资以及建立研发中心，进行技术并购。

二是努力提升现有产品品质。我国重型机械行业产品生产过程中偶然性因素较大，缺乏系统的标准化生产模式，产品品质参差不齐，人为因素较大，需要通过工艺手段、生产标准等进行规范。

三是要对接"一带一路"倡议，积极推动重型机械企业提升国际化经营能力，提高国际市场占有率，提高自身竞争能力。

B.6
石化装备行业发展概览

童童　智一歌　郭威　栗蕾乔*

摘　要： 石化装备是我国石化产业实现发展的基础和保障，也是推动
我国石化产业走向精细化、高效化、绿色化、智能化、信息
化的关键。本报告论述国际石化装备行业的发展现状、市场
格局和技术趋势，深入研究分析了我国石化装备各子行业的
资产规模、营收状况、盈利能力、负债水平、运营效率和技
术水平以及存在的问题。分析表明，2020年我国石化装备行
业营业收入保持稳健增长，盈利能力有所提升，资产负债率
更加优化，关键核心装备实现新的技术突破，装备国产自主
化能力提升。但是外部环境更加复杂，市场风险加大，新冠
肺炎疫情影响下产业链上下游及各关联产业风险增大，未来
应以创新为引领，注重智能化和信息化的深度融合，树立绿
色发展理念，加强品牌建设，加大研发投入力度，积极推动
石化装备行业转型升级。

关键词： 石化装备　智能化　安全化

---

* 童童，博士，副研究员，机械工业经济管理研究院城乡规划研究所所长，主要从事当代社会
学理论与经济管理方向研究；智一歌，中级经济师，机械工业经济管理研究院发展战略研究
所副所长，主要从事产业经济研究；郭威，机械工业经济管理研究院发展战略研究所工程
师、助理研究员，主要从事经济研究、行业研究；栗蕾乔，机械工业经济管理研究院城乡规
划研究所研究助理，主要从事城乡规划、经济管理研究。

一 石化装备行业的定义和分类

（一）定义

石化装备全称为石油和化工装备，是指用于石油和天然气勘探钻采、运输、炼油与化工生产等产业链各个环节的专用和通用设备。

（二）分类

按照国家统计局的行业分类标准，石化装备行业共分为深海石油钻采设备制造，炼油、化工生产专用设备制造，气体、液体分离及纯净设备制造，风机、风扇制造，气体压缩机械制造等行业小类（见表1）。

表1 石化装备行业分类

	行业名称
泵、阀门、压缩机及类似机械制造（344）	泵及真空设备制造（3441）
	气体压缩机械制造（3442）
	阀门和旋塞制造（3443）
烘炉、风机、包装等设备制造（346）	风机、风扇制造（3462）
	气体、液体分离及纯净设备制造（3463）
	制冷、空调设备制造（3464）
	喷枪及类似器具制造（3466）
采矿、冶金、建筑专用设备制造（351）	石油钻采专用设备制造（3512）
	深海石油钻采设备制造（3513）
化工、木材、非金属加工专用设备制造（352）	炼油、化工生产专用设备制造（3521）
	橡胶加工专用设备制造（3522）
	塑料加工专用设备制造（3523）
环保、邮政、社会公共服务及其他专用设备制造（359）	环境保护专用设备制造（3591）
锅炉及原动设备制造（341）	锅炉与原动设备制造（3411）
集装箱及金属包装容器制造（333）	金属压力容器制造（3332）
印刷、制药、日化及日用品生产专用设备制造（354）	印刷专用设备制造（3542）

资料来源：《国民经济行业分类》（GB/T 4754—2017）。

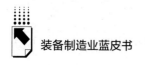

二 国际石化装备行业发展概况

（一）国际石化装备行业发展现状

石化装备行业的产品和服务主要应用于石油及天然气的开采，石化装备行业的发展和景气度受上游石油天然气开采需求影响较大。因此，全球经济贸易格局、石油天然气的价格走势、石油天然气消费需求、全球石油勘探开发支出及油气开采规模深刻影响石化装备行业发展。

1. 市场现状

（1）市场规模增速下降

据统计，2018 年全球石化装备行业市场规模同比增长 14.14%，达到 2647 亿美元；2019 年全球石化装备行业市场规模同比增长 7.40%，达到 2843 亿美元；2020 年全球石化装备行业市场规模同比增长 -2.81%，达到 2763 亿美元（见图 1）。

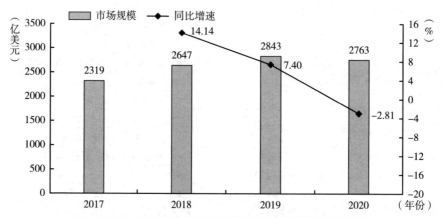

图 1　2017～2020 年全球石化装备行业市场规模及同比增速

资料来源：Spears&Associates，机械工业经济管理研究院整理。

（2）供应格局产生剧变

美国实施"再工业化"战略，促进实体经济强劲复苏，吸引制造业回流，打破国际油气市场供应格局，促使国际油气市场格局产生剧变。加上新冠肺炎疫情巨大的冲击影响，2020年全球石油、天然气需求分别下降9%、7%，国际石油、天然气出现持续大规模的供应过剩，石化装备行业需求萎缩，市场竞争激烈。

2. 技术现状

（1）新一代信息技术与制造业深度融合

信息技术向制造业各个行业的普及和渗透带来了制造方式、行业生态和产业分工的巨大变革。全球各国聚焦工业互联、智能制造、绿色制造等先进技术领域，鼓励建设制造业创新载体，抢占竞争优势地位。人工智能、物联网与石化装备深度融合，积极推动石化装备技术向实际产品转移转化。

（2）推进清洁化、高效化升级转型

随着碳中和成为国际共识，全球石化行业向绿色化、清洁化和高效化发展。国际石化装备行业信息集成度上升，进入智能化生产发展阶段，推动国际石化装备行业生产效率显著提高，生产成本明显降低。随着纳米技术、新材料、新工艺新技术等在石化领域的深入应用，石化装备将进一步拓宽发展空间，推动行业清洁化和高效化升级。

（二）国际石化装备行业发展趋势

全球能源格局不断演变，从油到气，从传统能源到新能源，从常规能源到非常规能源，对石化装备发展提出新的挑战。多品种集成、个性化定制、智能化提升成为市场主流，与此同时低成本、短工期、高效率、易装配成为客户的普遍要求；专业化咨询、自动化诊断、远程技术支持成为市场服务新要求。油气勘探开发向"两深一新一非"领域迈进，智能化、高可靠性的大型成套集成设备供不应求。

1. 市场趋势

（1）需求不断增长

随着经济全球化的深入发展，各国将能源安全提升到更为重要的战略位置，煤炭、石油、天然气和页岩气作为战略能源，在勘探获取、生产消费、

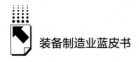

节能减排、战略储备、安全保供、高效利用等方面面临新的需求和挑战。其中天然气、页岩气替代煤炭，并降低对石油的依赖成为未来能源格局演变的必然趋势。以美国为例，大型石化公司在美新一轮石化设施投建都是以页岩气为基础的石化设备，页岩气可替代石油成为聚烯烃产业的上游原料，且成本低廉。未来，基于全球能源需求格局的变革趋势，页岩气和天然气市场增长潜力巨大，对钻采、压裂、储备、输送、炼化等设备的需求将稳步增长。

（2）产品差异化发展

在经济全球化背景下，贸易壁垒降低，石化装备市场全球化步伐加快，各国企业对石化装备产品的多样化和定制化要求不断提升，石化装备产品向智能化、模块化、差异化方向发展。以往的大批量生产销售模式，造成了石化装备市场的结构性供应过剩，给市场带来了不良影响和挑战。在信息化变革和环境约束的挑战下，石化装备企业应及时针对市场需求变化进行战略调整，注重新技术、新工艺、新模块的研制开发，以智能化、模块化、高端化和差异化的产品满足下游客户的多样化需求，以新的服务理念和服务方式占领更多市场份额。

2.技术趋势

（1）加快模块化自动化发展

石化装备的模块化设计和生产是应对产品需求差异化和定制化的必然趋势，通过将复杂集成的大规模成套设备进行模块化划分和分解，依照产品性能要求逐一进行设计和生产，并最终组成一个性能完整的成套设备。通过这种分解、定制、再集成的动态生产设计模式，实现设计生产的紧密结合。当今石化装备朝着自动化、智能化方向快速发展，成套设备的传感器集成数量大幅提升，自动化井口设备广泛普及，智能诊断和数据分析广泛应用，全球石化企业的产品性能、生产效率进一步提高，生产流程进一步优化。

（2）提升信息化智能化水平

石化下游炼化产品的精细化标准提高，对石化装备的效率和精准化控制要求也随之提升。在装备制造工艺水平一致的情况下，更加精准和智能的控制对提升石化装备的运行效益至关重要。基于大数据分析和行业专家知识库，集成无线通信、传感监测、智能分析等技术，对多维数据进行实时处理、分析和决策，建立智能监测系统、自动化运行系统和远程专家指导系统，提高炼油化工装备的运行效益。

（3）深海油气装备小型化和一体化发展

陆地石油勘采竞争加剧，深海油气勘探开发潜力巨大，成为新的竞争焦点，深海勘探采掘设备产业近些年增长较快。并且，深海油气资源探明率低，对未来油气储备增量贡献较大。据美国地质调查局（USGS）评估，全球（不含美国）海洋待发现石油资源量占全球待发现资源量的47%。[①] 超过1500米水深的超深海油气设备成为海洋勘探开采的投资热点，其产品和技术将迎来新的发展。目前全球小型油气藏储量巨大，已开采的大型海上油田产量逐年递减，欧美等的石油巨头相继开发出集生产、储油、运输、采掘于一体的新型圆筒型浮式生产储卸油船（FPSO），大幅降低开发成本，提升采掘效率。

三　我国石化装备行业规模分析

（一）工业增加值保持平稳增长

2020年我国石化装备行业工业增加值保持平稳增长，增速为5.1%，较2019年上升0.8个百分点。随着2019～2020年石化行业投资回暖，锅炉、炼油和化工专用设备市场需求上升，锅炉及原动设备制造和化工、木材、非金属加工专用设备制造行业工业增加值增长较快。其中，锅炉及原动设备制造行业工业增加值增速为13.5%，同比上升7.7个百分点，增速最快；化工、木材、非金属加工专用设备制造行业工业增加值增速为2.1%，同比上升1.2个百分点（见表2）。

---

① 《世界海洋油气勘探开发现状》，中国地质调查局，2014年9月16日，http：//www.qimg.cgs.gov.cn/dxkp/kpzs/hsny/201603/t20160309_269157.html。

表2　2019～2020年我国部分石化装备行业工业增加值增速

单位：%，百分点

行业名称	2019年	2020年	增速差
锅炉及原动设备制造	5.8	13.5	7.7
泵、阀门、压缩机及类似机械制造	4.8	3.2	−1.6
烘炉、风机、包装等设备制造	6.8	3.7	−3.1
化工、木材、非金属加工专用设备制造	0.9	2.1	1.2
采矿、冶金、建筑专用设备制造	10.7	6.0	−4.7

资料来源：机经网，机械工业经济管理研究院整理。

（二）行业资产规模增速稳健

2020年，我国石化装备行业资产规模同比增长7.29%，达到24329.46亿元，增速稳健。从子行业资产规模占比上看，环境保护专用设备制造，制冷、空调设备制造，石油钻采专用设备制造三个子行业资产规模占比较大，合计占比达到40%。从子行业资产规模增速上看，泵及真空设备制造，气体、液体分离及纯净设备制造，喷枪及类似器具制造，深海石油钻采设备制造，塑料加工专用设备制造，环境保护专用设备制造六个子行业资产规模扩张较快，同比实现了10%以上的增速（见表3）。

表3　2019～2020年我国石化装备行业资产规模及同比增速

单位：亿元，%

分类名称	资产总计		同比增速
	2020年	2019年	
石化装备行业	24329.46	22677.33	7.29
金属压力容器制造	994.77	988.63	0.62
泵及真空设备制造	2295.03	2003.35	14.56
气体压缩机械制造	2038.42	1901.73	7.19
阀门和旋塞制造	2020.48	1982.59	1.91
风机、风扇制造	947.82	870.96	8.82
气体、液体分离及纯净设备制造	1310.21	1157.28	13.21
制冷、空调设备制造	2821.54	2675.93	5.44
喷枪及类似器具制造	109.50	94.93	15.34

分类名称	资产总计		同比增减
	2020 年	2019 年	
其他未列明通用设备制造业	990.08	907.88	9.05
石油钻采专用设备制造	2381.05	2384.50	-0.15
深海石油钻采设备制造	132.08	102.63	28.69
炼油、化工生产专用设备制造	1097.18	1067.64	2.77
橡胶加工专用设备制造	362.56	358.33	1.18
塑料加工专用设备制造	917.38	790.99	15.98
印刷专用设备制造	411.84	375.28	9.74
环境保护专用设备制造	4553.18	4092.11	11.27
海洋工程装备制造	946.35	922.57	2.58

资料来源：机经网，机械工业经济管理研究院整理。

（三）子行业产品产量增长差异较大

石化装备各子行业中，塑料加工专用设备年产量 328410 台，同比下降 19.17%；印刷专用设备年产量 115374 吨，同比下降 12.45%；气体分离及液化设备年产量 126227 台，同比增长 26.98%（见表 4）。

表 4　2020 年我国石化装备行业主要产品产量及同比增速

石化装备产品名称	单位	2020 年产量	同比增速（%）
炼油、化工生产专用设备	吨	1185243	-8.33
泵	台	182506743	6.36
其中:真空泵	台	5266399	-24.40
风机	台	41699165	6.95
其中:鼓风机	台	317265	-0.04
气体压缩机	台	459709182	3.02
其中:制冷设备用压缩机	台	453043996	2.98
阀门	吨	5715435	-9.91
气体分离及液化设备	台	126227	26.98
石油钻井设备	台(套)	210120	-8.53
环境污染防治专用设备	台(套)	833563	-4.68
其中:大气污染防治设备	台	336817	-21.06
水质污染防治设备	台(套)	403371	5.34

石化装备产品名称	单位	2020 年产量	同比增速(%)
固体废弃物处理设备	台	87045	48.95
噪声与振动控制设备	台	5389	-5.26
印刷专用设备	吨	115374	-12.45
塑料加工专用设备	台	328410	-19.17

资料来源：机经网，机械工业经济管理研究院整理。

四　我国石化装备行业运行情况

（一）行业整体运行情况

1. 主营业务收入呈恢复性增长

受新冠肺炎疫情冲击，2020 年我国石化装备行业主营业务收入在大幅下滑后恢复，全年增长 0.78%，全行业主营业务收入达到 18514 亿元。分月份看，1~3 月受疫情影响，主营业务收入同比下降超 20%；之后月度主营业务收入呈恢复性增长，4 月、9 月和 10 月增幅均超过 10%。其中，4 月主营业务收入同比增长 14%（见图 2）。

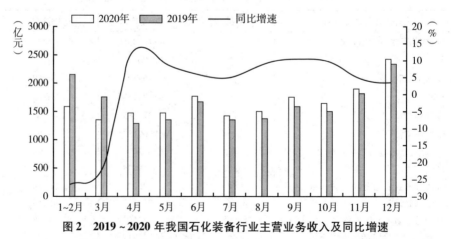

图 2　2019~2020 年我国石化装备行业主营业务收入及同比增速

资料来源：机经网，机械工业经济管理研究院整理。

2. 主营业务成本平稳变动

2020 年我国石化装备行业主营业务成本同比增长 0.51%，为 14913 亿元，主营业务成本与主营业务收入比例保持稳定。分月份看，主营业务成本变动趋势与主营业务收入一致，增速前低后高，1~3 月受疫情影响下降幅度较大。全年来看，4 月主营业务成本同比增速达到全年最高（见图 3）。

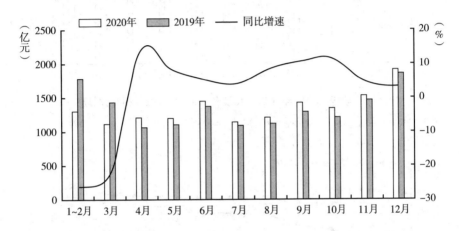

图 3　2019~2020 年我国石化装备行业主营业务成本及同比增速

资料来源：机经网，机械工业经济管理研究院整理。

3. 利润总额稳步增长

2020 年，我国石化装备行业克服疫情影响，全行业利润总额同比增长 3.59%，达到 1289 亿元，增速较 2019 年（同比增长 11%）略有下滑。分月份看，1~2 月断崖式下跌，利润总额仅为 21 亿元，同比下降 76%；3 月跌幅收窄至 38%；4 月利润总额为 115 亿元，同比增长 52%；5~12 月呈恢复性增长态势，同比增速保持在 10% 左右（见图 4）。

（二）运营能力保持平稳

2020 年，我国石化装备行业资产周转率为 1.2 次，总体低于 2019 年。分月份看，1~2 月资产周转率最低（0.67 次），随后资产周转率不断提升，至 12 月达到年内最高（1.2 次）（见图 5）。

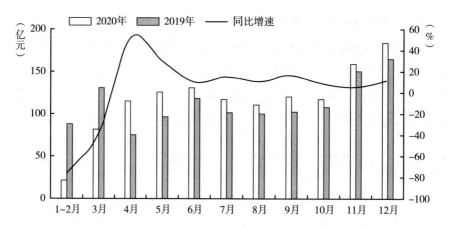

图4 2019～2020年我国石化装备行业利润总额及同比增速

资料来源：机经网，机械工业经济管理研究院整理。

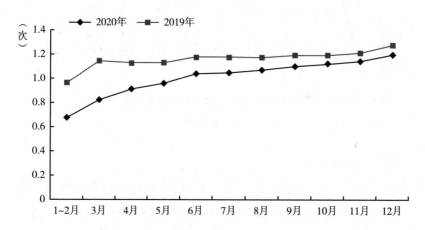

图5 2019～2020年我国石化装备行业资产周转率

资料来源：机经网，机械工业经济管理研究院整理。

（三）盈利能力有所提升

1. 总资产利润率持续改善

我国石化装备行业资产盈利能力持续改善，2018～2020年总资产利润率分别为5.16%、5.76%和5.62%。2020年第二季度后随着复工复产，石化装备行业总资产利润率不断提升（见图6）。

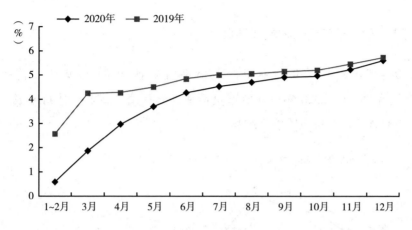

图6 2019~2020年我国石化装备行业总资产利润率

资料来源：机经网，机械工业经济管理研究院整理。

2. 成本费用利润率恢复增长

2020年我国石化装备行业成本费用利润率为较上年提升0.25个百分点，为7.69%。行业成本费用利润率逐月提升，从1~2月的1.41%提升到12月的7.69%（见图7）。

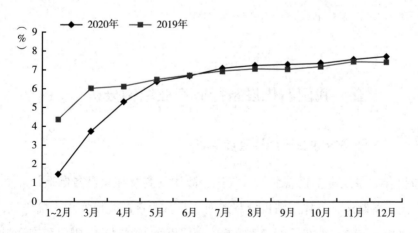

图7 2019~2020年我国石化装备行业成本费用利润率

资料来源：机经网，机械工业经济管理研究院整理。

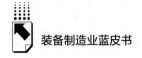

（四）行业资产负债率略有下降

2020 年我国石化装备行业资产负债率由 2019 年的 54.97% 下降到 54.12%（见图 8）。2020 年行业资产负债率先升后降，行业整体财务成本相比上年略有下降，抗风险能力增强。

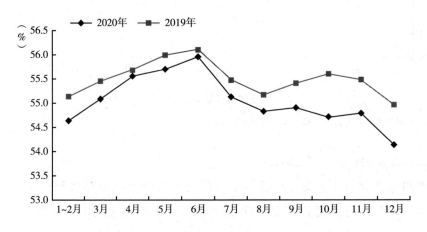

图 8　2019～2020 年我国石化装备行业资产负债率

资料来源：机经网，机械工业经济管理研究院整理。

五　我国石化设备行业产业结构分析

（一）主要子行业资产规模稳步增长

2020 年，泵及真空设备制造，气体、液体分离及纯净设备制造，环境保护专用设备制造，气体压缩机械制造四个子行业资产规模实现大幅增长，分别同比增长 14%、13%、11% 和 7%。金属压力容器制造，阀门和旋塞制造，制冷、空调设备制造，炼油、化工生产专用设备制造和石油钻采专用设备制造等资产规模与上年基本持平，分别同比增长 0.62%、1.95%、5.44%、2.77% 和 -0.15%（见图 9）。

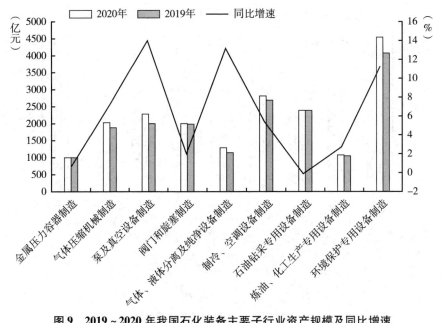

图9　2019～2020年我国石化装备主要子行业资产规模及同比增速

资料来源：机经网，机械工业经济管理研究院整理。

（二）主要子行业营业收入有所放缓

2020年，石油钻采专用设备制造业营业收入1296亿元，同比下降11.47%，增速较上年下降约29个百分点；制冷、空调设备制造业营业收入为2541亿元，同比下降3.20%，增速较上年下降约7个百分点；阀门和旋塞制造业营业收入为1918亿元，同比下降5.23%；气体压缩机械制造等其他六个子行业营业收入同比增速均低于5%（见图10）。

（三）主要子行业营业成本与收入同步变动

2020年，石油钻采专用设备制造业营业成本1055亿元，同比下降12.34%，增速较上年下降约28个百分点；制冷、空调设备制造业营业成本为2067亿元，同比下降2.92%，增速较上年下降约5个百分点；阀门和旋塞制造业营业成本为1519亿元，同比下降6.00%，增速较上年下降约8个

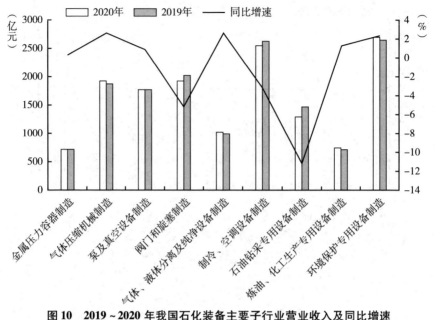

图 10　2019～2020 年我国石化装备主要子行业营业收入及同比增速

资料来源：机经网，机械工业经济管理研究院整理。

百分点；其他子行业营业成本增速均低于 5%。整体来看，主要子行业生产经营成本控制较好，营业成本变动趋势与收入一致（见图 11）。

（四）主要子行业利润增速不一

2020 年，石油钻采专用设备制造业利润总额为 56.79 亿元，同比下降 19.00%，增速较上年下降约一半；制冷、空调设备制造业利润总额为 182.8 亿元，同比下降 9.47%，增速较上年下降约 16 个百分点；阀门和旋塞制造业利润总额为 146.28 亿元，同比下降 4.65%，增速较上年下降约 12 个百分点。金属压力容器制造业，气体、液体分离及纯净设备制造业和炼油、化工生产专用设备制造业利润总额同比增长幅度较大，分别为 21.89%、15.32% 和 11.26%。环境保护专用设备制造业和气体压缩机械制造业利润总额分别为 228.84 亿元和 131.89 亿元，分别增长 2.39% 和 6.71%（见图 12）。

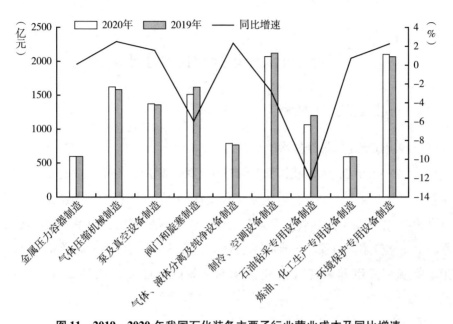

图11　2019～2020年我国石化装备主要子行业营业成本及同比增速

资料来源：机经网，机械工业经济管理研究院整理。

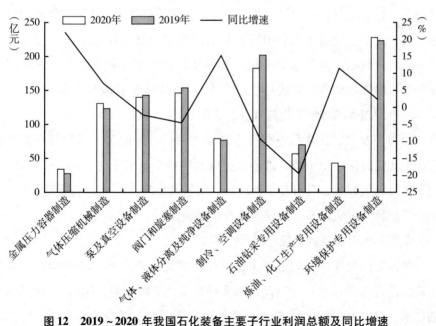

图12　2019～2020年我国石化装备主要子行业利润总额及同比增速

资料来源：机经网，机械工业经济管理研究院整理。

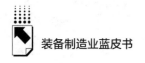

六 我国石化装备行业技术水平分析

（一）主要产品技术水平

1. 我国煤化工制烯烃技术取得突破

煤化工制烯烃技术对我国保障烯烃化工原料供应链安全、摆脱石油进口依赖具有重大意义，也是我国重点技术攻关方向。中国科学院大连化学物理研究所经过20余年技术攻关率先在全球实现了基于煤化工的甲醇制烯烃技术的工业化应用。目前，该项技术已开发至第三代，经济效益显著提高，由于采用新一代甲醇制烯烃反应催化剂，单位烯烃成本比第二代技术降低10%。

2. 天然气净化装置实现国产化

半富胺液泵是天然气脱硫净化的核心装置，该装置安全系数要求高、零部件多、技术复杂。我国气田的半富胺液泵主要依赖进口，后期维护和检修难度大，技术上受制于人。中国石化集团将"天然气净化装置高压多级离心泵国产化研制"定为重大专项，并开展持续3年的技术攻关，解决了机械密封因组件跳动频繁失效的技术难题，实现了半富胺液泵的国产化。

3. 我国超大吨级煤气化制氢设备实现工业化应用

2020年9月，由中国石化自主开发的两千吨级的超大型粉煤气化装置首次工业化应用取得成功。该装置可以实现每小时制氢超10万立方米，相比于传统制氢装置，具有物料消耗低、制氢效率高、运行成本低等优点，可适应多煤种，可实现最优混煤比和投煤氧煤比。

4. 海洋油气装备制造能力取得新突破

我国海洋油气装备制造能力已经达到世界先进水平。2020年，我国自主研发建造的"深海一号"能源站实现3项世界级创新，运用13项国内首创技术，攻克10多项行业难题。我国自主研发制造的最大水深浮式生产储卸油船（FPSO）"海洋石油119"号突破10多项关键技术，完成30多项工艺创新，并刷新国际同类单点的最快集成纪录，为我国海洋工程装备制造技术发展取得重大突破。

（二）重大技术突破

1. 国内首套同升式高钻台钻机顺利启用

2020年，中国石油宝鸡石油机械有限责任公司研制的同升式高钻台900米钻机正式启用，该设备为国内首套同升式高钻台钻机，钻机底座高度达到13.76米，可满足复杂地质条件下井控装备的差异化配置需求，整套设备装配难度大，对关键部件加工精度要求高，[①] 是我国石油自动化钻机高效便捷化发展的突出成果。

2. 全球最大轴流压缩机组试车成功

2020年，由陕鼓自主研发的全球最大AV140轴流压缩机组试车成功，各项性能指标代表当前全球工业压缩机领域的新高度。[②] 机组整机总长度为11.5米，宽5.7米，高4.5米，运行风量每分钟最高可达25000立方米，压比最高为9，将主要应用于我国航空发动机高空试验领域，打造高效节能、稳定安全的航空发动机实验台位。

3. 世界首台双混合大排量超大功率固井车成功下线

杰瑞集团自主研发的世界首台双混合大排量超大功率固井车成功下线，最大混浆能力不低于3.0米³/分，研发并采用一吸双排、双吸双排、新型混合搅拌混浆罐、智能双逻辑运算自动控制及远程智能控制技术，创造了单罐双混的世界纪录，是油气田装备领域的里程碑。

4. 国产最大乙烯裂解气压缩机首次试车成功

2020年7月，我国研制的最大乙烯裂解气压缩机试车成功，该装置各项指标优于国际标准要求，机组振幅远低于国际标准要求的25.4微米，可

---

① 《中国石油超深井自动化钻机研制再获突破》，中国石油新闻中心，2021年2月7日，http://news.cnpc.com.cn/system/2021/02/07/030024324.shtml。

② 《陕鼓自主研制的AV140轴流压缩机组试车成功》，人民网，2020年9月2日，http://finance.people.com.cn/n1/2020/0902/c1004-31846832.html。

实现 130 万吨/年裂解气压缩能力。该装置在中沙（天津）石化投产，作为我国 100 万吨级及以上乙烯装置的核心关键设备，解决了乙烯产业发展"卡脖子"问题，可大幅降低企业采购成本和运维难度。

七 我国石化装备行业存在的主要问题

（一）全球经济仍然存在下行风险

2020 年，全球经济形势仍然复杂严峻，受疫情影响，全球经济恢复的不确定性持续放大，全球供应链、产业链中断，世界经济复苏不稳定不平衡，加速了世界经济的重组与分裂，经济风险加剧，不确定因素增加。联储、欧洲央行、日本央行数据显示，一些国家债务负担持续加重，对实体经济造成一定冲击。全球经济风险会对我国经济产生不利影响，从而制约我国石化装备行业发展。

（二）全球经济面临更多不确定性

2020 年，复杂多变的局势给全球经济带来更多不确定性，经济从合作共赢走向局部经济贸易摩擦。2020 年，又逢美国大选和英国"脱欧"，美国、英国、欧盟及全球经济在不同程度上均受到影响和冲击，全球主要经济体贸易关系随之变化，全球贸易格局面临重组，由此带来的一系列不确定性成为全球的焦点和关切点，将对石化装备行业产生直接或间接影响。

（三）国内经济外部发展环境更加复杂

2020 年，我国经济外部发展环境更加复杂严峻。贸易摩擦对全球经济和主要经济体造成直接影响，促使全球产业布局加速调整和增速放缓，对全球石化装备产业供应链及石化装备跨国企业造成严重冲击，供应链受到阻隔甚至断裂的风险不断增大。

（四）产业链上下游及各关联产业风险增大

2020 年以来，受全球疫情冲击，能源类大宗商品价格下降，对石化装备产品需求量产生直接影响。石化装备行业的上游行业为钢铁行业，其中特钢是石化装备产品最主要的原材料之一，钢铁行业发展较为成熟能充分保障石化装备行业的原材料供应。当前原料供求变化导致的原料采购价格变动，将使石化装备行业的经营业绩产生波动。石化装备产品的下游应用领域为石油工程、油气开发等行业。近年来下游应用领域对石化装备产品的需求不断扩大，对石化装备产品的生产和价格水平产生较大影响。

（五）石化装备行业存在较大市场风险

一是市场供需风险。新冠肺炎疫情冲击下，石油输出国暂未达成减产协议，下游需求减弱，国际原油价格出现大幅波动。石化装备行业融资市场环境发生了较大的变化，引起油气公司的勘探开发资本性支出大幅减少。二是价格风险。石化装备行业在我国起步较晚，价格总体上涨幅度较大，随着市场竞争不断深化及潜在竞争对手的进入，我国石化装备行业面临产品市场价格波动风险。三是竞争风险。目前，由于石化装备生产企业较多，各品牌为了能够获得更多的市场份额，在渠道、品牌、广告等方面不断加大资金投入，盲目扩大渠道建设，不但增加了企业的资金投入，也降低了企业的收益率，给企业的发展带来不利影响。

（六）石化装备行业"大而不强"问题依然突出

当前，受全球疫情和百年未有之大变局深刻影响，全球产业链、供应链、价值链受到严重冲击，我国石化装备行业不稳定不确定因素明显增多，"大而不强"的问题依然突出。具体如下：一是企业数量多，大型骨干企业少，产业集中度低；二是企业自主创新能力较弱、基础研发投入不足、工艺与装备开发脱节、产品同质化严重等问题普遍存在；三是产品技术自动化、智能化、信息化进程推进缓慢；四是产品质量不稳定、服务质量不达标，影

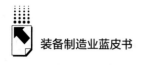

响企业做大做强；五是专业人才流失严重，人才结构不合理，高技能人才流失。

八　我国石化装备行业发展前景分析

（一）我国石化装备行业发展前景预测

1.用户需求变化预测

全球主要经济体受国家能源安全新战略推动，加大原油和天然气保障能力建设和投资力度，国际三大石油公司做出积极响应，带动石化装备市场需求上升。随着大型油气公司资本开支增加，我国石化装备企业2021～2022年订单会有大幅提升。

2.竞争格局发展预测

在国内市场上，国内石化装备行业受国家能源安全战略驱动、油气勘探开发"七年行动计划"影响，油气勘探开发形势将逐步向好；同时，随着油气行业全产业链开放领域不断扩大，国内民营油气企业会获得更多的发展机遇。在国际市场上，国内石化装备企业在俄罗斯、中东、北美等地区油气开发保持活跃，国内石化装备行业在美国、欧洲、俄罗斯、中东等地持续稳定增长。

（二）我国石化装备行业投资机会

1.产品定位投资机会

石化装备产品定位影响销售策略，最终影响产品市场占有率。大企业定位于高端产品市场，在产品质量和技术集成度方面加大投入，应注重并加强渠道、品牌的建设和加大资金投入规模。定位在中低端市场的中小生产企业，应突出产品成本优势，建立自身的销售渠道，适当调整石化装备产品价格，提高石化装备市场竞争力。

2.细分行业投资机会

企业应该抓住自身优势产品，集中力量发展市场反馈较好的石化装备产品。产品线的单一容易造成风险，扩大产品线不仅有利于风险的分担，也能够保证收益。但是，产品线不可以扩张太大，过大的扩张会抵消企业的产品优势，因此企业需要根据市场和自身经营情况找到平衡点。

3.区域市场投资机会

一是石化装备企业的数量、规模及企业的市场竞争地位，是投资者需要着重研判的关键要素，如在中石化、中石油和中海油等企业分布较密集的地区，石化装备市场竞争将会加剧；二是着重考虑当地的市场消费情况，从而确定产品的市场定位，依据中国石化装备行业市场需求，未来石化装备产品的需求区域仍将以东北、华北、西北地区为主，因此东北、华北、西北地区的投资潜力更大。

4.产业链投资机会

一是石化装备企业应当时刻关注钻井技术的发展现状和未来趋势，依据地理位置、不同地质条件及钻井形式的需要对石化装备的规格和功能进行科学、精细的划分；二是石化装备生产企业可以横向延伸产业链，扩大产品类别，从而减少企业经营风险和提高行业竞争力，这样既能有效防范石化装备产品单一产生的局限和风险，又能提高产品销售量和产品附加值。

九　我国石化装备行业发展建议

（一）推动行业转型升级和结构优化

我国石油化工行业存在结构性矛盾突出、创新能力不足、安全环保压力加大和产业布局不合理等问题，这对石化装备的设备需求产生直接影响。石化装备行业应当按照国家关于创建中国特色社会主义现代企业制度的要求，调整产品结构，创新产品研发，提升产品市场竞争力，提升核心基础零部件、元器件、关键基础材料和产品的设计制造能力，加快发展成套设备和一

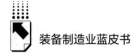

体化大炼化设备，培育全球石化装备制造龙头企业，创建世界级石化装备产业集群，以满足我国石化行业产业结构调整和产业升级需求。

（二）推进智能化、信息化深度融合

智能化、信息化是我国高端石化装备发展的基础。构建符合国情、契合企业、融合先进技术的石化装备制造业框架体系，打造产品开发、工程设计、经营管理、质量控制与制造自动化的集成制造系统。制订石化装备制造业企业标准化体系，推动石化装备企业更加优化与现代化。增强石化装备制造行业与信息产业融合，推动建立智能工厂、智能车间及智慧石化园区标准应用体系。构建石化装备行业全产业链智能协同体系，鼓励石化装备企业与国外先进企业进行技术合作，掌握和改进现有产品技术工艺，加大技术研发力度，推动我国石化装备从"制造"走向"智造"。

（三）促进石化装备企业绿色发展

支持企业发展绿色、节能高效产品，加快研发耗能石油和石化装备产品降耗技术，推动重大节能技术装备产业化示范和规模化应用。支持企业应用轻量化材料、节能低耗发动机、节能内燃机等节能技术和产品，开发智能化、自动化、电动化石化装备工具，着力构建绿色循环、高效清洁的制造体系。鼓励行业积极开展水循环利用、重金属污染减量化、余热回收、有毒有害原料替代、废渣资源化等关键节能共性技术的研发攻关和应用示范。针对传统高污染、高耗能行业及领域进行绿色改造升级，推广应用合成氨综合节能改造技术、先进煤气化节能技术、回收低位工艺热预热燃烧空气技术、低能耗水溶液全循环尿素生产技术、高效复合型蒸发器冷却技术等绿色工艺、技术。培育循环石化装备经济园区和清洁生产企业，推进资源高效循环利用，发挥示范引领作用。

（四）注重企业质量提升和品牌建设

我国石化装备企业在设计制造技术上具备一定的竞争优势，但在特殊过

程装备和关键零部件领域，尤其是过程质量控制、制造工艺方面，受国外专有技术限制等因素影响，竞争力还相对较弱。随着国内市场开放不断扩大，将有更多高端、高技术装备产品和技术加入，我国石化装备企业竞争加剧，特别是高端市场竞争压力进一步加大。国内石化装备企业应当紧抓国家质量提升战略机遇，探索构建数字化、网络化、智能化的企业全流程质量管理体系，围绕技术能力、产品性能、用户需求推进产品质量分级示范应用，支持企业开展品牌培育标准制定和品牌管理体系成熟度评价，加大主管部门质量升级、技术创新和技术改造支持力度，提升企业产品质量和服务能力，结合行业特点加强质量品牌人才队伍培养，实现石化装备企业质量效益和品牌价值的全面提升。

（五）加快石化装备"走出去"步伐

近年来，我国外贸从"大进大出"转向"优进优出"，已形成开放型经济新格局，加上"一带一路"倡议为产业发展带来的广阔空间，我国石化装备"走出去"迎来重大机遇期。目前，我国石化压力容器制造、煤化工装备制造已达国际先进水平，获得美国机械工程师协会（ASME）压力容器证书的企业有 800 余家，有能力"走出去"的企业占认证企业总数的 70% ~ 80%，是我国石化装备"走出去"的坚实基础。未来应准确把握国家政策机遇，充分发挥国内技术和产能优势，采用基础设施及重大项目建设、国际产能合作和贸易往来等形式，推动国内成套设备、特色装备、自有技术、优势产品和相关服务"走出去"，增强石化装备企业国际竞争力，打造我国石化装备国际名片。

B.7
工程机械行业发展概览

王茜 郭威 孙颐 郭一娟*

摘　要： 本报告阐述了2020年度国际工程机械行业的发展现状和趋势，对中国工程机械行业的发展规模、经营情况、产业分布等问题进行讨论分析，在此基础上展望了国内工程机械行业的发展前景并提出了有针对性的政策建议。近年来，我国工程机械全球竞争力不断提升，2020年，受全球新冠肺炎疫情等因素影响，我国工程机械出口一枝独秀，带动行业整体平稳运行，盈利能力总体增强，各细分行业资产规模和主营业务收入均稳步上涨。从技术水平情况看，我国工程机械不断向高端化、智能化、绿色化方向迈进，多项重大技术实现突破，部分技术达到国际领先水平。总体来看，我国工程机械行业实力不断提升，但仍存在市场需求增速放缓、绿色化转型压力大等问题，下一步，仍需从增强创新能力、夯实产业基础、构建智能化绿色制造体系、加强质量品牌和人才队伍建设方面，着力提升产业国际竞争力。

关键词： 工程机械　国际竞争力　绿色化发展

---

* 王茜，博士，机械工业经济管理研究院产业经济研究所助理研究员，主要从事工业经济、投资经济、政府采购研究；郭威，机械工业经济管理研究院发展战略研究所工程师、助理研究员，主要从事经济研究、行业研究；孙颐，工程师，机械工业经济管理研究职业发展与评价研究所执行所长，主要从事职业技能鉴定标准研究及高技能人才培养工作；郭一娟，助理研究员，机械工业经济管理研究院职业发展与评价研究所副所长。

一　工程机械行业定义与分类

（一）工程机械行业定义

工程机械行业是我国装备制造业的主要细分行业之一，主要产品有土方机械、混凝土机械、起重机械、桩工机械、工业车辆、掘进及凿岩机械等综合性机械化施工以及工程所必需的机械装备等。相关机械装备主要应用于工业与民用交通运输、建筑工程、矿山等原材料工业建设和生产、环境保护、国防工程、城市园林建设、农林水利建设等领域。

工程机械行业现已形成包含挖掘机械、压实机械、混凝土制品机械、电梯与扶梯、起重机械、掘进机械、装修机械、路面机械与养护机械、混凝土机械、桩工机械、工业车辆、高空作业机械、凿岩机械、气动工具、钢筋与预应力机械、军用工程机械、铲土运输机械、市政与环卫机械、工程机械配套件和其他专用工程机械在内的 20 大类，具体可划分为109 组，共计 450 种产品基型，包含 1090 个系列总计上万个型号的细分产品。①

（二）工程机械的具体细分行业

1. 国家统计局分类

根据国家统计局 2017 年发布的《国民经济行业分类》（GB/T　4754—2017），工程机械行业主要与"物料搬运设备制造（343）"相关，具体情况见表1。

---

① 《中国工程机械行业改革开放 40 年回顾与展望》，百度学术，http：//xueshu. baidu. com/
usercenter/paper/show？paperid = 192e0cx0n92y0rv0ur330xg0x3058523&site = xueshu_ se。

表 1　工程机械行业细分行业

代码	类别名称	分类说明
3431	轻小型起重设备制造	指结构轻巧、动作简单、可在狭小场地升降或移动重物的简易起重设备及器具的制造;包括起重滑车、手动葫芦、电动葫芦、普通卷扬机、千斤顶、汽车举升机、单轨小车等制造
3432	生产专用起重机制造	指具有起升、行走等主要工作机构的各种起重机及其专门配套件的制造
3433	生产专用车辆制造	指用于生产企业内部,进行装卸、堆垛或短距离搬运、牵引、顶推等作业的无轨车辆及其专门配套件的制造;包括电动叉车、内燃叉车、集装箱正面吊运机、短距离牵引车及固定平台搬运车、跨运车,以及手动搬运、堆垛车等制造
3434	连续搬运设备制造	指在同一方向上,按照规定的线路连续或间歇地运送或装卸散状物料和成件物品的搬运设备及其专门配套件的制造;包括输送机械、装卸机械、给料机械等三类产品及其专门配套件的制造
3435	电梯、自动扶梯及升降机制造	指各种电梯、自动扶梯及自动人行道、升降机及其专门配套件的制造
3439	其他物料搬运设备制造	指除上述以外的其他物料搬运设备及其专门配套件的制造

资料来源:《国民经济行业分类》(GB/T　4754—2017)。

2. 中国机械工业联合会分类

中国机械工业联合会将工程机械行业划分为建筑工程用机械制造和建筑材料生产专用机械制造两部分(见表2)。

表 2　中国机械工业联合会工程机械行业分类及代码

分类代码	分类名称
3 工程机械行业	15 建筑工程用机械制造 16 建筑材料生产专用机械制造

资料来源:中国机械工业联合会。

二　国际工程机械行业发展概况

（一）国际工程机械行业发展现状

1. 市场现状

（1）挖掘机

2019 年，世界挖掘机出口额排名前三的国家分别为日本、韩国和中国。其中日本 75 亿美元，所占比重为 32%；韩国 26 亿美元；中国 22 亿美元。据不完全统计，2020 年，世界挖掘机销售量同比增长 39%，累计销售 32 万多台。受新冠肺炎疫情影响，一些国家工程机械销售大幅下滑，日本、韩国、荷兰和德国等均出现超过 20% 的萎缩，中国挖掘机销量逆势增长，部分生产厂家一直处于满负荷生产状态。

（2）全断面隧道掘进机（盾构机）

德国、美国和日本一直是全球领先的全断面隧道掘进机制造强国，然而近年来，中国在全断面隧道掘进机的生产与使用方面后来居上，从最初的低端模仿，到目前已经具备全球领先技术，成长为全球全断面隧道掘进机最主要的生产国之一。截至 2020 年，国产全断面隧道掘进机占全球市场份额已达 2/3 以上，我国已经成为全断面隧道掘进机最大的生产国，同时是全球最大的全断面隧道掘进机市场。

（3）叉车

在国际市场竞争中，我国自 2009 年至 2020 年一直是世界最大叉车生产和销售国，我国叉车能在国际市场中获得较大的市场份额的主要原因是产品具有"高性价比"的优势。2013 年，国内叉车出口量为 8.7 万辆，至 2019 年出口量已达到 15.3 万辆，2020 年疫情得到控制后，随着国内对叉车需求的逐步回升以及出口需求实现较快增长，叉车制造业景气度进一步得到提升。6 月叉车出口量逐步回暖，8 ~ 11 月增速显著提升，1 ~ 11 月出口叉车 16.3 万辆，同比增长 19.2%，平均增速达 38.3%。从国际视角来看，新兴

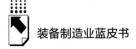

市场国家经济的发展，促使世界叉车工业呈现向亚洲和全球其他新兴市场国家转移的趋势。从国内视角来看，用量将拓展至新领域，市场重心也将北移。

（4）桩工机械

德国、意大利和日本是世界桩工机械较为发达的国家，其后是美国、英国、法国等国家。全球三个最大的桩工机械市场分别是宝峨、土力和卡萨格兰地。我国桩工机械行业企业数量多，规模小。2019～2020年在建筑业、能源、交通运输业发展的带动下，我国桩工机械行业进入了一个快速发展时期。2019年，我国桩工机械市场产销量超过8500台，规模达到145.9亿元，其中旋挖钻机销量超过5500台，占比高达65%。以三一重工、中联重科、山河智能为代表的一批自主创新能力强的桩工企业占据了国内市场95%的份额。预计我国桩工机械行业市场将在未来几年逐步走向规范化、集中化。

（5）高空作业机械

欧洲和北美地区是高空作业机械行业发展较为成熟的地区，拥有全球领先的高空作业平台制造商，产品使用上形成以租赁业为纽带的消费模式，对一般国外厂商来说具有一定的进入壁垒。亚洲市场总体规模较小，但未来市场潜力巨大，其中日本在高空作业机械行业最为成熟。近年来中国高空作业机械行业的规模和成熟度进一步发展，拥有京城重工、浙江鼎力、湖南星邦等一批高速发展的企业，我国高空作业机械产品在国际市场上具有一定的竞争力，同时由于生产成本优势以及全球产业中心的迁移，我国有望成为未来全球高空作业机械生产中心。

2.技术现状

（1）多功能、复合化

土方机械作为工程机械的一个重要分支，其中数量最多的中小型土方机械正趋向于一机多能，为适应多种施工需求，配备包含起重、耙齿、抓斗、推土板、装载斗、破碎锥、高空作业架、麻花钻、电磁吸盘、平坡斗、振捣器、冲击铲、集装叉、绞盘及拉铲、正铲、反铲等在内的多种工作装置。除此之外，国际上一些国家还制造使用了水陆两用的特种挖掘机。

（2）完善控制方式

国际工程机械行业的改进革新进程经历了从简单杠杆操纵到液压操纵、气压操纵、液压伺服操纵和电气控制、无线电遥控、电子计算机综合程序控制的转变。此外，还应用无线电操纵的控制方式以适应危险区域和水下作业的需要，全过程自动化作业，实现电子计算机控制接收器与激光导向二者的结合。领军企业逐渐建立起各自的数据采集和分析系统，凭借工业物联网的大数据平台，实时对世界上的多个国家和地区，如巴西、缅甸、老挝等的设备进行远程监控、工况展示以及维保管理，通过对设备主机进行远程检测，分析判断其运行状态。

（3）可靠性提高，使用寿命延长

以液压挖掘机为例，美、英、日等国家淘汰了无限寿命设计理论，转而选择有限寿命设计理论，同时结合断裂力学、疲劳损伤累积理论、有限元法、疲劳强度分析方法、电子计算机控制的电液伺服疲劳试验机技术、优化设计等前端技术，进行液压挖掘机的强度研究，使得产品质量效率大大提高。如美国提出了考核劳动强度的动态设计分析方法，同时创立了预测产品失效和更新的理论。日本研发制造了液压挖掘机构件的强度评定程序、可靠性信息处理系统。遵循上述基础理论的指导，并借助大量试验，成功缩短了研究新产品的周期，进一步加速了产品更新换代的进程，并提高其可靠性、耐久性。液压挖掘机的运转率可达 85%~95%，其使用寿命超过 1 万小时。

（二）国际工程机械行业的发展趋势

1. 市场趋势

国际工程机械市场的格局不断发展，但实质上并没有根本性改变，始终有 70% 左右的市场份额被北美、西欧、中国和日本四大市场占据。在欧洲和北美市场，工程机械设备主机厂和代理商 2/3 的利润来自后市场，后市场是实现服务溢价的重要环节。根据统计数据，当前全球工程机械市场租赁总营业额占据工程机械总业务的1/4。未来工程机械设备保有数量不断增加，将促使越来越多的工程机械设备制造企业把重心转向后市场，当前维修服务和配件的后市场有上千亿元的规模，二手设备和租赁市场更是达到了万亿元的规模，工程机械后市场业务变成工程机械行业一个重要的业务板块，配件营销、租赁业务有望成为推动工程机械行业发展的新增长点。高空作业平台是工程机械市场租赁业务的宠儿，作为全球最大的高空作业平台消费市场，欧洲和北美地区拥有全球顶级的制造商，本土企业和当地租赁商已经建立了长期且稳定的合作关系。中国工程机械后市场领域主要有制造商和品牌代理商、零部件供应商、小型配件店和修理厂等，未来中国工程机械市场将从产品驱动增长向服务驱动增长转型。

2. 技术趋势

（1）高质量

工程机械企业不仅要做好高技术含量、高附加值、高可靠性、大吨位"三高一大"产品的核心技术突破，还要放下身段，在做好产品的同时重视后市场客户服务。应深挖客户需求，对于具有不同需求的客户，提供不同等级的零部件以供其选择，帮助客户更好盈利，获取客户信任和青睐。

（2）模块化

起重机械是成批量成系列的产品，往往采用模块化设计来代替传统的起重机械整机设计，可将起重机械功能基本相同的构件、零部件制成多功能和通用的标准模块。组合不同模块的零配件，能够形成不同类型和规格的起重机械。模块化相比传统的起重机械整机制造对起重机械制造企业更具有实质意义，可以降低起重机械各生产环节成本，提高通用化程度，同时实现生产的高效性和经济性。展望未来，规模化和智能化起重机械的迅速发展和起重机装备技术的不断成熟，都将加速起重机械制造企业向模块化应用的转变。

（3）智能化

5G网络发展加速了工程机械产业的转型升级，"5G＋工程机械"会让工程机械操作更精准、人机之间的通信延迟更低、作业效率和安全性更高,使工程机械的自动驾驶、远程驾驶等成为现实。不少工程机械企业在加大力度布局"5G + 工程机械",探索 5G 在工程机械领域的融合应用。用发展的眼光来看,互联网、大数据与工程机械行业的深度融合发展,将带来整个行业运营效率的提升,厂商的收益也有望进一步得到提高。工程机械行业仍将不断进行技术升级和技术创新,智能化将成为未来的一大发展趋势。

三　我国工程机械产业规模概况

(一)工业增加值小幅增长

2020 年,我国工程机械行业工业增加值增速呈现上升趋势。2020 年行业增加值与 2019 年相比提高了 6%,增加值增速较上年度增加了 0.9 个百分点。分月份看,该行业增加值增速波动较大,7 月增加值增速是 13.8%,达到全年的峰值;3 月增速最低,低至 -10.1%(见表 3)。

表 3　2019~2020 年我国工程机械行业增加值增速

单位:%

月份	2019 年		2020 年	
	本月	累计	本月	累计
1~2	—	2.0	—	-28.3
3	10.1	6.3	-10.1	-19.0
4	1.7	5.0	8.6	-9.7
5	1.6	4.4	10.1	-4.6
6	3.7	4.2	9.0	-1.5
7	1.8	3.9	13.8	1.2
8	4.6	4.1	11.5	2.5
9	4.7	4.1	12.8	3.8
10	5.6	4.3	12.7	4.8
11	8.0	4.7	11.1	5.5
12	7.5	5.1	10.6	6.0

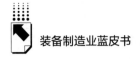

（二）资产规模稳步增长

2020 年，我国工程机械行业资产规模达 8853.88 亿元，同比增长 24.18%，较 2019 年增长 15.23 个百分点。分月份来看，资产规模同比增速稳步上升，由 1~2 月的 7.47% 逐步增长至 12 月的 24.18%（见图 1）。

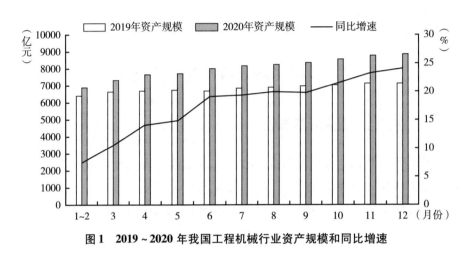

图 1　2019~2020 年我国工程机械行业资产规模和同比增速

（三）行业主要产品产量大幅增加

2020 年，工程机械行业主要产品产量都呈现增加趋势，且涨幅较大，挖掘机、压实机械增速较 2019 年大幅提高。其中挖掘机、装载机、压实机械产量分别为 40.11 万台、16.89 万台、11.40 万台，同比增速分别为 50.62%、7.79%、116.32%（见表 4）。

表 4　2019~2020 年我国工程机械行业主要产品产量及同比增速

单位：万台，%

主要产品	2019 年		2020 年	
	产量	同比增速	产量	同比增速
挖掘机	26.63	14.69	40.11	50.62
装载机	15.67	3.13	16.89	7.79
压实机械	5.27	−16.13	11.40	116.32

（四）行业主要产品销量总体增长

整体来看，2020 年，我国工程机械行业主要产品销量总体呈增长趋势。其中，各类挖掘机作为最具代表性的产品，2020 年累计销售 401096 台，较 2019 年的 266299 台增长 50.62%，连创新高（见表 5）。

表 5 2019～2020 年我国工程机械行业主要产品销量及同比增速

单位：台，%

主要产品	2019 年	2020 年	同比增速
装载机	156699	168858	7.76
挖掘机	266299	401096	50.62
发动机	2672289516	2626658220	−1.71
大型拖拉机	40020	70432	75.99
中型拖拉机	237535	289228	21.76
小型拖拉机	340071	177936	−47.68
压实机械	52705	114028	116.35
起重机	9216597	10747419	16.61

四 我国工程机械行业经济运行概况

（一）总体运行情况良好

1. 主营业务收入增速较快

2020 年，我国工程机械行业的主营业务收入总计达到 4937.53 亿元，与 2019 年相比增长了 10.94%。分月份来看，各月主营业务收入同比增速在 −30%～50% 剧烈波动。1～4 月，同比增速迅速上升，从 −27.8% 增长至 41.8%，5 月达到峰值（44.6%）；之后缓步下降，最终保持 30% 左右的平稳态势；12 月，主营业务收入同比增速为 30.8%（见图 2）。

2. 各月份成本波动增长

2020 年，我国工程机械行业成本费用额为 3917.68 亿元，同比增加

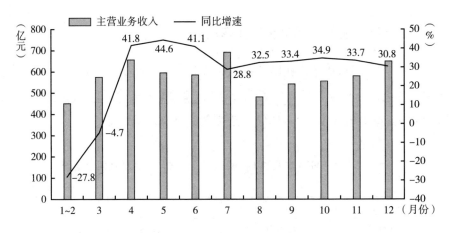

图2　2020年1~12月我国工程机械行业主营业务收入及同比增速

8.39%。分月份来看，1~4月行业成本费用呈不断增长态势；之后小幅下降，到7月时又迅速上升，到达555.48亿元的峰值；8月出现迅速回落的现象，成本费用额为393.11亿元；9~12月又呈现逐步增长的趋势，到12月末成本费用额达到513.86亿元（见图3）。成本费用额和主营业务收入的同比增速具有较为一致的变化趋势，反映了工程机械行业的经济效益主要受社会经济环境的外部因素影响，受行业因素影响较小。

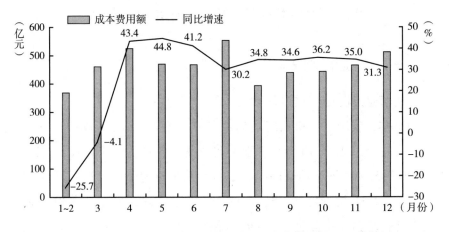

图3　2020年1~12月我国工程机械行业成本费用额及同比增速

3. 利润总额波动增长

2020 年度，我国工程机械行业的利润总额同比上涨 16.48%，达到 409.71 亿元，利润总额增速高于主营业务收入增速，总体运行良好。分月份来看，利润总额年内波动幅度较大，1～5 月利润总额实现持续增长，5～11 月呈现波动下降的态势，年末出现骤增趋势，12 月利润总额同比增速高达 208.5%（见图 4）。

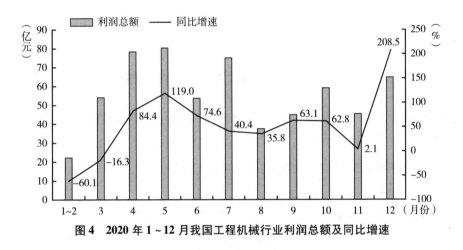

图 4　2020 年 1～12 月我国工程机械行业利润总额及同比增速

（二）营运能力小幅提升

2020 年，该行业的运营能力略有上升，总资产周转率为 7.36 次，较 2019 年上升 0.38 次。分月份来看，1～3 月，工程机械行业相比上年同一时期资产周转率略有下降；4～12 月总资产周转率和 2019 年有相同的变动趋势，但指标表现均好于上年同期。工程机械行业的总资产周转率在 7 月达到峰值（8.45 次），次月下滑至 5.84 次，8～12 月波动回升，并逐渐趋向平稳（见图 5）。

（三）偿债能力小幅下滑

2020 年，该行业的资产负债率为 61.6%，相较 2019 年有较大幅度的提

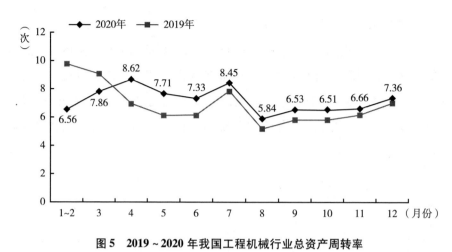

图5　2019～2020年我国工程机械行业总资产周转率

升，增加了3.33个百分点，说明工程机械行业的偿债能力有所下降。分月份来看，资产负债率相较2019年的平稳态势呈现增长趋势，除1～2月外，资产负债率比2019年同期有一定幅度的提高（见图6）。

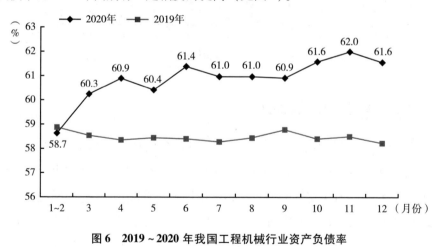

图6　2019～2020年我国工程机械行业资产负债率

（四）盈利能力总体增强

2020年，该行业的总资产利润率为7.8%，较2019年上升1.31个百分点。分月份来看，总资产利润率变化趋势与2019年相似，但变化幅度略大

于上年。1~7月工程机械行业总资产利润率不断攀升，1~2月为最小值
（1.9%），7月达到最大值（8.3%）；随后略有下降但基本保持在7.5%以
上的稳定水平（见图7）。

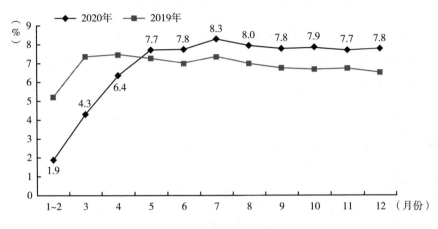

图7 2019~2020年我国工程机械行业总资产利润率

2020年，该行业总体成本费用利润率为10.9%，比2019年提高了1.33
个百分点。细分到月份来看，成本费用利润率在5%至12%之间波动，5月
的11.7%为最高水平，1~2月最低，为5.3%（见图8）。

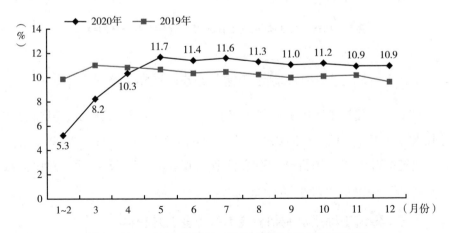

图8 2019~2020年我国工程机械行业成本费用利润率

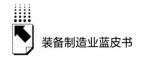
五 我国工程用机械产业结构概况

（一）建筑工程用机械制造资产规模稳步增长

2020年，建筑工程用机械制造资产规模为7563.79亿元，与2019年相比增长了27.37%，增长速度较上年提高了29.43个百分点；建筑材料生产专用机械制造资产规模达到1044.61亿元，与上年相比增长了9.89%，增长速度较上年提高了13.04个百分点（见图9）。

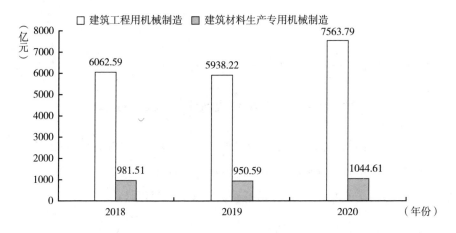

图9　2018～2020年我国工程机械行业分行业资产规模

（二）建筑工程用机械制造主营业务收入温和上涨

2020年，建筑工程用机械制造产业业务呈稳步增长的趋势，其主营业务收入为5547.04亿元，同比上涨26.64%，较2019年提高31.09个百分点；建筑材料生产专用机械制造主营业务收入为677.98亿元，同比上涨5.08%，较2019年上涨6.96个百分点（见图10）。

（三）建筑工程用机械制造成本费用呈上升趋势

2020年，建筑工程用机械制造成本费用为4408.99亿元，同比增长

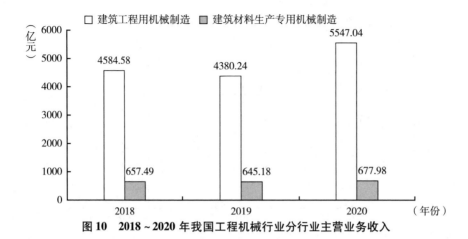

图10 2018~2020年我国工程机械行业分行业主营业务收入

28.09%，较2019年上涨37.72个百分点；建筑材料生产专用机械制造成本费用为575.32亿元，同比上升5.71%，较2019年提高了7.10个百分点（见图11）。

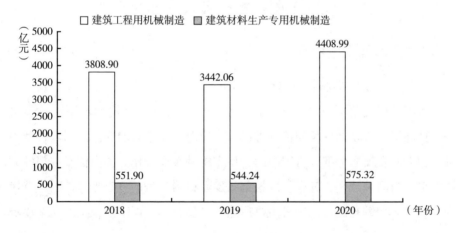

图11 2018~2020年我国工程机械分行业成本费用

（四）建筑工程用机械制造的利润总额大幅增加

2020年，建筑工程用机械制造的利润总额是568.28亿元，较2019年相比上涨了41.47%；建筑材料生产专用机械制造的利润总额是43.91亿元，较2019年大幅上涨，同比上升了28.28%（见图12）。

169

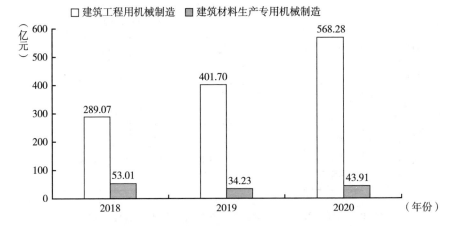

图12 2018～2020年我国工程机械行业分行业利润总额

六　我国工程机械行业技术水平分析

（一）主要产品技术水平

1. 挖掘机核心零部件国产化加速发展

我国挖掘机整机销量已位居世界前列，核心零部件技术水平进一步提高，打破了核心零部件长期依赖进口、供应链受制于人的局面。国内大型主机厂加大研发投入力度，与国内的大型零配件企业合作。国内核心零部件的技术水平与国外持平。其中，以挖掘机发动机为代表的核心零部件国产替代进程加快，相继与国内挖掘机主机厂达成紧密合作，国产挖掘机配套率逐步提升。

2. 装载机高端产品技术实力提升

我国装载机生产企业以高端、高技术含量和高附加值为发展目标，相继打破10吨、20吨和30吨级以上重型高端装载机国外产品垄断，徐工生产的XC9350填补了国产35吨级超大吨位装载机市场的空白，我国成为全球第三个具备35吨级以上装载机生产能力的国家。整机和结构件国产化率均达到较高水平，产品自主化程度高、可靠性强，整体技术水平、制造水平已满足国际高端市场需求。

3.起重机械实现100％国产化

由徐工研制的百吨级 C 系列起重机成功下线，该系列全地面起重机零配件100％实现国产化且达到国际领先水平。近些年，为保障供应链安全和提升产业链整体竞争力，我国整机制造企业联合零部件厂商开展联合研发和核心零部件技术攻关，相继实现了 50 吨级和 100 吨级产品的国产化，综合性能已达到世界领先水平。

4.盾构机技术达到世界领先水平

2020 年我国已占据全球盾构机市场份额的 2/3。2008 年我国成功研发第一台具有自主知识产权的复合式土压平衡盾构机——中国中铁 1 号，经过 20 余年的发展，我国盾构机从仿制走向创新引领，累计下线超千台，产品凭借高可靠性和高性价比等优势进入欧美高端市场。2020 年我国成功研制了首个国产盾构主轴承减速机，并应用到苏州轨道交通 6 号线掘进项目中，实现了盾构机国产化技术的重大突破。

（二）重大技术突破

1.我国研制最大直径盾构机成功下线

2020 年，我国研制的重 4300 吨、长 150 米、直径 16.07 米的国产最大直径盾构机"京华号"成功下线，是我国盾构机研制的又一重大突破。超大直径盾构机对设备的可靠性、稳定性和集成度提出较高要求，体现了集机械、传感、光学、液压、信息等前沿技术于一体的综合水平。"京华号"盾构机的成功下线，代表我国在盾构机研发制造领域已经达到世界领先水平。

2.全球最大吨位履带起重机完成首吊

2020 年，我国研制的 4000 吨位履带起重机 SCC40000A 在山东某石化项目投入吊装。4000 吨位履带起重机 SCC40000A 已经达到当前全球最大吨位，最大起重力矩 90000 吨米，为提升履带起重机臂架系统的稳定性，采用了人字形双臂架和双主弦管单臂节相结合的臂架系统，同时为实现动力系统之间的灵活切换，采用自主双发双控及闭式液压系统切换阀技术，利用智能控制系统保障了履带起重机的整体操作性、系统稳定性和性能可靠性。4000 吨位履带起重机 SCC40000A 未来将主要应用于国家核电、石化建设领域。

3. 全球首台纯电动推土机、无人驾驶推土机下线

2020 年，由我国设计制造的全球首台 SD17E – X 纯电动推土机和 DH17C2U 无人驾驶推土机在山东济宁下线。SD17E – X 纯电动推土机实现设备端"零"排放，可降低 60% 的成本，达到节能环保、降本增效的效果。DH17C2U 无人驾驶推土机利用高性能车载计算平台，采用北斗高精定位系统，搭配 5G 智能通信模块，从而实现"云 + 端"的智能化、远程化和集群化作业，可广泛应用于冶金、化工、矿山采掘等多种作业环境，能够大幅提高作业效率和质量。

七　我国工程机械行业存在的主要问题

（一）市场保有量巨大，新增需求空间小

我国工程机械产品类别和产品品种齐全，是当前全球工程机械保有量较大的国家之一，名列世界前茅。数据显示，2020 年我国工程机械保有量已经超过 900 万台，标志着我国工程机械行业正处于存量时代。在未来的新发展阶段，受我国经济高质量发展、市场格局固化等不利因素影响，叠加转型升级趋势，工程机械行业的新增需求空间会缩小，我国工程机械行业产品同质化竞争问题将逐渐显现。满足后市场的业务服务需求和提升技术产品创新力是我国工程机械企业未来需要面对的两大任务。

（二）工程机械再制造能力不足

我国工程机械回收再制造能力与发达国家相比仍有较大差距。依托工程机械再制造，对工程机械零部件的稳定性、可靠性和使用寿命进行复原和提

高，从而延长工程机械零部件产品的生命周期，能够最大限度地减少环境污染、提高资源利用率和降低成本费用。目前，我国的差距主要表现在政策法规欠缺、技术水平落后、拆卸能力不足、环境污染较重、回收渠道不规范等方面，未来需要着重加强。

（三）绿色化转型压力增大

为实现碳达峰目标，国内环保政策规定日益严格，自 2020 年起，工程机械设备不能达到"国三"标准的将报废清退。随着非道路移动机械四阶段排放标准和重型柴油车"国六"排放标准实施，我国工程机械产品绿色化转型速度加快，企业转型压力增大。低效率、高排放产品将被市场淘汰，设备动力由传统动力向新能源转变。

八　我国工程机械行业发展前景分析

（一）我国工程机械行业发展前景预测

1. 智能化转型加速推进

当前，我国工程机械行业已经初步形成了智能化产品研发合作机制，智能化产品研发合作范围包括智能化监控、维护、检测、安全防护，以及智能化远程作业管理、多机协同等，研发成果已经在部分领域得到应用，极大地解决了施工中的一些难点问题。受全球经济复苏、设备换代升级、排放标准升级等多种因素影响，在全球新一轮产业变革的推动下，工程机械行业将加快向智能化方向转型升级。多家企业在数字化和智能化转型方面实现创新发展，如：三一重工持续推进灯塔工厂建设，搭建 5G 联合实验室并打造全连接工厂；山东临工成立临工智科，生产、研发的 AGV 等智能装备全球领先；中联重科搭建工业大数据平台，提供科学决策和智能化服务，帮助客户优化经营管理能力、降低运营成本；柳工研发的 5G 遥控装载机、智能铲装装载机正式推向市场，实现批量销售，提高作业效率。工程机械行业的竞争优势

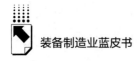
已从传统驱动向智能化驱动加速转变。

2. 重大技术装备再上台阶

近年来，我国工程机械行业中的重大技术装备取得重大进展，在大型和超大型掘进机械、大型和超大型挖掘机、超大型起重机、大型高端桩工机械和特种工程机械等领域实现重大技术突破，工程机械重大技术装备的研发制造、工程应用、关键零部件等方面的技术水平有较大提升。如掘进机械实现了整机系统集成技术的应用，大型和超大型挖掘机技术不断突破创新，大型高端桩工机械技术不断进步，特种工程机械获得实际应用。未来，随着工程机械自主研发、技术创新水平的不断提高，房地产和基建投资的大力推动，重大技术装备的施工领域将有效拓展，催生更大的市场发展空间。

3. 电动化增强竞争优势

在国家实现"双碳"目标、构建"双循环"新发展格局背景下，电动化成为工程机械重点发展方向之一。近年来，三一重工、徐工、中联重科等工程机械龙头企业系统布局、持续发力，在元件级技术、系统级技术、新能源工程机械领域取得了良好效果。2020年，工信部发布《推动公共领域车辆电动化行动计划》，着重提出推进工程机械电动化，未来工程机械电气化率的大幅提升将凸显产品竞争新优势，带动工程机械应用市场进一步拓展，加速实现工程机械行业转型升级和质的飞跃。

（二）我国工程机械行业投资机会

1. 基建项目投资持续发力

2020年，《政府工作报告》着重指出，政府投资的重点任务和方向是"两新一重"①。在国家政策驱动下，各省区市高度重视基建项目建设，受国家基建政策、工程机械存量设备更新、基建投资加码需求拉动等积极因素影

---

① "两新"，即新型基础设施建设和新型城镇化建设。"一重"，即交通、水利等重大工程建设。

响，工程机械行业市场前景广阔。当前，新型基础设施、新型城镇化及交通、水利等重大工程加快建设，东北全面振兴、中部地区崛起、西部大开发、东部率先发展等区域发展战略顺利推进，推动我国工程机械行业需求得到充分释放。未来随着疫情影响的减弱、"两新一重"等政策的不断刺激，基建投资将稳步发力，持续为工程机械行业提供发展机遇和投资机会。

2.新兴技术拓宽应用领域

当前，5G、大数据、人工智能等新兴技术加速发展，新兴技术不断拓展工程机械行业应用场景，推动产品升级带来新的市场需求，功能化、多元化的工程机械在应用于传统领域的基础上，逐渐应用于高空作业、城市维修、农村开荒、园林作业等场景，通过拓展新场景应用从而大幅提升工作效率、节省人力成本和时间成本。未来应该抓住机遇，以数字化、网络化发展为核心，加快5G、大数据、人工智能工业模组、网络设施及配套应用在工程机械行业的推广，给予企业专项财税支持，建立新兴技术创新工业示范园区，以智能化、数字化、网络化、轻量化赋能工程机械行业发展。

九 我国工程机械行业发展建议

（一）打造协同创新产业体系

围绕创新驱动发展战略，构建世界级工程机械产业集群，打造工程机械产业协同创新体系。一是加强技术研发和成果转化。瞄准行业制高点和发展瓶颈，加强整机和关键零部件设计能力，推进技术中心、创新中心、中试基地、创新示范企业建设，加大工程机械行业中的关键核心技术研发力度，提升工程机械科技成果的产业化水平。二是提升知识产权运用效率和推动产业优化升级。完善工程机械企业关键核心技术知识产权储备管理机制，深入实施绿色制造、智能制造国家战略，构建以产业化为导向的战略布局和先进工程机械产业体系。

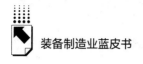

（二）全面提升产业基础能力

当前，我国工程机械行业的产业基础能力仍然薄弱，工程机械的核心基础零部件、关键基础材料、先进基础工艺、产业技术基础和基础软件等领域亟须突破瓶颈，实现工程机械行业产业高端化发展。具体措施包括以下两点。一是加强核心基础零部件研究。建立工程机械行业基础数据库和基础工艺创新体系，支持基础软件产业推广应用，引导产业投资基金和创业投资基金加大重点项目投资。二是建立协同创新新模式。鼓励企业、高校、科研院所协同攻关，支持企业、高校、科研院所产学研合作，积极开展工程机械行业创新技术推广应用，完善首台（套）、首批次政策和建立奖励、风险补偿机制。

（三）构建智能、绿色制造体系

践行绿色发展理念，积极开展绿色制造技术改造，加大先进节能环保技术、工艺、产品研发力度，推动工程机械企业绿色改造升级。研发推广工程机械绿色环保产品，包括节能、高效、环保的内燃机动力产品，混合动力、纯电动力等新能源产品；建立工程机械产品市场准入制度，完善统一的产品准入和监管体系；加强全生命周期绿色制造和绿色施工，健全节能环保、绿色标准等监管体系，实现工程机械产品绿色生产应用；推进高效循环、再制造技术应用，支持工程机械企业全面应用节能环保技术，实现工程机械排放标准升级，促进工程机械再制造产业持续、健康、绿色发展。

（四）提升产品质量和品牌价值

持续推动工程机械产品迭代升级，提升工程机械产品质量和品牌价值。一是强化工程机械质量管理和技术推广。搭建重点产品标准符合性认定平台，开展质量标杆、"小巨人"企业、领先企业等示范活动，支持企业加强质量管理、开展工艺优化行动。二是实施产品技术赋能提升行动。组织攻克一批关键共性质量技术，推广应用数字化、网络化、智能化技术和设备，推动重点产品各项重点指标达到国际先进水平。三是增强工程机械行业品牌竞争优势。完善企业品牌管理体系，打造具有市场竞争力、特色鲜明的工程机械行业知名品牌，接轨工程机械国际品牌价值评价体系，打造工程机械"中国名片"。

（五）加快推进行业数字化发展

利用5G、工业互联网、物联网、人工智能、区块链等新技术，持续推进工程机械行业数字化发展。一是加强工程机械行业数字化基础设施建设。完善工程机械数字化应用标准体系，加强数字化人才培养能力、核心技术攻关能力、技术创新能力，夯实工程机械新型基础设施建设。二是加快工程机械行业工业互联网平台建设。应用北斗、物联网芯片等关键基础设施，突破关键技术瓶颈，建设覆盖智能制造全价值链的应用场景。三是提升工程机械企业信息化水平。依托工程机械国家和行业各项标准，对标工程机械国际标准，制定目标企业的信息化工作标准和规则制度，加大企业信息化设备和软件开发的人力、资金投入，从而全面提升工程机械企业信息化综合水平。

（六）加强行业人才队伍建设

高素质的行业人才是全面提升工程机械企业竞争力的核心要素。一是培养创新型人才。围绕工程机械行业发展需求，利用国内外科技人才资源，打造具有世界先进水平的人才队伍。二是培育具有国际视野的经营型人才。加大国家级人才培养和引进力度，依托企业培训、院校资源、社会培训建立多层次、规范化的培训体系，营造引才、聚才、用才的良好环境。三是强化工程机械职业技能培训和人才激励。依托线上线下培训平台，建立工程机械职业技能培训体系和标准化、规范化培训机制，改进和完善行业人才评价激励机制，为行业提供高层次、高素质的人才。

B.8
农机装备行业发展概览

蔡鑫 王茜 李国景*

摘 要: 本报告对国际和国内农机装备发展的现状及趋势进行了梳理，重点从行业规模、运行情况、产业结构、技术发展等方面分析了2020年我国农机装备行业发展概况，并对行业发展趋势和前景进行了分析。结果表明，2020年我国农机装备行业增速呈下滑趋势，整体存在发展不均衡、产品结构不合理等问题。未来，我国要进一步加强农机装备的研发与推广工作，持续推进农机装备结构调整，注重农机化抗灾救灾能力建设，颁布农机购置精准补贴政策。

关键词: 农机装备 机械制造业 农机购置

一 农机装备行业定义和分类

(一)农机装备行业定义

农机装备是指在作物种植业和畜牧业生产过程、农畜产品初加工和处理过程中所使用的各种机械。[①] 农业机械涉及领域较为广泛，可以理解为我国农业发展相关的装备。

---

* 蔡鑫，博士，机械工业经济管理研究院产业经济研究所助理研究员，主要从事产业经济、国际贸易、乡村振兴方面的研究；王茜，博士，机械工业经济管理研究院产业经济研究所助理研究员，主要从事工业经济、投资经济、政府采购研究；李国景，博士，中国农业科学院农业资源与农业区划研究所副研究员，主要从事农业区域发展、农业园区建设、农产品贸易方面的研究。

① 李宝筏:《农业机械学》，中国农业出版社，2003。

（二）农机装备行业分类

本报告采用中国机械工业联合会对农机装备行业的分类标准。中国机械工业联合会（原机械部）将农机装备行业细分为农用及园林用金属工具制造、农副食品加工专用设备制造、饲料生产专用设备制造和其他未列明运输设备制造等13类（见表1）。

表1 农机装备行业分类

行业代码	分类名称
3323	农用及园林用金属工具制造
3532	农副食品加工专用设备制造
3534	饲料生产专用设备制造
3571	拖拉机制造
3572	机械化农业及园艺机具制造
3573	营林及木竹采伐机械制造
3574	畜牧机械制造
3575	渔业机械制造
3576	农林牧渔机械配件制造
3577	棉花加工机械制造
3579	其他农、林、牧、渔业机械制造
3597	水资源专用机械制造
3799	其他未列明运输设备制造

资料来源：《国民经济行业分类》（GB/T 4754—2017）。

二 国际农机装备行业发展概况

（一）国际农机装备行业发展现状

1. 市场现状

（1）市场高度集中

全球农机供应已基本被全球著名跨境公司垄断，从近年来的发展趋

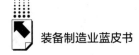

势看，垄断程度有增无减。在欧美地区，已经形成了以约翰迪尔、凯斯纽荷兰、爱科三大农机公司为主体的国际农机交易市场。在亚洲地区，日本农机生产企业实力强劲，产生了久保田、井关农机、洋马农机和三菱四大农机制造巨头。由于遍及世界各地的营销服务网络和制造基地，上述全球农机巨头公司的生产范围日益扩大，市场占有率日益提高。

（2）市场规模可观

农机装备在促进重要农畜产品生产中的作用正在持续增强，但全国农机市场规模仍有很大的上升空间。一方面，由于全球农民收入总体上呈现稳定增长态势，广大农户购买力持续增强，对农机产品的需求量也持续上升，各地每年均保持相应的农机用户增长速度；另一方面，由于农机领域技术革新成果的持续产生，旧产品更新换代需求不断增长。

（3）分级分化明显

高端农机市场被欧美企业占据，中级市场是日韩企业的主攻市场，低端市场主要由中国和印度企业控制。高端农机装备的生产前期投资大、市场推广费用高、研发风险大，欧美公司在技术水平与规模等方面都有很大的优势；中端市场需求量最大、收益最可观，被日韩公司以性价比优势占领；低端市场竞争激烈、收益不佳，是我国与印度公司主要的竞争领域。

2. 技术现状

（1）美国的农机装备技术现状

美国农业高度发达，机械化程度高，代表了当今世界最先进的农机制造水平。目前，美国的农机装备精准化和智能化程度较高，S760 联合收割机采用高端 Prenium 驾驶室，便于精准操作，进一步提升了收获效果和工作效率。同时，以凯斯纽荷兰推出的 Optum CVXDrive 3004 拖拉机为代表的大马力拖拉机具备较高的技术水平。

（2）德国的农机装备技术现状

德国是农机出口大国。农机装备近年来不断向多功能、高效能和环境友好方向发展。近年来，多家德国企业开发出免耕深松、施肥、播种一次性完成的大型复式作业机具，以及兼顾气吸式精密播种、适应联合作业的高性能作业机具。另外，有利于保护性耕作的深松灭茬圆盘犁、有利于节约化学药剂的精密喷雾植保机等机具也逐渐推出，以适应农业可持续发展的趋势。[①]

（3）日本的农机装备技术现状

日本是农机装备制造强国。日本政府非常重视无人驾驶农机在农业中的作用，持续制定、颁布、落实多项相关措施并大范围推广，政策红利下，多家日本农机企业如久保田、井关农机、洋马农机，基于"一人多机"的设想发布了带有自动驾驶功能的拖拉机、水稻收获机等农机装备，有望在人口老龄化加剧的背景下维持并进一步提高农业生产效率。[②]

（二）国际农机装备行业的发展趋势

1. 市场趋势

（1）东盟国家需求潜力巨大

东盟国家多是农业大国，对农机需求较大，但自身制造基础薄弱，因此是世界农机企业的重点竞争市场之一。位于东南亚的印度、缅甸、越南、泰国等国家，相继出台了农机贷款支持、农民购机补助等政策措施，再加上粮食需求量的增加和新一代信息技术的广泛应用，进一步激发了农机市场需求，未来农机市场将整体呈增长态势。发展中国家的农机生产机械化技术水平普遍较低，产品研制还处在起步阶段，且本国农机生产公司数量不多，因而存在很大的农机需求。

（2）市场向发展中国家转移

整体来看，发达国家的农机市场呈饱和状态，市场重心正逐步向发展中国家转移。美国、俄罗斯、土耳其、巴西等传统农机大国的农机市场近几年

---

① 唐传军、王天工：《参观德国汉诺威农机展及其启示》，《新农村》2018 年第 3 期。
② 杨涛、李晓晓：《农机自动驾驶系统研究进展与行业竞争环境分析》，《中国农机化学报》2021 年第 11 期。

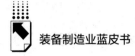

处于萎缩状态。而发展中国家市场则快速发展，尤其是对性价比较高的农机产品有较大的需求。

2. 技术趋势

（1）农机装备产业向大功率、多功效、高效率、复式联合作业发展

全球农业生产经营规模呈扩大趋势，带动农机装备持续向大功率、多功效方向发展。拖拉机最大输出功率的不断提高，复式联合作业设备的进一步改进，以及符合保护性耕地特点的免耕深松、灭茬、施肥、低量施药等实用型机械的推广应用，正是这一需求的最佳体现。

（2）技术向控制智能化、操作自动化方向发展

随着全球农业生产的集约化和规模化水平逐渐提高，云计算、大数据和人工智能等新技术也与传统农业科技深度融合，伴随着农业劳动力的减少，农业机器人作为新一代智能化农业机械将得到广泛应用。电子信息技术的应用也已实现了由传统监控向智能管理的转变，大型农机装备也将通过卫星遥感、图像识别等技术的应用，进行智能管理。

（3）技术向注重节约资源、保护环境方向发展

近年来，土地资源短缺问题和环境污染问题受到越来越多的重视。为了实现人类经济社会可持续发展的美好愿景，既需要加快对能耗较高、环境重污染产业的淘汰，也需要大量开发、使用和推广节能的环境友好类新产品。

三　我国农机装备行业规模分析

（一）工业增加值增速加快

2020年，我国农机装备行业主要行业工业增加值同比增长11.9%（见表2），增速较2019年增长11.2个百分点。

表2　2020年1～12月我国农机装备行业主要行业工业增加值增速对比

单位：%

月份	农机装备行业主要行业工业增加值增速	
	本月	累计
1～2	0.0	−28.1
3	7.3	−10.0
4	12.5	−2.6
5	22.3	3.2
6	10.7	4.7
7	15.4	6.4
8	15.6	7.5
9	17.1	8.6
10	20.9	9.8
11	21.5	10.9
12	20.1	11.9

注：本表农机装备行业对应《国民经济行业分类》代码为357（行业名称：农、林、牧、渔专用机械制造）。

资料来源：机经网。

（二）资产规模呈增长态势

2020年，农机装备行业资产规模呈现增长态势，为2329.86亿元，同比增长7.29%。从分月情况来看，1～2月增速最低，为−1.53%；12月增速最高，达到7.29%（见图1）。

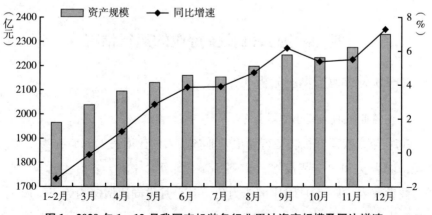

图1　2020年1～12月我国农机装备行业累计资产规模及同比增速

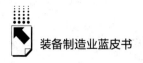

（三）产品产量变化呈分化态势

2020年，棉花加工机械和大型拖拉机产量增长幅度较大。具体来看，2020年大型拖拉机产量70432台，同比增长55.99%；中型拖拉机产量289228台，同比增长17.74%；小型拖拉机产量177936台，同比减少47.18%；收获机械（包括谷物收获机械和玉米收获机械）产量149203台，同比增长13.12%；收获后处理机械产量299636台，同比减少36.61%；农产品初加工机械产量1149708台，同比减少9.40%（见表3）。

表3　2020年我国农机装备行业主要产品产量及增长情况

单位：台，%

产品名称	产量	同比增长
一、大型拖拉机	70432	55.99
二、中型拖拉机	289228	17.74
三、小型拖拉机	177936	−47.18
四、收获机械	149203	13.12
1.谷物收获机械	45570	16.28
2.玉米收获机械	30487	−0.28
五、收获后处理机械	299636	−36.61
六、农产品初加工机械	1149708	−9.40
七、饲料生产专用设备	216281	−18.25
八、棉花加工机械	3028	65.37

四　我国农机装备行业的运行情况

（一）总体运行情况分析

1.主营业务收入呈小幅增长

2020年，我国农机装备行业主营业务收入同比增长7.81%，为2533.39亿元，增速较2019年提高12.66个百分点。分月来看，各月主营业务收入增速波动较大。1~5月同比增速为负，其余月份同比增速均为正，12月的7.81%为全年的最高点（见图2）。

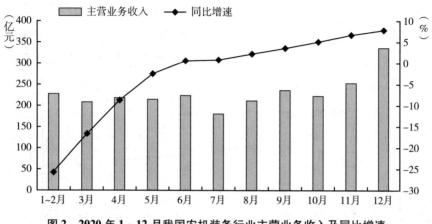

图2 2020年1~12月我国农机装备行业主营业务收入及同比增速

2. 主营业务成本略有增长

2020年，我国农机装备行业主营业务成本为2141.75亿元，同比增长7.07%，增速较2019年提高12.65个百分点。分月来看，农机装备行业主营业务成本1~7月同比增速均为负，其余月份为正。12月同比增速最高，达7.07%（见图3）。

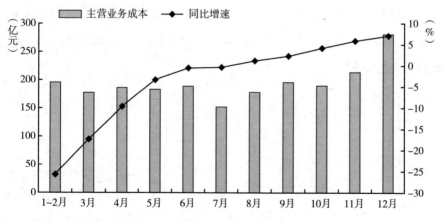

图3 2020年1~12月我国农机装备行业主营业务成本及同比增速

3. 利润实现一定增长

2020年，我国农机装备行业呈现良性运行状态，利润实现正增长，利

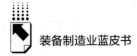
润总额为 123.54 亿元，同比增长 23.76%，增速较 2019 年提升 19.63 个百分点。利润总额增速高于主营业务收入增速。分月来看，1～3 月同比增速为负，4 月开始为正，6 月达到单月最大同比增速，为 38.37%，之后持续下降，12 月为 23.76%（见图 4）。

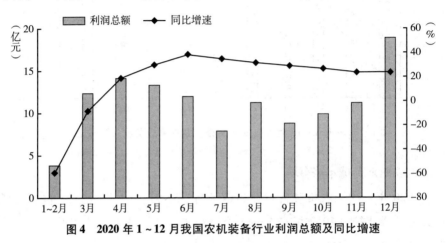

图 4　2020 年 1～12 月我国农机装备行业利润总额及同比增速

（二）营运能力有所提高

2020 年，我国农机装备行业总资产周转率为 1.08 次，比 2019 年上升 0.03 次。分月份来看，农机装备行业总资产周转率在 0.08 次到 0.14 次之间波动（见图 5）。

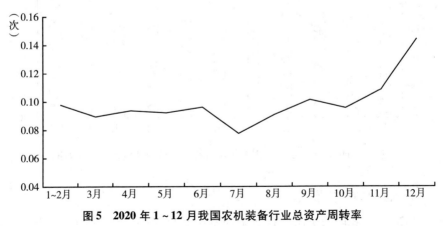

图 5　2020 年 1～12 月我国农机装备行业总资产周转率

（三）盈利能力呈现较大波动

1. 总资产利润率小幅上涨

2020 年，我国农机装备行业总资产利润率整体小幅上涨，为 5.30%，同比增长 0.87 个百分点。分月来看，全年波动较大，总资产利润率 1～2 月最低，为 0.16%（见图 6）。

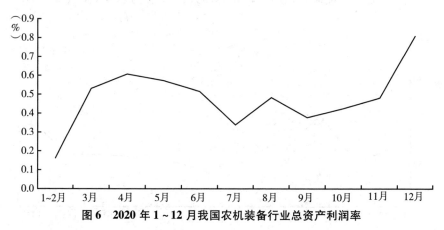

图 6　2020 年 1～12 月我国农机装备行业总资产利润率

2. 主营业务成本率略有下降

2020 年，我国农机装备行业主营业务成本率略有下降，为 84.54%，较上年降低 0.56 个百分点。分月来看，主营业务成本率在 9 月达到最低值（82.99%），其余月份较为平均，在 83.00% 至 86.00% 之间（见图 7）。

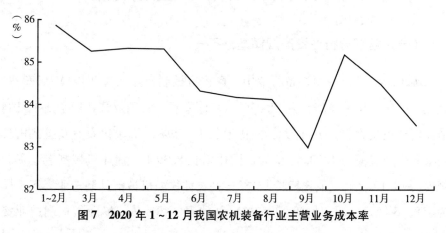

图 7　2020 年 1～12 月我国农机装备行业主营业务成本率

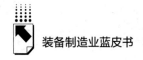
（四）偿债能力基本持平

2020 年，我国农机装备行业总资产负债率为 58.07%，较上年上升 2.08 个百分点，偿债能力基本持平。全年总资产负债率波动较小，4 月达到峰值（58.17%），随后呈小幅波动下降趋势，7 月达到年度最低值（56.78%）后，月度总资产负债率略有回升，12 月为 58.07%（见图 8）。

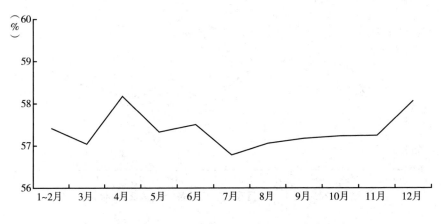

图 8　2020 年 1 ~ 12 月我国农机装备行业总资产负债率

五　我国农机装备行业产业结构分析

（一）各细分行业资产规模增减不一

2020 年，我国农机装备行业中，畜牧机械制造业的资产规模为 223.93 亿元，同比增长率最高，为 47.09%。具体来看，农用及园林用金属工具制造业资产规模为 122.74 亿元，同比增长 14.29%；机械化农业及园艺机具制造业资产规模为 1000.64 亿元，同比增长 8.39%；渔业机械制造业资产规模为 19.19 亿元，同比增长 18.88%；农林牧渔机械配件制造业资产规模为 168.16 亿元，同比增长 13.53%；其他农、林、牧、渔业机械制造业资产规模为 78.82 亿元，同比增长 8.41%。同时，也有同比呈现负增长的行业：营林及木竹采伐机械制造业资产规模为 11.85 亿元，同比减少 18.07%；农副食品加工专用设备制造业资产规模为 277.47 亿元，同比减少 5.33%；拖拉机制造业资产规模为 375.78 亿元，同比减少 4.17%；棉花加工机械制造业资产规模为 21.35 亿元，同比减少 2.24%；饲料生产专用设备制造业资产规模为 29.92 亿元，同比减少 1.03%（见图 9）。

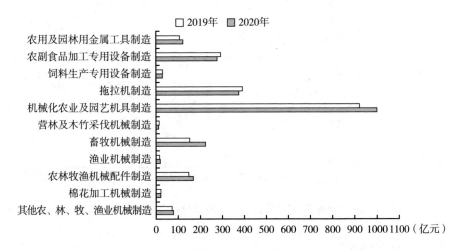

图 9　2019 年和 2020 年我国农机装备细分行业资产规模对比

（二）各细分行业主营业务收入分化

2020 年，我国农机装备细分行业主营业务收入呈现较大差异。具体来看，农用及园林用金属工具制造业主营业务收入为 164.94 亿元，同比增长 10.23%；饲料生产专用设备制造业主营业务收入为 36.98 亿元，同比增长 5.13%；拖拉机制造业主营业务收入为 399.58 亿元，同比增长 7.29%；畜牧机械制造业主营业务收入为 279.89 亿元，同比增长 57.25%；渔业机械制造业主营业务收入为 21.91 亿元，同比增长 2.94%；农林牧渔机械配件制造业主营业务收入为 167.68 亿元，同比增长 1.39%；其他农、林、牧、渔业机械制造业主营业务收入为 121.54 亿元，同比增长 6.86%。另外仍有三个细分行业出现同比下降：农副食品加工专用设备制造业主营业务收入为317.49亿元，同比减少16.97%；营林及木竹采伐机械制造业主营业务收入为8.92亿元，同比减少5.37%；棉花加工机械制造业主营业务收入为11.58亿元，同比减少4.50%（见图10）。

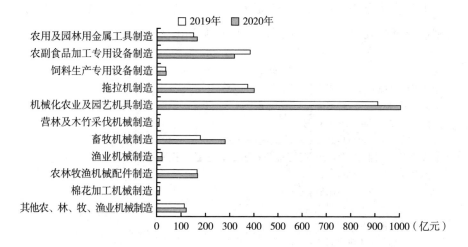

图10　2019年和2020年我国农机装备细分行业主营业务收入对比

（三）各细分行业主营业务成本增减不一

2020年，我国农机装备行业中，农副食品加工专用设备制造业主营业务成本为259.68亿元，同比减少幅度最大，为17.54%；农用及园林用金属工具制造业主营业务成本为138.88亿元，同比增长9.22%；饲料生产专用设备制造业主营业务成本为29.78亿元，同比增长6.41%；拖拉机制造业主营业务成本为359.32亿元，同比增长6.09%；机械化农业及园艺机具制造业主营业务成本为843.34亿元，同比增长9.15%；营林及木竹采伐机械制造业主营业务成本为7.40亿元，同比减少3.24%；畜牧机械制造业主营业务成本为229.98亿元，同比增长56.67%；渔业机械制造业主营业务成本为17.70亿元，同比增长4.43%；农林牧渔机械配件制造业主营业务成本为143.12亿元，同比增长1.33%；棉花加工机械制造业主营业务成本为 9.46 亿元，同比减少 6.68%；其他农、林、牧、渔业机械制造业主营业务成本为 103.09 亿元，同比增长 7.25%（见图 11）。

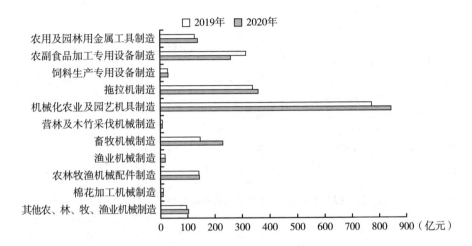

图 11　2019 年和 2020 年我国农机装备细分行业主营业务成本对比

（四）各细分行业利润总体增长

2020 年，我国农机装备行业中，棉花加工机械制造业实现利润 0.20 亿元，同比增长率最高，为 792.23%；农用及园林用金属工具制造业实现利润 8.17 亿元，同比增长 37.05%；农副食品加工专用设备制造业实现利润 21.52 亿元，同比减少 21.56%；饲料生产专用设备制造业实现利润 1.34 亿元，同比减少 14.96%；拖拉机制造业实现利润 0.25 亿元，同比增长 114.01%；机械化农业及园艺机具制造业实现利润 52.79 亿元，同比增长 40.05%；营林及木竹采伐机械制造业实现利润 0.67 亿元，同比减少 0.18%；畜牧机械制造业实现利润 18.54 亿元，同比增长 92.82%；渔业机械制造业实现利润 2.03 亿元，同比增长 23.60%；农林牧渔机械配件制造业实现利润 10.75 亿元，同比增长 5.07%；其他农、林、牧、渔业机械制造业实现利润 7.29 亿元，同比增长 6.47%（见图 12）。

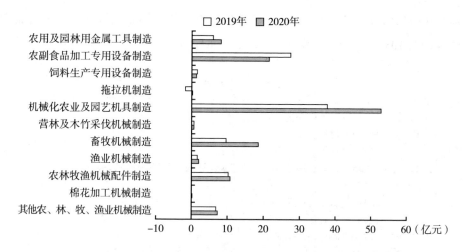

图12　2019年和2020年我国农机装备细分行业利润对比

六　我国农机装备行业技术水平分析

（一）主要产品技术水平

1.拖拉机技术与欧美发达国家有较大差距

目前，欧美等先进发达国家的农机产业正不断地通过融合各种ICT科技、智能信息技术，向着提高农业生产率的方向发展，领先农机企业也致力于发展为综合型农企，为农户提供精准农业综合解决方案。相比之下，我国拖拉机技术在全液压、智能、卫星导航等方面存在较大差距，目前虽有一些高等院校及科研单位针对动力换挡、自动导航等技术进行了丰富的控制策略理论研究，但是大多处于研究阶段，并未大范围应用。

2.机械化农业及园艺机具与国际先进水平差距明显

同荷兰、以色列等先进设施农业园艺装备国家相比，我国设施农业行业发展起步相对较晚，同时受到经济与社会发展水平的制约，总体设备种类还是以塑料大棚、日光温室等居多，所以下一个发展阶段的重点任务与方向即致力于开发、生产、引进和使用比较符合中国农村经济发展特点的设施农业种植模式的耕整地技术、浇水、施肥、植保、配送运输、种植育苗、采收、环境管理等装备与技术。

3. 农副食品加工专用设备制造技术有较大提升空间

农副产品加工装备业是中国在改革开放时期逐渐发展起来的工业，存在时间相对较短，生产制造水平较低。现阶段中国的农副食品加工企业规模都比较小，而注重产品开发的公司少之又少，部分公司一直在仿制外国的加工设备，自主开发技术水平也比较低下，总体来说缺乏自主创新能力，相应的农机产品竞争力也较弱。

4. 关键材料和技术与国外先进水平有较大差距

与国外相比，关键材料与核心工艺技术、关键核心技术和智能化技术〔如动力换挡离合器摩擦片、动力换挡离合器活塞回位碟形弹簧、非道路用发动机电控技术、农机装备传感器关键核心技术、电控单元（控制器）关键核心技术、传感器高性能芯片等〕是我国农机的三个短板领域。。

（二）重大技术突破

1. 粮食生产机械化向高效智能迈进

中国工程院罗锡文院士率领其研究团队成功建立了无人农场，这项关键技术突破了传统农机的自动导航作业精确定向与姿态测量等关键技术，通过分布式农机自主作业系统实现了水稻无人农场自主旋耕作业，是我国农业机械化、智能化水平进一步提升的一项重大突破。

2. 油菜机械化收获取得新突破

2020 年，农业农村部南京农业机械化研究所的吴崇友研究员带领团队成员通过多年持续攻关，研制出了油菜分段联合收获技术装备，通过增大铺放口空间、优化参数，解决了高大、高密油菜的侧向割幅内铺放等技术难题。

3. 绿色种养技术装备快速发展

2020 年，由中国农业科学院蔬菜花卉研究所研发的设施果蔬有机肥精量撒施、设施果蔬全幅宽底肥精量撒施等设施果蔬减肥技术设备和推车式仿

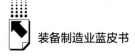

形喷洒、静电喷雾等设施果蔬减药技术设备分别节省 50% 以上化肥和 20% 以上农药。

4. 丘陵山区机械化技术装备逐步完善

2020 年，中联重科通过多年的用心研发，最终推出水稻有序抛秧机。这一设备将改变中国传统人工和机插秧模式，目前已在中国湖南、安徽、江西、黑龙江等稻米主产区相继投入使用，未来有望进一步推广到更多地区和国家。

5. 农产品产后加工装备全面发展

2020 年，广西农科院农产品加工研究所以高效节水和空气质量改善为主要目标，研制出太阳能－热泵系列的干燥设备。该设备既可以有效使用清洁的阳光能量，又克服了太阳光能量密度过低、不连续、不平衡的问题，集供热和供冷功能于一身，既可满足烘烤、供暖和冷冻的需要，又可实现节能减排、提质增效的目的。

七　我国农机装备行业存在的主要问题

（一）农机装备结构不合理

目前，中国农机装备规模持续扩大，生产率持续提高，但在结构上依然出现"三多三少"现象。"三多"即中小型的农业机械多、动力型机械设备多、低产能制造小型企业多，"三少"即大中型的农业机器少、产品配套型机械设备少、规模化制造大公司少。目前，我国拖拉机的总量趋于饱和，优化产业格局仍是下一阶段发展面临的重要问题。

（二）缺乏机械制造专业人才

我国机械制造专业的职业型人才缺乏丰富的理论知识，为使其达到用工要求，企业还要进行"二次培养"，消耗了大量时间和精力；而从事机械设计研发的学术型人才又相对缺乏实践。这造成农机行业专业素养高、综合能力强、技术水平高的人才较为缺乏。

（三）缺乏环保型生产设备

缺乏环保型生产设备是制约农机装备行业可持续发展的因素之一。近年来，我国政府和居民对资源节约和环境保护逐渐重视起来，一些易产生废气、废液的生产企业受到了环保措施的影响。我国部分的农机企业缺少雄厚的资金，生产设施不够完善，因此很容易受到环保措施的管制。[①]

（四）行业单位之间缺乏沟通交流的平台

农机装备制造具有规模生产的特点，产品的设计周期和生产制造过程都比较长，需要研发、设计、生产、制造、质控、维修等各部门之间相互协调。但目前，尚不存在可供农机企业和研发机构沟通交流的平台，这直接影响了我国农机装备制造领域的供需对接和联合创新。

八　我国农机装备行业发展前景分析

（一）我国农机装备行业发展前景预测

近年来，我国政府各部门齐心协力，一直致力于发展现代农业，朝着科技强国、制造强国的战略目标不断前进。农机装备工业是现代农业发展的关键支柱，提高农机生产的先进技术是农业现代化的必然需要，因此我国先后制定了促进农机化、农机装备工业和农业高新技术发展的一系列政策措施，使得我国农作物生产机械化率从 2000 年的 32% 一举提升到 2020 年的71.25%，但受补贴政策变动因素影响，未来我国农机装备行业发展前景仍不明朗。

1. 农机装备市场存在一定的不确定性

尽管 2020 年新冠肺炎疫情导致全球经济进入下行阶段，但由于中国前

---

① 张立珍：《农业机械产业发展现状及措施研究》，《河北农机》2021 年第 11 期。

瞻性的疫情防控举措，国内农机装备市场逆势增长，后续的市场情况乐观，总体上农机装备需求量仍将稳中有升。但在未来一段时期，农机装备市场还可能会受到国际粮价波动、补贴政策下调等一些不确定性因素的影响，因此不排除农业植保无人机、经济作物机械、畜牧机器等设备的市场价格有大幅度提升的可能性。

2. 农机装备行业面临产业结构调整和整合

我国农机装备制造企业众多，但主要是缺乏研发实力、无规模经济优势的中小型企业，市场过于分散，无法提供集中力量搞研发、搞创新的平台。同时，业务领域混杂，缺少可持续发展的经营策略，导致无法进一步地细分市场以实现差异化经营和规模化生产，也不能提供具有市场竞争力的产品。未来行业格局或将面临重新"洗牌"，农机装备行业与工程等相关行业在技术、市场、资本、管理等方面的整合，也会进一步推动农机装备行业的重组。

3. 高技术含量产品需求日益旺盛

我国农业步入全新的发展阶段，随着收入的日益增加，国人对日常生活质量的要求也在提高，如何满足优质、高产粮食的旺盛需求是农业领域亟须解决的首要问题。同时，在农业产业化进程日益加速、机械化水平逐步提升的背景下，大批农村青壮年劳动者进城打工，造成了留守农业劳动力的总体年龄偏高，农村从业人数总量也出现了减少趋势，这些都将导致高技术含量的农业机械需求提升。

（二）我国农机装备行业投资机会

1. 保障粮食安全增效装备

国家农村经济发展的战略方针，将以实现我国粮食安全为基点，一方面致力于研制出先进的现代化农机产品，提高农业生产的综合实力；另一方面提供更多先进适用的现代农业装备与信息技术，促进农村结构调整优化，全面实现农产品生产过程机械化，实现无人农场的美好愿景。

2.保障农业可持续发展的农机装备与设施

为落实国家可持续经济发展策略，进一步落实"绿水青山就是金山银山"的发展理念，积极构建资源利用节省型、环境友好型人类社会，农业有关部门将会进一步加大对土地等有限资源的综合利用，市场上会进一步引进保障农业经济可持续发展的先进农机装备技术，以达到经济发展和生态的协调统一。

3.农机装备自动化、智能化技术

我国始终致力于提高农机装备实力，其核心就在于农机创新技术的研发。为此，要积极吸纳国际上的先进农机装备自动化、智能化等技术，并加大农业数据在线监测和人工智能图像标注应用等关键技术的研究与运用，以加快形成现代农机装备数字化的信息技术系统。

4.发展大中型农机装备与设施的产品结构

2020年，中国的农机装备生产总量增加，其中，大中型农机装备生产发展速度不断加快，中小规模农机装备生产发展速度逐渐放缓，行业内对用地集约、规模扩张、复式作业的需求和对企业节本增效的要求，都在进一步带动农机装备生产的动力大型化，以更适应农业行业总体稳步发展的需要，因此，产品结构的优化也将成为农机市场的发展重点。

5.运用高新技术提升传统农机装备技术水平

我国的城市化水平日益提高，导致大量农业劳动力逐渐向城镇迁移，但是我国人口规模一直在扩大，农业产品的经营规模也需要不断扩大以适应我国人口的饮食需要。这就对先进适用、高技术含量产品和大规模生产农机装备提出了更多的需求，市场上亟须利用信息化等高科技手段改进农机装备、创新农机装备科技。

九 我国农机装备行业发展建议

（一）加强农机装备的研发与推广

增加高校、研究机构和企事业单位对农机的研发投入，加快新型实用农

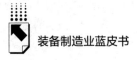
业机械技术的攻关，提升农业综合生产和发展实力，以更好地适应乡村振兴战略的需要。在进行农业机械使用试验的过程中，要注意因地制宜，针对各个地方的自然环境条件和农村经济发展特点，选用适宜的农业机具装置，在适应生产要求的基础上，促进农业机械化水平进一步提高。

（二）全面推进农机装备结构调整

相关主管部门要支持地方大中型农机制造企业，按照各自特点打造地方特色品牌，并根据农机行业的实际发展需要，积极培育地方优质的农业机械研发部门。坚持资源节约、对环境友好的工作态度，注重发展小农机设施等新型产业，并积极推动全国各地对小型农机设施的推广应用，通过合理使用农机设施提升产出效益。

（三）注重农机化抗灾救灾能力建设

针对近年来频发的台风、洪涝、暴雨等极端恶劣天气，有关部门需加强风险预判，制定相应的应急预案，引导各级单位配备救灾防灾专用排灌机械、烘干机塔等设备，做好标准化工作，以提高农业抗旱减灾的能力。

（四）颁布农机购置精准补助政策

继续推动农业补助政策的优化与完善，对农机购置精准补助政策加以合理利用，对适应绿色农业发展需要的农机装备实施精准补助。进一步规划好补助的力度与程度，使补助政策的效果得到有效发挥。使农机生产服务主体意识到农机装备的发展需求，提高对装备生产的高效管理水平，并重视对农机装备的养护和维护，以提高其效益。

B.9
工业互联网行业发展概览

宋嘉 赵妍 黄靖宇 李天洋*

摘　要： 2020 年是工信部《工业互联网发展行动计划（2018—2020 年）》的收官之年，是工业互联网行业技术、应用、模式等多维度内部竞争加剧之年，预计未来五年核心产业将继续保持高速增长。本报告对 2020 年全球工业互联网行业的发展情况进行梳理，分析研究国内工业互联网的行业发展现状、行业规模、产业链情况、技术水平与存在的挑战，并总结中国工业互联网行业的发展前景与发展建议。2020 年中国工业互联网行业发展成效显著，政策支持不断细化，技术应用场景不断丰富，新技术应用价值不断涌现，正在应对平台、网络和信息安全等方面的诸多挑战。基于全球第四次工业革命和 5G、AI 等新一代信息技术高速发展背景，未来中国工业互联网融合带动经济发展趋势明显，行业也从求量转为求质，有利于形成产业链级融合倍增的"竹林效应"，新的商业模式和服务将进一步带动工业互联网赋能制造业，共同构建良好的产业生态体系，带动产学研用协同创新发展。

关键词： 工业互联网　互联网生态　人工智能

---

* 宋嘉，机械工业经济管理研究院两化融合协同创新研究中心主任，主要从事产教融合、协同创新、两化融合、智能制造、区域经济研究；赵妍，中国科学院云计算产业技术创新与育成中心高级工程师，主要从事信息化战略规划、云计算与大数据研究；黄靖宇，中国科学院大学博士研究生，主要从事智能电气材料、人工智能深度学习算法研究；李天洋，创客总部总经理，智慧中国（福建）科技成果转化中心常务副主任，主要从事高校院所科技成果产业化研究。

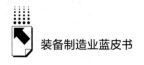
一 工业互联网行业定义和行业分类

（一）行业定义

"工业互联网"最早由美国通用电气公司（GE）提出。2019年2月，中国工业互联网产业联盟提出，工业互联网日益成为第四次工业革命的基石，发展工业互联网是抢占这一轮工业革命制高点和主导权的必由之路。本报告所提的"工业互联网"，指的是广义的工业互联网。工业互联网行业涉及范围较广，主要包括硬件设备（机器人）、软件（云）、算法（AI）。

（二）行业分类

基于国内制造业的分类，工业互联网行业分为3个子行业，即原料行业、装备制造行业和终端消费品行业。

二 工业互联网行业发展背景

（一）第四次工业革命加快推进，工业互联网成关键支撑

工业互联网在每次全球化的竞争中，都起到至关重要的作用，但目前依旧面临诸多问题，例如，传统制造产业的产能过剩，人力、环境等的成本逐步提升，企业总体的研发投入不能达到需求，技术和产品升级上面临诸多难题。

工业互联网作为新兴融合性产物，可以非常好地解决目前现代化工业生产上遇到的问题，并且能协同各个环节，优化生产结构，生成制造新模式。

（二）5G与AI技术为行业赋能，互联网生态不断完善

随着5G技术的快速发展，在不久的将来，在通信方面，5G技术将会

在很大程度上替代传统工业，以解决传统工业在工业互联网通信领域所面临的痛点问题，从而进一步保障数据传递的效率和稳定，满足现代化工业生产的要求。基于"物联网＋5G＋AI"构建的完整智能互联世界，将不断完善工业互联网生态。

三　国际工业互联网行业发展概况

（一）行业现状

全球在工业互联网领域形成了以美国、欧洲、亚太地区为主的三大聚集区，其中美国和德国占据领跑地位。

（1）美国保持领跑地位

从 2014 年到 2018 年，美国多家巨头公司将工业互联网作为重要的生产建设基础，通过其传统工业的优势，快速实现转型或精进，先后推出了 ThinkWorx 平台、Predix 平台等，皆在世界上扮演着重要的角色。

（2）德国仍是技术创新主战场

德国装备制造业领先全球。2018 年 11 月 15 日，德国联邦政府正式发布了相关战略，旨在扩大德国在工业 4.0 领域的强势地位，成为工业 AI 应用领域的领导者。

（3）各国加速布局

瑞典实施新型工业化；英国发布产业战略白皮书，推出制造 2050 计划；韩国推出制造业创新 3.0；日本出台"互联工业"战略；泰国实施工业 4.0 战略；印度实施"印度制造"计划。

（4）中国发展驶入快车道

2020 年是中国工业互联网创新发展三年行动的收官之年。工业互联网新基础设施不断巩固，内外网改造建设步伐加快，标识解析体系初具规模。建立了一批跨行业、跨领域的产业互联网平台使能产业，产业协调发展加快，与国际工业互联网产业组织在技术、标准、应用、安全等方面的合作不断深化。

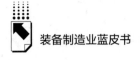

（二）市场现状

（1）全球市场进入洗牌期，马太效应持续显现

根据当前各国的发展现状，结合现有数据分析得知，2021年，整个市场规模接近1万亿美元。通过预测分析，预计3年后市场规模能够达到1.2万亿美元，并且可以保持一个较为稳定的增长速度，持续增长。

（2）应用场景不断增加，对制造业数字转型驱动显现

从工业互联网相关概念的提出到相关技术精准落地的实现，一大批优秀的案例不断涌现，展现了这个行业潜在的强大生命力和活力。目前工业互联网已经覆盖30多个重点行业，包括生产链上的各个环节，推动了工业转型及企业发展。

（三）技术现状

（1）关键技术加速创新探索

随着科技的不断发展，5G通信技术及新型算法和边缘计算结合等技术发展迅速，二者相互结合必然会成为新的探索方向及科研方向。与此同时，标识技术在应用领域逐步受到国内外众多企业及科研人员的追捧，安全检测、认证、信息数据安全等领域也逐渐成为研究的重点和热点。

（2）技术叠加影响

5G等高新技术和工业互联网相结合，将产生叠加效果，在倍增效应的作用下，将助力相关企业实现远程管理、产品服务升级等。同时，区块链技术逐步成熟并在工业互联网领域发挥作用，助力企业发展。

（3）数字化模型开发难度大

工业互联网与智能制造之间相互渗透、相互融合，体现为技术与技术、架构与架构、技术与场景的相互融合。但其机理极其复杂，组件建模的难度较大，因此软硬件的开发成本较高。

四　中国工业互联网行业发展概况

（一）行业发展进程

中国工业互联网行业已经处于蓬勃发展的阶段，主要可分拉开序幕、纲领确定、全面实施和实践深耕等四个阶段，正在进入快速发展期。

1. 拉开序幕

2014 年至 2016 年是工业互联网发展序幕期。2015 年 5 月，国务院出台的《中国制造 2025》，确立了中国由制造大国转为制造强国的发展目标，制定了"三步走"的发展战略。

2. 纲领确定

国务院于 2017 年对外发布了《关于深化"互联网＋先进制造业"发展工业互联网的指导意见》，为互联网与工业的融合发展指明了发展方向，并设立了工业互联网专项工作组。

3. 全面实施

2018 年，众多相关政策逐步推出，工业互联网进入了全面实施阶段。

4. 实践深耕

2019～2020 年是 5G 商用规模部署的关键年份，5G 的正式商用及《"5G＋工业互联网"512 工程推进方案》的出台，加速了工业互联网发展的进程。同时，资本市场也助力工业互联网"弯道超车"。

（二）行业发展现状

1. 工业互联网标识解析体系初具规模

2020 年，工业互联网体系加快构建，标识解析体系初具规模，我国已有 25 个省（自治区、直辖市）出台标识解析技术和产业发展扶持政策，开展产业布局。除了北京、上海、广州、重庆、武汉的工业互联网标识解析五大国家顶级节点以外，全国二级节点已经达到了 77 个（较 2019 年增加 37

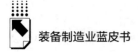

个），覆盖了 22 个省级行政区 28 个行业。累计的标识注册量达 89 亿个，日均解析量超 800 万次。①

2. 企业自发需求驱动，逐步接棒共同发展

随着各种配套政策及行业政策体系日渐发展和趋于完善，不仅企业端的认知度、回报率有所提升，企业对于工业互联网的投资意愿也逐渐增强。

智能化升级方面，美的工业互联网五项工程上线后，企业通过精益化改善、智能装备升级、智能物流布局使生产线获得了提升。工业互联网信息安全方面，北京云弈科技在工业互联网数据安全方面采用"零信任"的永不信任、持续验证理念，借力大数据的 AI 建模分析实现了对数据和访问线程级、进程级的行为检测，实现入侵监测、溯源取证病毒木马检测、漏洞发现、工业网络安全的实时监测、预警，每月为行业拦截 5 亿多次恶意访问。

随着智能化发展，工业互联网已逐步与生产企业深度融合、互相合作，领跑应用和垂直行业解决方案逐步趋于成熟，下游的企业也进一步成为产业发展推动力。

（三）技术应用现状

1. 应用场景不断丰富

从前的工业互联网更多是服务于相关的设备，而现在更多是服务于工业优化、原料配比等领域，这是一大进步，让工业互联网的价值得到了进一步的提升。

2. 垂直行业应用更广泛

目前，工业互联网在制造业的应用较为广泛，并出现由制造业向非制造业发展的趋势，逐步形成特点及特色方法。

---

① 《2020 中国工业互联网标识大会（西部）在渝举行》，中国网，2020 年 12 月 3 日，http：//iot. china. com. cn/content/2020 - 12/03/content_ 41381452. html。

3. 新技术应用价值不断涌现

人工智能、大数据、数字孪生、边缘计算等技术，都在相关领域内扮演着越来越重要的角色，更有一些新兴技术，如区块链、AR/VR 在金融服务、仿真等多个领域开展探索，发挥作用。

五　中国工业互联网行业规模分析

（一）行业市场规模

数据显示，2017～2020 年我国工业互联网产业市场规模呈逐年增长态势。2018 年我国工业互联网产业市场规模增速较快，同比增长18.2%。2020 年我国工业互联网产业市场规模达 3.57 万亿元，同比增长11.6%（见图 1）。[①]

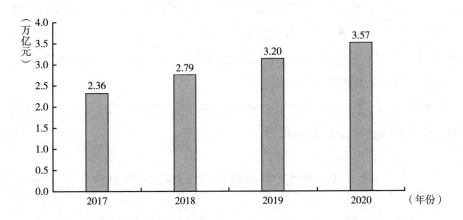

图 1　2017～2020 年我国工业互联网产业市场规模

资料来源：工信部、赛迪顾问。

[①] 《2020 中国工业互联网标识大会（西部）在渝举行》，中国网，2020 年 12 月 3 日，http://iot.china.com.cn/content/2020 - 12/03/content_ 41381452. html。

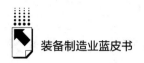

（二）行业市场结构

我国工业互联网可以分为工业互联网平台与工业软件、工业数字化装备、工业互联自动化、工业互联网网络、工业互联网安全五个领域。主要应用场景包括协同研发设计、远程设备操控、设备协同作业、柔性生产制造、现场辅助装配、机器视觉质检、设备故障诊断、厂区智能物流、无人智能巡检、生产现场监制、生产单元模拟、精准动态作业、生产能效管控、工艺合规校验、生产过程溯源、设备预测维护、厂区智能理货、全域物流监测、虚拟现场服务、企业协同合作等20个典型场景。跨行业跨领域综合型工业互联网平台、区域工业互联网公共服务平台、特定（行业/技术）领域专业型工业互联网平台正在高速发展。

从工业互联网平台企业来看，主要分为五大类，即软件企业、制造业企业、互联网企业、解决方案服务商和初创企业。产业生态不断健全，各行业企业积极探索不同场景下先进技术与平台的融合发展，先进技术支撑平台高速发展。垂直行业平台进入落地深耕期，钢铁、石化、工程机械、电子信息等20余个垂直行业平台正在积极与行业深度融合，培育新动能，催生出协同制造、能力共享等新模式、新生态。①

2021年10月，中国工业互联网研究院公布了我国2020年跨行业跨领域工业互联网平台清单（见表1）。

表1　2020年我国跨行业跨领域工业互联网平台清单

序号	单位名称	平台名称
1	北京东方国信科技股份有限公司	东方国信CLOUDIIP平台
2	航天云网科技发展有限责任公司	航天云网INDICS平台
3	用友网络科技股份有限公司	用友精智工业互联网平台

---

① 《2021年中国工业互联网平台发展形势展望》，参考网，2021年4月27日，https：//www.fx361.com/page/2021/0427/8237230.shtml。

序号	单位名称	平台名称
4	富士康工业互联网股份有限公司	富士康 FiiCloud 工业互联网平台
5	华为技术有限公司	华为 FusionPlant 工业互联网平台
6	深圳市腾讯计算机系统有限公司	腾讯 WeMake 工业互联网平台
7	树根互联技术有限公司	根云 ROOTCLOUD 工业互联网平台
8	江苏徐工信息技术股份有限公司	汉云工业互联网平台
9	紫光云引擎科技(苏州)有限公司	UNIPower 工业互联网平台
10	海尔卡奥斯物联生态科技有限公司	卡奥斯 COSMOPlat 工业互联网平台
11	浪潮云信息技术股份公司	浪潮云洲工业互联网平台
12	上海宝信软件股份有限公司	宝信 xIn3Plat 工业互联网平台
13	阿里云计算有限公司	阿里云 supET 工业互联网平台
14	浙江蓝卓工业互联网信息技术有限公司	supOS 工业操作系统
15	重庆忽米网络科技有限公司	忽米 H-IIP 工业互联网平台

资料来源：中国工业互联网研究院：《工业互联网创新发展成效报告（2018—2021 年)》。

（三）行业市场集中度

目前，国内市场制造企业占比最大，约为 46%。不仅出现了海尔、富士康、美的等头部企业，也涌现出了一批创新型企业。

六　中国工业互联网行业产业链分析

产业链各部分通过搭建平台，将生产、运输等全过程中的生产数据进行整合交互，大幅提升了信息传递效率。

（一）智能设备制造业起步晚，上游产业链技术落后

我国智能设备目前还处在发展阶段，相关核心技术及工艺与发达国家相较而言还较为落后。近年来，在国家相关政策的扶持下，国内的智能设备制造领域得到了显著的提升。

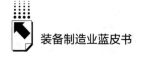

（二）应用场景逐步增多，向产业链应用方向发展

工业互联网在上中下游相关应用场景中起到至关重要的作用。在国家相关政策扶持下，各种科研单位及企业加大相关科研投入，大力引进相关人才，我国工业互联网的相关应用数量及质量都将会有较大且持续的提升。

七　中国工业互联网行业技术水平分析

（一）技术体系

工业互联网技术体系主要由三个部分构成，其中基础是网络体系，核心是平台体系，安全体系是最大的保障（见图2）。[①]

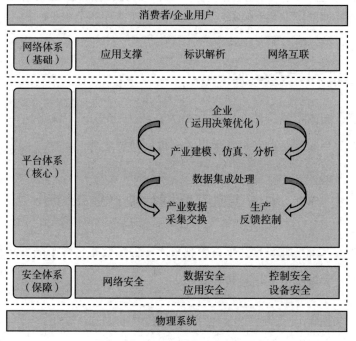

图 2　中国工业互联网技术体系

资料来源：工业互联网产业联盟。

[①]　前瞻产业研究院：《2020 年中国新基建产业报告》。

1. 网络体系是基础

随着互联网的发展，其作用将延伸到生产过程中全产业链条上的各个环节，并且每个环节都将受益于网络体系的发展，将有快速的提升和进步。

2. 平台体系是核心

平台体系主要用于构建服务体系，还可以用来支撑资源链接，对于供给和配置都能起到很好的载体作用。

3. 安全体系是保障

增强数据安全保证能力，抵御各类安全威胁，防范各类安全风险是工业互联网的重要能力。

（二）重点技术

根据工业互联网产业联盟统计，工业互联网平台一共涉及七大项关键技术能力（见图3）。

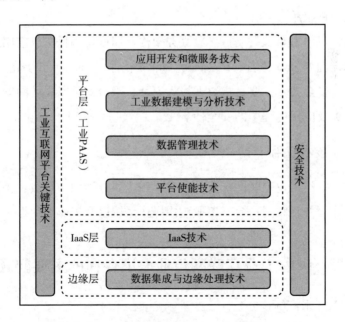

图3　国内工业互联网平台关键技术

资料来源：工业互联网产业联盟。

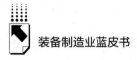

第一，数据集成与边缘处理技术在工业现场设备与平台边缘层之间的互联需要无线协议，基于以太网和光纤等通用协议或工业以太网和工业总线等工业通信协议访问远程数据。

第二，负载调度、并行计算、分布式存储、虚拟化等 IaaS 技术可以将计算机资源集中起来，并根据需要进行合理分配。

第三，平台使能技术分为两部分。一种是资源调度，它实时监控云流量的动态变化，并根据调度算法将适当的底层资源分配给不同的应用，使云应用能够适应相关流量的变化。另一种是多租户管理，它通过使用数据库隔离和虚拟化等工具来隔离各种租户服务和应用程序，以确保安全性和隐私。

第四，数据处理框架、数据预处理以及数据保存和管理构成数据管理技术。例如定时数据库、相关数据库、NoSQL 数据库等。

第五，工业数据建模与分析技术包括数据分析算法及机理建模。运用数学统计、人工智能算法实现数据聚类关联等；利用专业知识，构建各类模型，实现分析应用。

第六，多语言与工具支持、微服务架构、图形化编程构成应用开发和微服务技术，例如 Java 语言、Developer Studio 软件、Labview 工具等。

第七，安全技术主要是指数据接入安全、平台安全以及访问安全，保障数据在源头及应用过程中的安全性。

（三）技术应用

目前，中国工业互联网行业的技术应用主要分为四个层级：预测性维护应用、工业服务物联网平台、工业应用操作系统以及工业大数据平台。

八　国内工业互联网行业发展存在的主要问题

（一）技术问题

1. 平台方面

我国大部分领先平台相关的高端工业软件、通用 PaaS、工业协议以及自动控制、智能装备需要依赖国外技术。这些高端工业软件需要技术的积累和沉淀，企业是发展顶级工业 App 的基础，国内缺乏高端工业软件也造成培育工业 App 阻力较大，无法形成核心竞争力。

2.网络方面

首先，工业互联网对通信的要求是高带宽、低时延、大连接、高可靠。过去无线技术因稳定性、扩展性要求不高很难满足工业应用需要，应用比例为 4% 左右。随着 5G、Wi-Fi 6 的发展，带宽基本能满足需求，不过要考虑授权问题，避免因无法授权产生的频率干扰问题。

其次，工业以太网的时延不够，需要发展时延敏感网络，除此之外，链路层还需要改进以适应工业互联网的需要。常用的 VPLS 缺点在于配置 N^2 问题，效率低，需在运营商的边缘路由器建立全链接。利用新技术 EVPN 可以提高效率，减少网络资源消耗。

最后，网络层技术未完善，虽然基础互联网通信协议相关实验依旧在火热进行中，但是和实际工业互联网更高层次的要求相比，网络技术还面临不少的挑战。[①]

3.安全方面

传统技术中存在的许多尚未得到解决的问题和仍需弥补的安全漏洞无一不是对工业互联网安全性的挑战。这些问题将随着互联网在工业生产中的应用而进一步扩大，可能会产生更严重的安全问题。

（二）市场问题

1.平台方：商业模式未成熟

专业服务是工业互联网平台企业最重要的赢利模式。范例预订是平台目前收益模式的重要补充，甚至有可能成为平台未来商业模式的核心。

能够持续运行的工业互联网平台，大多积累了高活跃度用户，或者广泛收集了高质量数据并能提供高价值服务。后者需要通过云来广泛地收集高质

---

① 邬贺铨：《工业互联网的网络技术》，2020 工业互联网线上大会，2020 年 8 月。

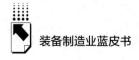

量数据，并通过相关技术提供高价值服务，如设备征信、供应链金融等。收益模式是一个平台市场生存的关键。

2. 需求方：部分先天不足，个性化投入大

虽然我国数字化社会改革效果显著，但对于中小型企业而言，人才的缺乏依旧是目前较为突出的挑战。

（三）行业问题

1. 责任体系建设存在空白

总体看来，行业配套监管制度并未建立，需要形成规章制度。与此同时，还需完善平台建设监管体系，构建相关的信息审查、信息验证以及信息安全测试等机制标准。

2. 数据要素资源市场需加快探索

数据共享与隐私保护的矛盾使得数据本身的价值不能被释放，数据分享后其稀缺性难以得到保证，隐私得不到保护使得数据所有者不愿、不敢、不能共享数据。

例如，供应链金融场景，这个应用场景因供应链金融中产业链长，参与方众多，支付模式复杂，数据无法实现安全共享，并且供应链金融业务开展中，依旧存在贸易背景真实性存疑、风险高等问题。

3. 复合型人才缺乏，产教融合不足

目前来看，市场需要的是复合型人才，即同时可以满足技术、管理等需求的人才。与此同时，各个领域的领军人才同样是市场的主要需求。

九 中国工业互联网行业发展趋势及前景预测

（一）中国工业互联网行业发展前景预测

1. 工业互联网融合带动经济发展

2020 年中国工业企业网络发展与产业经济直接相关，带动学生就业的

人数为 603 万人，比 2019 年增加 6.86%。引导社会就业选择的人数为 2126 万人，比 2019 年增加 9.32%。新就业服务人数为 181 万人。预计到 2025 年，中国工业互联网融合所产生的经济影响规模将达到约 74600 亿元。

2. 行业求量转为求质，资本呈现马太效应

经历了数年的成长，多平台之间相互竞争的格局逐渐形成。数据统计显示，我国新的基础建设相关的企业大多数成立时间为 1~5 年，其中超过一半的企业布局了工业互联网领域，发展速度较快，逐渐进入追求质量的阶段，它们在运营模式、相关应用、平台技术及技术人才上都会形成竞争。行业的竞争将会逐步加剧，资本所起到的作用也会更加显著，并且将会向盈利模式较为良性、用户人数较多且质量较高的企业倾斜。

3. 企业上云自发需求不断扩大，逐步呈现"竹林效应"

随着政府相关政策对市场的持续性激励，相关产业的集聚正在集中呈现"竹林效应"，相关产业在逐步聚集基础之上还呈现了样式更多且更加丰富的情形，进一步促成相关产业的聚合连接发展。

上中下游的相关产业生产链在资金、人才应用、相关技术和平台之间不断进行融合，产业的生态服务也随着生产链的集合逐步集聚，进一步促进相关产业链呈现爆发式增长。

（二）中国工业互联网行业投资机会

1. 技术投资机会

（1）5G

5G 技术可以满足连接多样性、性能差异性、通信多样化等需求，也可以为 AI 提供支持。工业现场的数据采集和数据分析向实时性变化，数据的采集、分析、共享和交换将成为智能制造升级的核心因素。

（2）人工智能

工业互联网的发展要基于连接、数据的智能化，决策的优化。在这个过程中，它需要机器深度学习和算法分析。工业互联网和人工智能的结合可以应用于设备层、边缘层、平台层和 App 层。

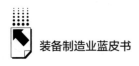

"工业互联网＋人工智能"会给企业带来节约成本、提升效率、提升产品服务以及创新业务模式等好处。

（3）区块链

区块链拥有很多独有的优点，区块链技术和工业互联网可以巧妙结合，起到相辅相成、互相促进的叠加效果。

2. 应用投资机会

目前在工业互联网场景下，未来投资应重点关注医疗、能源、机械制造、电子制造、化工等行业。

（1）医疗行业

国家相关政策的扶持以及各行各业相关企业的相互帮助，对加快医疗行业数字化转型起到了助推剂的作用。进一步催生了如相关药品生产过程及产地的跟踪溯源、医疗智能设备制造在各个领域内的应用，全面开启了智慧医疗的全新时代。

同时在疫情防控的背景下，工业互联网和医疗行业相互结合、相辅相成的叠加作用愈加明显。相信未来，许多医疗企业也会努力借助互联网，用好互联网的力量，不断努力发展，最大限度地提升生产效率，进一步降低成本。

（2）能源行业

我国正在加快推进电力物联网的相关建设。未来，可关注 ICT 技术在能源互联网中的进一步应用与发展。

3. 产品投资机会

未来工业互联网将在应用场景的广度和数据分析的深度方面延伸。产品投资可关注以下几点。

（1）工业机器人

工业机器人最早是在汽车工业领域发挥作用，同时汽车制造业也是目前工业机器人应用最广的领域。随着各项相关技术的不断发展，工业机器人应用正在逐渐扩展到通用工业企业的各个领域。

（2）数控机床

数控机床促进了许多产业资源的集成和链接，为智能化提供了必要的基础。数字控制机床由数字化机床向智能机床方向发展，新基础设施建设时代的智能机床产业有望飞跃发展。

（3）工业软件

工业软件是制造业最重要的课题也是发展的重点领域。网络越大，包括整个软件管理、运营等需要的应用程序越多，其发展程度严重影响工业互联网领域相关性的研究。因此工业软件的发展也尤为重要。

（4）数据中心

工业互联网将为数据中心行业带来增量需求。目前我国工业上云刚刚起步，未来对上游互联网基础设施领域的需求将持续旺盛。内部 MES/ERP 尤其是财务系统数据一般在私有云处理、存储。因此，对工厂内数据而言，需求将从过去的传统各业务单元数据中心演变为私有云数据中心；外部数据中心需求主要体现在云专线连接的行业公有云以及政务系统等。

流量爆发是数据中心行业长期增长的驱动力，过去存量需求主要来自 C 端市场，且企业级流量的黏性高于 C 端，各类数据中心需求将长期向上。

十　发展中国工业互联网行业的对策建议

（一）技术层面

1. 加强工业互联网核心基础设施建设

加强基础设施建设对各个地区、各个行业的覆盖，以及各个行业网络基础设施的配套，进一步提升对软件和硬件设施的部署效率，加快相关应用的改造升级，进一步将各个生产运营流程上的环节打通。

2. 针对不同行业特点推广应用

针对目前遇到的问题及现状，对提供相关解决方案的供应商或者全产业链商的集成商的需求量逐步提升。为使每个需求都能有相关的技术支撑，可以采用行业试点的方法，进一步打造各个行业内工业互联网企业应用领域上的模范标杆，从而进一步培育、形成成长性较好的商业模式。

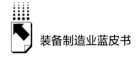

3. 构建技术标准体系

标准的建设分为两方面：其一是行业级、企业级标准的制定，用以增强公信力；其二是基础业务层面的数据、通信协议等标准的制定，用以打通行业壁垒。而在构建技术标准体系的过程中，需注意不同企业的通力合作和产业的联动配合。

（二）环境层面

1. 构建保障体系，优化行业基础发展环境

国家总体上能够健全相关的机制，对行业形成一定的技术标准规范，通过有关部门划定知识产权和安全风险等行业标准，建立相关的交流平台和社区，鼓励引导独立开发者或开源服务商进行进一步研发和推广，建立相关机制体系，推广和应用开源产品与软件。

2. 提供资金扶持，完善资本市场支撑环境

更好地发展工业互联网，涉及各方面的问题。促进企业发展不仅需要先进的科学技术，还需要耗费大量的资金。一些规模相对较小的企业，很可能在加工生产改造过程中，因为资金问题而遇到众多的困难。因此，需要国家相关部门给予一定的帮助，例如项目投资、研发基金等，鼓励中小型企业自主发展，这样也能吸引更多的有志之士加入企业，为企业注入原动力，鼓励企业更好发展，以此来解决更多工业互联网发展中遇到的问题。

3. 出台人才政策，营造良好的人才培育环境

目前来看，大中小型工业互联网企业都存在相同的人才紧缺问题，如何培养人才，也是需要解决的问题。国家有关部门可以先从人才培养入手，例如在大学阶段开设相关的专业课程，或找到相关产业的高等院校，开展良好的校企合作项目或者人才培养试点等；也可以打造相关人才培养机构，推动企业人才的更新迭代，提供相关技能以满足工业互联网发展的相关需求。国家层面，出台和落实相关的政策，以促进人才引进及人才培养，例如给予企业引进人才方面的相关补贴以缓解企业和人才的压力，促进企业发展、人才

落地，推动构建及完善相关的用人制度，用多种方式吸引人才，把人才留住，让人才可以有施展才华的地方。

（三）行业层面

1. 形成行业标杆，发挥联动效应

要在重要领域和行业树立标杆企业，构建完整的供应体系，形成工业互联网行业的联动效应。组建起具有市场竞争力的综合技术队伍，提升产业化水平，弥补核心技术不足和产业短板。

2. 整合各方资源，重视产学研协同创新

工业互联网要想得到较好较快的发展，产学研协同的作用不容小觑。相关的工业互联网企业需要基于自身发展，扩展与科研机构、高校的合作。多方共同合作，能让科研机构及高等院校的科研成果快速落地，加快企业发展，也能推动科研人才的应用及人才落地。应高效整合多方资源，集聚各方面的力量，共同发展。

3. 构建良好的生态系统，形成行业发展新模式

工业互联网相关企业可以多多利用分红、股权投资等方式优化企业的架构，推出更加健康、更加安全的多生态合作模式，推动平台业务水平快速提升。企业可以通过政府相关资金的扶持、多企业多模式下的资源共享等方式，吸引更多人才及相关合伙人加入，以不同的视角扩宽产业边际，实现多领域、多产业的交流与融合，形成更加符合当前市场进程的新型合作模式以推动企业更好更快发展。

工业互联网的发展，离不开各行各业、各个领域的通力协作，不论是企业与企业之间、政府与企业之间，还是企业与人才之间，都需要有紧密的交流与合作，只有这样才能更好地推动我国工业互联网的发展进程。

企业篇

Enterprise Reports

B.10
中国制造业上市公司价值创造
评价报告（2020）

周永亮　马天诣*

摘　要： 制造业上市公司既是中国制造业的主力军，又是上市公司群体的
骨干力量。本报告从资本价值、产业价值、创新价值和社会价值
四个维度对中国制造业上市公司价值创造进行分析，考察制造业
上市公司的价值创造过程、重点和成果。资本价值方面，与
2019 年度相比，2020 年制造业上市公司平均 PE、平均资产收益
率、净资产收益率均高于 A 股平均水平，估值水平开始高于 A
股平均水平；尽管受新冠肺炎疫情影响，2020 年的毛利率比
2019 年略有下降，但比 A 股平均水平要高，净利润率则明显上
扬，与 A 股平均水平接近。以上情况说明，资本市场已经步入
"脱虚向实"的轨道。产业价值创造方面，制造业上市公司的核

---

* 周永亮，博士，机械工业经济管理研究院强国战略研究所所长，主要从事战略管理、上市公
司价值创造等方面的研究；马天诣，民生证券研究院分析师。

心业务价值逐渐充分体现，产业影响力不断加强，产业贡献度价值明显增长。创新价值创造方面，制造业上市公司研发费用投入整体明显增加，研发人员数量也明显高于 A 股平均水平，尤其是科创板企业。社会价值创造方面，制造业上市公司的税收贡献、分红总额、就业人数等多项指标呈现增长趋势，就业人数占据 A 股上市公司就业人数的一半。由此可见，制造业上市公司为维持社会稳定做出了应有的贡献。

关键词： 装备制造业　上市公司　价值创造

一　2020年中国制造业 A 股上市公司资本市场表现

（一）重点指标明显向好：中国制造业上市公司概况

1. 制造业上市公司与 A 股上市公司比较

制造业上市公司是上市公司中最主要的力量。自 2019 年以来，制造业上市公司数量增速快于其他类别的 A 股上市公司。截至 2020 年 12 月 31 日，A 股上市公司（剔除 ST、ST*、北交所及 B 股，下同）共计 3937 家，根据证监会《上市公司行业分类指引》分类标准，其中制造业上市公司 2543 家，占 A 股上市公司数量的 64.59%。

与 2019 年相比，2020 年的制造业上市公司在总资产、净资产、营业收入方面均实现稳步增长，在总市值、净利润方面增长强劲。制造业上市公司 2019 年、2020 年总市值分别为 27.16 万亿元、44.58 万亿元，2020 年同比增长 64.14%；2019 年、2020 年分别实现净利润 0.85 万亿元、1.14 万亿元，2020 年同比增长 34.12%，而 2020 年营业收入的同比增速为 12.12%，净利润增速显著高于营业收入的增速，说明制造业上市公司净利率、营业收入均有所提升。

2019～2020 年，我国内外部环境形势依然严峻，中国制造业的高质量发展成为我国经济稳增长的重要支柱，制造业上市公司发挥了主力军功能，发展速度快于整体水平，制造业在 A 股市场的主体地位进一步提升。盈利水平方面，2020 年 A 股整体营业收入和净利润实现小幅增长，同比增速分别达 5.75%、5.85%，增速较为一致，净利率维持在相对稳定的水平。而制造业的营业收入和净利润增速均高于 A 股整体水平，同时净利率保持了相对稳定的水平，制造业上市公司净利润占 A 股整体净利润的比例由21.63% 提升至 27.40%，多个盈利指标向好，增长势头强劲。制造业上市公司的总市值占比由 2019 年的 46.47% 提升至 2020 年的 56.41%，达到44.58 万亿元，提升显著，制造业的市场地位进一步提升（见表 1、表 2）。

表 1 2020 年我国 A 股及制造业上市公司基本情况

	数量（家）	总市值（万亿元）	总资产（万亿元）	净资产（万亿元）	营业收入（万亿元）	净利润（万亿元）
A 股	3937	79.05	311.86	51.53	52.63	4.16
制造业	2543	44.58	27.12	13.32	18.41	1.14
占比(%)	64.59	56.41	8.70	25.85	34.98	27.40

资料来源：根据 Wind 数据库整理。

表 2 2019 年我国 A 股及制造业上市公司基本情况

	数量（家）	总市值（万亿元）	总资产（万亿元）	净资产（万亿元）	营业收入（万亿元）	净利润（万亿元）
A 股	3542	58.45	278.90	45.20	49.77	3.93
制造业	2242	27.16	23.36	11.09	16.42	0.85
占比(%)	63.30	46.47	8.38	24.54	32.99	21.63

资料来源：根据 Wind 数据库整理。

2. 制造业上市公司与 A 股分板块比较

（1）主板上市公司依旧占主要地位，制造业创业板和科创板市值快速增长

从主板上市公司市值看，A 股及制造业上市公司中主板市值均占比最大，占据市场主体地位。截至 2020 年 12 月 31 日，A 股上市公司总市值79.05 万亿元。其中创业板市值 10.86 万亿元，占比 13.74%；科创板市值

合计 3.30 万亿元，占比 4.17%；主板市值 64.89 万亿元，占比 82.09%。制造业上市公司总市值 44.58 万亿元。其中创业板市值 7.86 万亿元，占比 17.63%；科创板市值 2.47 万亿元，占比 5.54%；主板市值 34.25 万亿元，占比 76.83%。与 A 股相比，制造业创业板和科创板的上市公司市值占比较高（见表 3、表 4、图 1、图 2）。

表 3　2020 年我国 A 股上市公司分板块的主要财报指标概况

单位：万亿元，%

	总市值	总资产	净资产	营业收入	净利润
主板	64.89	307.49	48.87	50.38	3.99
占比	82.09	98.60	94.84	95.72	95.91
创业板	10.86	3.61	2.02	1.92	0.13
占比	13.74	1.16	3.92	3.65	3.13
科创板	3.30	0.76	0.64	0.33	0.04
占比	4.17	0.24	1.24	0.63	0.96
A 股	79.05	311.86	51.53	52.63	4.16

资料来源：根据 Wind 数据库整理。

表 4　2020 年我国制造业上市公司分板块的主要财报指标概况

单位：万亿元，%

	总市值	总资产	净资产	营业收入	净利润
主板	34.25	24.10	11.41	16.84	1.01
占比	76.83	88.86	85.73	91.47	88.60
创业板	7.86	2.38	1.36	1.28	0.10
占比	17.63	8.78	10.22	6.95	8.77
科创板	2.47	0.64	0.54	0.29	0.03
占比	5.54	2.36	4.06	1.58	2.63
制造业	44.58	27.12	13.31	18.41	1.14

资料来源：根据 Wind 数据库整理。

受益于注册制推行、再融资门槛降低的政策红利，创业板和科创板上市公司市值快速增长。创业板市值由 2019 年的 6.04 万亿元大幅增长至 10.86 万亿元，接近翻倍增长。科创板市值迎来爆发式增长，由 2019 年的 0.86 万亿元提升至 3.30 万亿元，增长近 3 倍，市场地位快速上升。

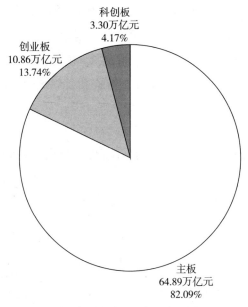

图1 2020年我国A股上市公司各板块市值占比

资料来源：根据 Wind 数据库整理。

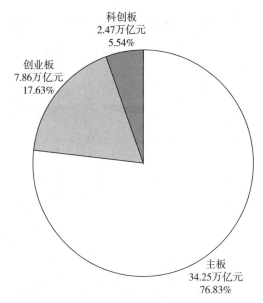

图2 2020年我国制造业上市公司各板块市值占比

资料来源：根据 Wind 数据库整理。

（2）制造业上市公司资产占比小，存在成长空间

截至 2020 年 12 月 31 日，A 股上市公司总资产合计 311.86 万亿元。其中创业板上市公司总资产合计 3.61 万亿，占比 1.16%；科创板上市公司的总资产为 0.76 万亿元，占比 0.24%；主板上市公司的总资产为 307.49 万亿元，占比 98.60%（见图 3）。A 股全部制造业上市公司的总资产为 27.12 万亿元。其中创业板上市公司的总资产为 2.38 万亿元，占比 8.78%；科创板制造业上市公司的总资产为 0.64 万亿元，占比 2.36%；主板制造业上市公司的总资产为 24.10 万亿元，占比 88.86%（见图 4）。

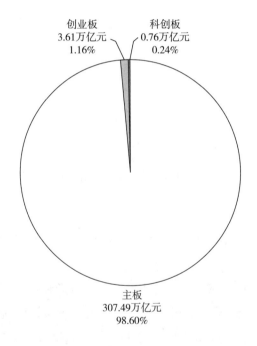

图 3　2020 年我国 A 股上市公司各板块总资产占比

资料来源：根据 Wind 数据库整理。

值得注意的是，制造业上市公司的总资产仅占 A 股上市公司总资产的 8.70%，与其 56.39% 的市值占比有较大差距，主要原因之一是，A 股上市公司资产主要集中在金融领域和能源领域，制造业上市公司总资产仍然较少，同时说明制造业上市公司资产创造价值的能力较强。从结构上看，制造业上市公司

总资产在各板块之间的分布较为稳定，与 2019 年相比，创业板上市公司和科创板上市公司的总资产占比略有上升。

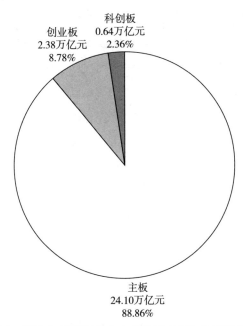

图 4　2020 年我国制造业上市公司各板块总资产占比

资料来源：根据 Wind 数据库整理。

（3）与 A 股上市公司整体相比，制造业上市公司净资产的板块分布更为均衡

截至 2020 年 12 月 31 日，A 股上市公司净资产合计 51.53 万亿元。其中创业板上市公司净资产合计 2.02 万亿元，占比 3.92%；科创板上市公司净资产合计 0.64 万亿元，占比 1.24%；主板上市公司净资产合计 48.87 万亿元，占比 94.84%（见图 5）。制造业上市公司净资产合计 13.31 万亿元。其中创业板上市公司净资产合计 1.36 万亿元，占比 10.22%；科创板上市公司净资产合计 0.54 万亿元，占比 4.06%；主板上市公司净资产 11.41 万亿元，占比 85.73%（见图 6）。总体而言，制造业上市公司净资产在各上市板块的分布要更为均衡，这与科创板上市公司大部分是科创能力较强的制造业上市公司有关。

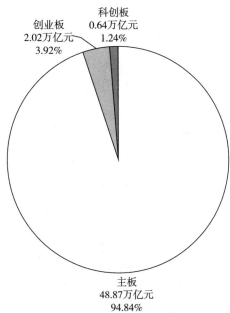

图 5 2020 年我国 A 股上市公司各板块净资产占比

资料来源：根据 Wind 数据库整理。

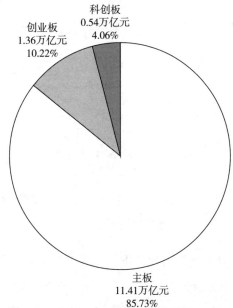

图 6 2020 年我国制造业上市公司各板块净资产占比

资料来源：根据 Wind 数据库整理。

（4）制造业上市公司收入强势复苏，带动整体收入提升

截至 2020 年 12 月 31 日，A 股上市公司营业收入合计 52.63 万亿元。其中创业板上市公司营业收入合计 1.92 万亿元，占比 3.65%；科创板上市公司营业收入合计 0.33 万亿元，占比 0.63%；主板上市公司营业收入合计 50.38 万亿元，占比 95.72%（见图 7）。制造业上市公司营业收入合计 18.41 万亿元。其中，创业板上市公司营业收入合计 1.28 万亿元，占比 6.95%；科创板制造业上市公司营业收入合计 0.29 万亿元，占比 1.58%；主板上市公司营业收入 16.84 万亿元，占比 91.47%（见图 8）。

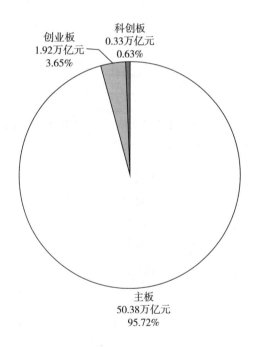

图 7　2020 年我国 A 股上市公司各板块营业收入占比

资料来源：根据 Wind 数据库整理。

在 2020 年新冠肺炎疫情的背景下，A 股上市公司整体营业收入同比增长 5.75%，而制造业上市公司营业收入同比增长 12.12%。疫情导致供需错配，我国制造业出口快速增长，产能不断扩大，为经济的复苏注入了强劲的动力。

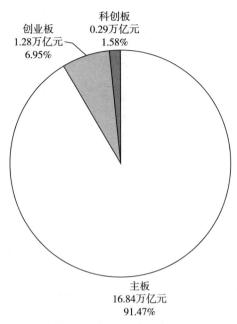

图8　2020年我国制造业上市公司各板块营业收入占比

资料来源：根据 Wind 数据库整理。

（5）制造业上市公司净利润增长显著，创业板、科创板表现出色

2020年，A股上市公司净利润合计4.16万亿元。其中创业板上市公司净利润合计0.13万亿元，占比3.13%；科创板上市公司净利润合计0.04万亿元，占比0.96%；主板上市公司净利润合计3.99万亿元，占比95.91%（见图9）。所有制造业上市公司净利润合计1.14万亿元。其中创业板上市公司净利润合计0.10万亿元，占比8.77%；科创板制造业上市公司净利润合计0.03万亿元，占比2.63%；主板上市公司净利润1.01万亿元，占比88.60%（见图10）。

净利润增长方面，制造业上市公司的净利润增幅显著高于A股上市公司整体水平，这是由于供给侧改革使落后产能得到出清，企业的净利率持续提升。结构上，科创板制造业上市公司的盈利能力不断增强，净利润由2019年的0.01万亿元大幅增长至0.03万亿元，占比提升至2.63%，且科创板和创业板的企业净利润提升均快于制造业主板。对比A股上市公司整体表现，制造业在科创板和创业板的上市公司盈利能力更强。

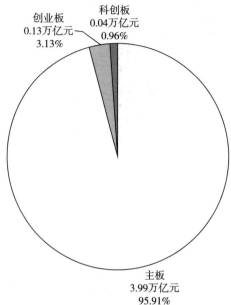

图9　2020年我国A股上市公司各板块净利润占比

资料来源：根据Wind数据库整理。

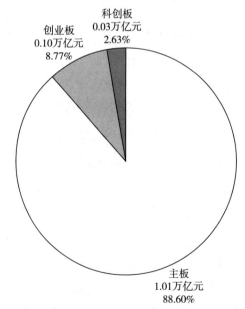

图10　2020年我国制造业上市公司各板块净利润占比

资料来源：根据Wind数据库整理。

（二）融资环境持续改善：制造业上市公司一级市场评价

1. 一级市场概述

（1）总体情况

图 11 展示了 2000~2020 年我国制造业上市公司从一级市场募集资金的情况。2020 年，制造业上市公司从一级市场募集到的资金最多，达到 9945.79 亿元，由于 A 股 2018 年表现较差，2018 年的募集资金也较少，为 4766.55 亿元，2019 年、2020 年募集资金有明显增加，分别实现 5987.96 亿元、9945.79 亿元。

IPO 方面，IPO 的数量明显增加，规模明显扩大。2020 年 A 股 IPO 的企业共 301 家，共募集资金 3368.04 亿元，对比 2018 年、2019 年有大幅增长，这是由于注册制的推行极大地简化了上市流程，提升了公司的上市融资积极性。

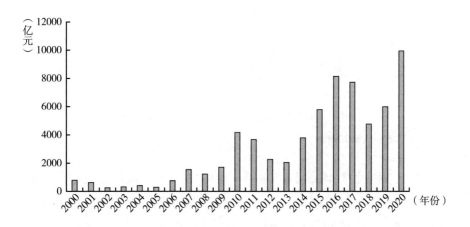

图 11　2000~2020 年我国制造业上市公司一级市场募集资金情况

资料来源：根据 Wind 数据整理。

从定增融资情况看，制造业融资事件有 233 起，占比 64.36%，在所有行业中位居榜首，定增融资金额占比高达 56.58%，在所有行业中遥遥领先。

此外，以制造业为主的科创板 2020 年融资额达到 2236.87 亿元，对比

2019 年的 824. 27 亿元，增长迅猛，是名副其实的融资"新贵"。

（2）IPO 募资情况

图 12 展示了 2000～2020 年我国制造业上市公司 IPO 募集资金情况。近 20 年，IPO 募集资金共有两轮高潮，分别是 2010 年和 2020 年，2020 年达到巅峰，募集资金 3368. 04 亿元，创造了近 20 年的新高，打破了 2010 年的纪录（2684. 02 亿元）。2011 年制造业上市公司 IPO 募集了 1889. 75 亿元，2018 年 IPO 募集的资金为 896. 87 亿元，2019 年在科创板的推动下，IPO 募资情况明显好于 2018 年，达到了 1428 亿元，其中科创板占据了一半。

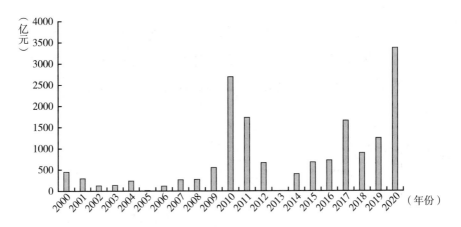

图 12　2000～2020 年我国制造业上市公司 IPO 募集资金情况

资料来源：根据 Wind 数据整理。

2020 年制造业上市公司 IPO 募资金额大幅提升，既与我国股市的融资功能强化有关，又与我国资本市场基础制度改革持续深化密切相关。2020 年 10 月，国发〔2020〕14 号文提出"全面推行、分步实施证券发行注册制"。这将大大简化企业上市流程，加快企业的上市速度，提升融资效率，[①]因此得到了市场的热烈响应。

---

① 郭新志：《资本市场改革稳步推进 A 股公司转型升级提速》，《中国证券报》2020 年 12 月 31 日。

分板块来看，科创板以 145 只新股发行和 2226.22 亿元融资额显著领先其他板块，科创板 2019 年 7 月第一批企业上市后，经过一年多的发展，募资金额已居上市板首位。创业板改革并试点注册制落地加速了 A 股 IPO 进程。Wind 统计显示，2020 年全年创业板 IPO 数量达 107 只，累计募集资金 892.95 亿元，约为 2019 年募资规模的 3 倍。

（3）增发情况

增发是 A 股市场上重要的融资方式，通过增发获得的资金量是各融资方式中最多的。从时间上看，制造业上市公司增发募集资金在 2016 年达到巅峰，当年共募集了 6823.89 亿元。2017 年至 2019 年，定向增发经历了从全面收紧到政策松绑再到政策全面松绑的过程。2017 年证监会关于再融资出台《上市公司非公开发行股票实施细则》等一系列新规，对定增的退出期限及发行数量都提出了更严格的要求，A 股市场增发规模此后显著缩小。2017 年增发募集了 5134.61 亿元，而 2018 年增发募资仅为 3087.52 亿元。2018 年 11 月再融资新规在资金用途和时间间隔两方面做出调整，放宽限制。2019 年 11 月再融资新规公开征求意见，从多方面优化了非公开发行机制，发行难度大幅降低。2019 年、2020 年增发募资持续上升，2020 年增发募资达到 4728.07 亿元（见图 13）。

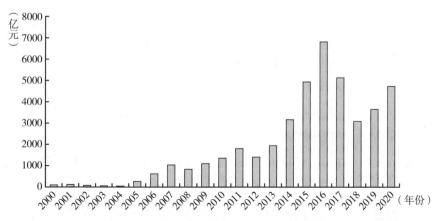

图 13　2000～2020 年我国制造业上市公司增发募集资金情况

资料来源：根据 Wind 数据整理。

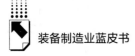

（4）配股情况

配股是 A 股市场第一个再融资品种，也是唯一一种仅向原股东发行的再融资产品。2000 年配股募集资金达到巅峰，当年募集资金 218.93 亿元，其次是 2001 年增发募集了 206.23 亿元。2017 年至 2019 年处于再融资政策调整阶段，监管部门对配股的要求相对宽松，使得配股备受投资者青睐。2020 年受再融资新规出台的影响，定增热度较高，配股市场相较 2019 年大幅降温，从 129.35 亿元下降至 75.46 亿元（见图 14）。

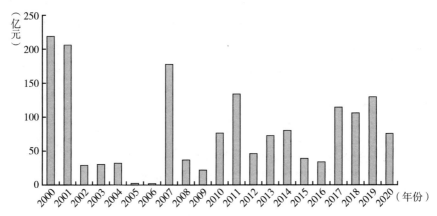

图 14　2000～2020 年我国制造业上市公司配股募集资金情况

资料来源：根据 Wind 数据整理。

（5）可转债情况

可转债是个相对小众的市场，受可转债新规发行的影响，可转债对上市公司的吸引力近年来显著增大，2020 年可转债市场迎来井喷。2000年到 2017 年，可转债募资规模均在 200 亿元以下，募集资金总额较少。2017 年证监会发布新的管理办法后，信用申购成为主流，投资者热情明显提高。此后，有关部门连续出台多个文件，政策约束明显放松，借助2018 年以来的债牛行情，市场扩容明显，2018 年可转债募资达 518.28亿元。2020 年，受牛市预期以及付息成本较低的影响，可转债发行量创下新高，共发行 149 家，募资达1481.20 亿元（见图 15）。

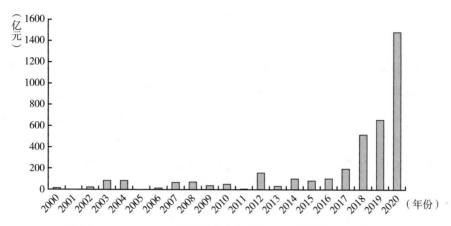

图 15　2000～2020 年我国制造业上市公司可转债募集资金情况

资料来源：根据 Wind 数据库整理。

2. 总体评价

中国制造业经过多年的快速发展，国际竞争力不断增强，带动了中国经济的腾飞。制造业上市公司作为制造业的重要组成部分，直接反映了制造业的价值创造能力。

近几年的供给侧改革使得制造业落后产能出清，尤其是经历了 2018 年去杠杆后，制造业行业格局得到优化，净利率不断提升，进入复苏阶段。2020年疫情造成供需错配，我国制造业迎来了快速复苏的机会，出口规模持续扩大，盈利能力大幅提高，在整体经济中表现突出。政策方面，注册制之下制造业得到了持续的扶持，IPO 和增发等融资方式迎来爆发，一系列制度和政策体现了国家对实体产业的支持。制造业上市公司在资本市场的表现，反映了我国制造业的结构正在发生质的转变，先进制造业的带动性持续增强。

二　"脱虚向实"初见成效：中国制造业上市公司之资本价值

上市公司的财务指标是资本价值的基本点。本报告首先通过考察上市公司的主要财务指标来评估上市公司的资本价值。从历史上讲，制造业一直是引领整体经济走出低迷时期的最重要的行业，疫情背景下的经济复苏也是如此。制造业上市公司作为整个 A 股市场的主体，不仅引领中国经济在疫情防控常态化阶段的复苏，对整个资本市场也有举足轻重的影响。本报告通过绝对指标和相对指标两个层面的比较来评价制造业上市公司的资本价值。

本报告采取市值、营业收入和净资产收益率等三个绝对值和相对值指标对上市公司的资本价值进行评价。不仅使用上述指标的绝对值来考察制造业上市公司和 A 股其他行业上市公司之间的资本价值异同，而且采用 PE（反映估值水平）、ROA（资产回报率）、ROE（净资产回报率）、毛利率（直接盈利能力）和净利率（整体盈利能力）这样的相对指标，对制造业上市公司的资本价值进行评价。

（一）制造业资本价值之总体评价

以上年度的报告为基础，本报告选取了 2019 年、2020 年两年的公开数据来考察 A 股市场，以 2020 年上市公司财务数据为基础，与 2019 年财务数据进行比较，以此获得资本价值的动态变化。

根据表 5，2020 年我国制造业上市公司平均 PE（采用静态市盈率，采用 2020 年 12 月 31 日的市值与 2020 年度净利润计算）为 38.96，高于整个 A 股的平均水平 18.99。结合现实来看，2020 年新冠肺炎疫情席卷全球，大量上市公司生产经营活动遭到冲击，但受益于国内疫情控制得当，制造业整体复工复产较快，叠加大量医疗产品的生产需求，制造业估值上涨更为明显。

表 5　2019～2020 年我国 A 股及制造业上市公司主要财务指标

单位：%

		PB	PE	ROA	ROE	毛利率	净利率
2019 年	A 股	1.29	14.88	1.41	8.69	13.92	7.89
	制造业	2.45	32.06	3.63	7.64	20.81	5.16
2020 年	A 股	1.53	18.99	1.33	8.08	13.19	7.91
	制造业	3.35	38.96	4.22	8.59	20.32	6.22

注：为了减轻极值影响，表中所有数据均剔除了 ST 股票。

资料来源：Wind 数据库。

制造业上市公司 2020 年的平均 ROA 为 4.22%，高于整个 A 股的平均水平 1.33%，说明制造业上市公司的资产盈利能力更强，高于 A 股平均水平；制造业上市公司 2020 年的平均 ROE 达到了 8.59%，同样高于 A 股的平均水平 8.08%。相较于 2019 年，2020 年 A 股上市公司的 ROA 和 ROE 均出现下降，而制造业上市公司的 ROA 和 ROE 则出现双升。2019 年，根据《证券日报》统计，连续 5 年 ROE（扣除非经常损益）超过 20% 的前 10 家上市公司中，7 家为制造业上市公司，而 2020 年制造业上市公司延续了以往的优秀表现。数据表明，虽然新冠肺炎疫情给整体经济带来了一定的冲击，但国内疫情迅速得到控制，制造业复工复产快于其他国家。同时，由于海外疫情在 2020 年不断恶化、反复，对海外国家制造业的正常发展造成了严峻影响，在这种情况下，已经复工复产的中国"世界工厂"的优势进一步放大，国内部分产品的国产替代也逐渐成为趋势。综合影响下，2020 年中国制造业资本价值创造能力较 2019 年有所提升。

从利润率指标来看，毛利率和净利率是公司经营过程形成利润的关键指标，是公司核心能力的直接体现，是公司竞争力强弱的底层支撑。然而各个行业千差万别，对比毛利率和净利率的绝对值并无意义，因此本报告采取纵向比较。2020 年制造业上市公司的平均毛利率为 20.32%，同比下降 0.49 个百分点，A 股上市公司的整体水平明显低于制造业上市公司，2020 年的平均毛利率为 13.19%，下降了约 0.73 个百分点。疫情发生后，材料等相关成本增加，经营压力加大，不少制造业上市公司的毛利率受到影响，但是头部企业的毛利率下降趋势并不会特别明显。2020 年 A 股上市公司的平均净利率为 7.91%，与 2019 年基本保持一致，而制造业上市公司的平均净利率逆势上扬至 6.22%，增长约 1.06 个百分点。疫情发生后，中国"世界工厂"地位进一步凸显，海外对中国制产品的需求不断增长，国内制造业企业迎来重大利好，进而推动企业净利率大幅提升。根据 Wind 提供的数据和相关公司公告，2019 年净利润增速超过 100% 的 A 股上市公司有 890 家，其中 489 家为制造业上市公司，占总数的 50% 以上。

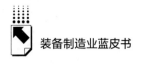
（二）制造业资本价值之分板块评价

本报告分板块对 A 股和制造业上市公司进行资本价值评价。2020 年我国 A 股及制造业上市公司分板块主要财务指标分别见表6、表7。

表6　2020 年我国 A 股上市公司分板块主要财务指标

单位：%

	PE	ROA	ROE	毛利率	净利率
A 股	18.99	1.33	8.08	12.46	7.93
创业板	82.82	3.63	6.48	28.51	6.83
科创板	88.44	4.92	5.85	35.43	11.23
主板	16.25	1.30	8.17	13.19	7.91

资料来源：根据 Wind 数据整理。

表7　2020 年我国制造业上市公司分板块主要财务指标

单位：%

	PE	ROA	ROE	毛利率	净利率
制造业	38.96	4.22	8.59	19.42	6.00
创业板	77.08	4.29	7.49	29.23	7.97
科创板	76.69	5.02	5.93	33.49	11.02
主板	33.91	4.19	8.85	20.32	6.22

资料来源：根据 Wind 数据整理。

截至 2020 年 12 月 31 日，A 股科创板企业的估值水平略高于创业板企业，但是远高于主板企业（见图16）。这既与科创板的自身属性有关，也与各板块上市公司的定位相关。2020 年疫情冲击下，A 股出现了先跌后涨的行情，并达到近两年的高位，各板块上市公司估值水平也都有了较大的提高。

整体来看，制造业上市公司的估值水平提升明显，尤其是主板，出现了高于 A 股平均的趋势，但创业板的制造业上市公司估值水平仍然低于 A 股的平均水平，还有提升空间。从估值角度看，资本市场对科创板企业给予了较高溢价，更多动能得以释放，资本市场工具使用率不高的存量公司也迎来

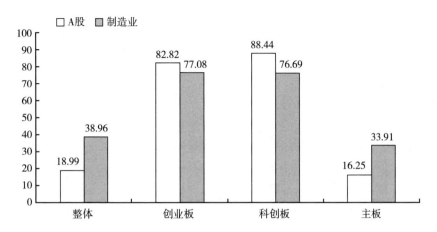

图16　2020年我国A股与制造业上市公司分板块的PE比较

资料来源：根据Wind数据整理。

更加有利的发展环境，因此创业板企业估值水平明显提高。

由图17可知，截至2020年12月31日，制造业上市公司2020年平均ROA为4.22%，高于整个A股的1.33%，且制造业各板块上市公司的ROA均高于A股，制造业上市公司的ROA逐渐高于A股上市公司的平均水平，其中最具代表性的还是主板上市公司，领先A股主板上市公司2.89个百分点。同时，A股及制造业上市公司各板块的ROA均呈现科创板最高、创业板其次、主板最低的特点。

由图18可以看出，截至2020年12月31日，制造业上市公司2020年平均ROE为8.59%，比整个A股上市公司的8.08%高出0.51个百分点，展现了制造业上市公司的强势崛起。从各板块来看，A股上市公司和制造业上市公司的ROE呈现相似趋势：科创板上市公司ROE总体低于创业板上市公司ROE，创业板上市公司ROE总体低于主板上市公司ROE。同时，制造业各个板块的ROE均高于A股平均水平，以创业板为甚。

由图19可知，截至2020年12月31日，A股上市公司平均毛利率为12.46%，而制造业上市公司平均毛利率为19.42%，制造业上市公司的盈利能力明显增强，已经远超A股上市公司的平均水平。从各板块来看，制

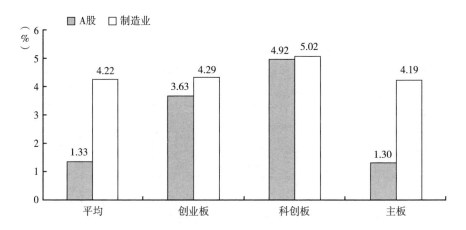

图17　2020年我国A股与制造业上市公司分板块的ROA比较

资料来源：根据Wind数据整理。

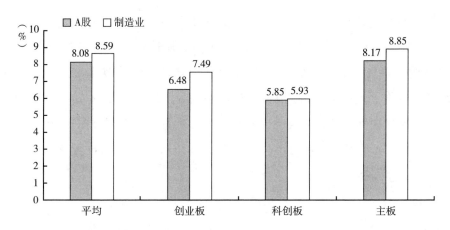

图18　2020年我国A股与制造业上市公司分板块的ROE比较

资料来源：根据Wind数据整理。

造业创业板上市公司、制造业主板上市公司的毛利率均高于A股上市公司平均水平，科创板略低。比较而言，A股上市公司和制造业上市公司的毛利率都呈现一种现象：科创板上市公司毛利率高于创业板上市公司、创业板上市公司毛利率高于主板上市公司。这是因为高科技企业和新兴产业的上市公司都集中在创业板和中小板，尤其是新生力量科创板，这类上市公司直接成

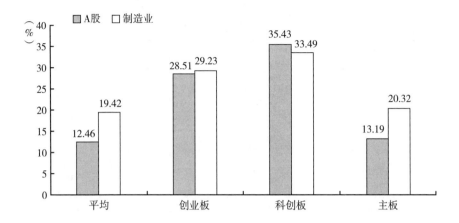

图 19　2020 年我国 A 股与制造业上市公司分板块的毛利率比较

资料来源：根据 Wind 数据整理。

本普遍较低，毛利率偏高。而主板上市公司大多为传统行业中的规模企业，历史长、规模大、有形资产投入多，直接成本就比较高，毛利率就会偏低。

由图 20 可以看出，截至 2020 年 12 月 31 日，制造业上市公司平均净利率为 6.00%，略低于 A 股上市公司的 7.93%。从各板块情况来看，制造业创业板上市公司的净利率高于 A 股创业板上市公司平均水平，而制造业主板上市公司的净利率明显低于 A 股上市公司平均水平，这与主板制造业上市公司的构成有关。目前主板制造业上市公司以机械、纺织、化学原料和汽车等传统产业为主，这些产业的特点是净利率偏低，但体量大且发展平稳。疫情发生后，中国作为少数正常复工复产的制造业大国，对外出口额再创新高。其中大量出口产品为传统产业的医疗用品、纺织用品、生产原料等，这对于主板制造业上市公司有较大的利好作用。

制造业上市公司的估值水平、资产回报率、净资产回报率、毛利率等4 类指标均超过 A 股上市公司同类指标的平均水平，可以认为制造业上市公司在 2020 年得到较好的发展，目前估值水平正在逐渐脱离过去偏低的情况。分板块来看，制造业创业板、科创板上市公司估值水平、资产回报率、毛利率、净利率等指标均高于主板上市公司的相关指标。不过，主板

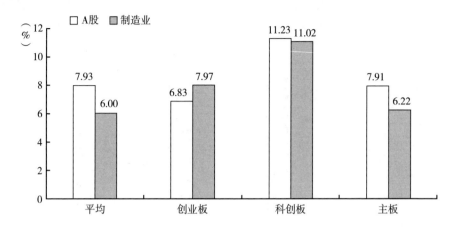

图20　2020年我国A股与制造业上市公司分板块的净利率比较

资料来源：根据 Wind 数据整理。

上市公司在净资产回报率方面高于另外两个板块的上市公司，投入回报值得期待。

总体来看，制造业依然是中国经济增长的基石行业，在疫情防控常态化阶段的经济恢复中起到了重要作用。2020年，在疫情的巨大冲击下，A股曾在年初出现较大跌幅。但随着国内疫情形势的逐渐好转，正常的生产生活开始恢复，A股估值有所回暖。而海外疫情的愈发严重更是在某种程度上吸引了全球"热钱"进入中国。联合国《全球投资趋势监测报告》称，2020年中国吸收外资逆势增长4%，从而推动A股估值在年中开始迅速升高。疫情最初给国内制造业企业带来了较大的冲击，但之后随着国内复工复产的全面展开和海外制造业的停滞，海外订单的涌入使得国内制造业企业迎来了新的利好。根据海关总署的数据，2020年中国实现出口17.93万亿元，同比增长4%，贸易顺差3.7万亿元，同比增长27.4%，均达到新高。在这一过程中，国内制造业公司在盈利能力、资产回报等方面都有了不错的表现，估值水平也有了较大的提高。另外，创业板改革缓解了制造业转型升级和结构调整的重压并有效推动了存量公司的发展，从而成为2020年制造业表现最好的板块。目前海外疫情仍在持续，我国制

造业有望利用这一发展时机，积极进行转型升级并推动全行业健康可持续
发展。

（三）装备制造业资本价值之总体评价

装备制造业子行业的估值涨跌不一，变化比较大的是铁路、船舶、航空
航天和其他运输设备制造业，从 2019 年底的 34.24 回升至 2020 年底的
51.63，但与 2018 年底的峰值 124.15 相比还有较大距离。汽车制造业的估
值则出现了较大的下降，从 65.86 下降至 32.73。2020 年受疫情影响，部分
细分领域景气度和部分公司业绩受到冲击，导致行业估值出现了回调。对于
大部分装备制造业子行业，ROE 和 ROA 出现了不同幅度的增长，说明在制
造业行业整体景气度较高的情况下，处在中游的装备制造业同样能受惠于行
业红利（见表 8）。

表 8　2019 年、2020 年我国装备制造业子行业上市公司主要财务指标

单位：%

	2019 年					2020 年				
	PE (LYR)	ROA	ROE	毛利率	净利率	PE (LYR)	ROA	ROE	毛利率	净利率
电气机械和器材制造业	27.35	4.19	9.62	24.59	5.97	41.26	4.57	10.25	23.15	7.01
计算机、通信和其他电子设备制造业	52.01	3.15	6.57	18.86	4.37	50.97	3.79	7.23	19.51	5.47
金属制品业	26.49	2.64	5.99	18.03	4.17	23.71	4.11	8.54	15.47	5.43
汽车制造业	65.86	0.79	1.98	14.00	0.97	32.73	2.34	5.96	13.12	3.08
铁路、船舶、航空航天和其他运输设备制造业	34.24	2.17	4.70	18.23	4.51	51.63	1.98	4.32	17.73	4.40
通用设备制造业	50.25	1.35	3.26	19.75	2.82	38.74	2.15	5.13	19.38	4.33
仪器仪表制造业	50.74	3.03	5.10	38.24	7.36	30.82	6.26	10.12	37.71	14.72
医药制造业	43.67	4.86	7.62	50.06	8.41	51.29	5.76	8.76	50.65	11.03
专用设备制造业	36.23	3.99	8.19	28.48	7.77	41.52	5.12	10.58	28.93	9.67

资料来源：整理自 Wind 数据库。

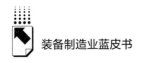
三 新基建成为重要引擎：中国制造业
上市公司之产业价值

2019~2020年，我国网络、信息、数字等科技高速发展，5G与人工智能快速发展，制造业处于更新换代的过程，传统制造业发展遭遇瓶颈，竞争力下降。此外，为解决资源短缺、环境污染、高能耗等问题，国内碳中和政策出台，加速了绿色制造业进一步发展。加之全球政治环境等因素，我国制造业发展重点自传统端加速向科技端转移。

2020年制造业受疫情影响，前期制造业工业增加值呈现负增长态势，2020年9月，国内制造业工业增加值开始逐渐恢复增速，12月累计同比增速为3.4%，较2019年同期（6.0%）仍低2.6个百分点，疫情冲击影响仍较大（见图21）。根据工信部统计数据，2020年国内高新技术产业增加值增速达到了7.1%，较2019（8.8%）年低1.7个百分点，在疫情影响下仍保持了可观的增速，保持了基本稳定的增长。总体来说，国内高端先进制造业发展趋势稳定。2020年底起，中国制造业工业增加值有回暖的迹象，但仍然面临较大压力。

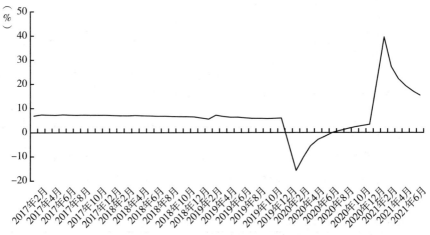

图21　2017年2月至2021年6月中国制造业工业增加值累计同比增速

资料来源：Wind数据库。

（一）制造业产业价值之总体评价

本报告采用三大指标评估制造业上市公司的产业价值。

产业核心业务价值：代表制造业上市公司核心业务创造价值的能力。

产业影响力价值：代表制造业上市公司行业地位、市场份额创造价值的能力。

产业贡献度价值：代表制造业上市公司资源资本投入创造价值及成长的能力。

其中，主营业务利润率（核心业务盈利能力）用以衡量公司产业核心业务价值，商誉及无形资产（并购整合及知识产权价值）用以衡量公司产业影响力价值，经营周期（公司经营效率）与主营业务增速（公司成长情况）用以衡量公司对产业贡献度价值（见表9）。

表9 产业价值衡量指数及注释

产业价值	指数	注释
产业核心业务价值	主营业务利润率	主营业务利润率是直观体现公司核心业务经营成果的指标,衡量公司在行业竞争中是否提供足够的价值。较高的主营业务利润率代表着行业话语权,意味着提供更多产业价值
产业影响力价值	商誉及无形资产	无形资产如专利直接影响产业科技进步,越高的商誉及无形资产拥有越高的产业影响力,从而拥有越高的产业价值
产业贡献度价值	经营周期	经营周期体现公司经营效率,越高的经营效率越能促进公司快速发展,从而带动产业快速发展,赋能更多产业价值
	主营业务增速	主营业务增速用以衡量公司现阶段成长性,快速成长的公司带来更多产业价值。然而该指标受公司成长周期与行业增速影响,如规模较大的公司,增速将较慢,该指标权重将较低

注：主营业务利润率及主营业务增速进行排名加权平均处理。

资料来源：Wind 数据库。

2019～2020 年，制造业上市公司的产业核心业务价值自 8472 亿元增加到 11442 亿元，2020 年同比增长 35.06%，主要得益于需求出现爆发性反弹，且政策不断加码，新基建领域加速发展，上市公司对于核心业务投入不断增大，预计未来产业核心业务价值将保持快速增长态势。

2019～2020 年，产业影响力价值自 14895 亿元增至 16225 亿元。2018年底受贸易摩擦影响，制造业上市公司开始加速进行产业并购整合，加快科技创新及研发，2019 年产业影响力增速迅猛，2020 年发展速度有所放缓，但产业加速科技发展以及向头部企业集中的趋势未变。

2019～2020 年，制造业上市公司的产业贡献度价值实现近翻倍增长（见表10）。一方面是由于中国制造业企业逐渐从 2018 年以来的中美贸易摩擦中恢复过来；另一方面供给侧结构性改革对中国制造业生态产生了明显影响，倒逼企业提质增效，优质企业经营效率大幅提高，推动制造业持续发展的新动能逐渐占据主导地位，加快了制造业上市公司的重组与并购，同时让缺少核心能力的制造业上市公司更加注重提升科技创新能力。①

表10　2019～2020 年我国制造业上市公司产业价值基本情况

单位：亿元，%

	产业核心业务价值	产业影响力价值	产业贡献度价值
2020	11442	16225	1135266
2019	8472	14895	606988
2020 年同比增长	35.06	8.93	87.03

注：为减轻极值对数据的影响，表中数据剔除了 ST、ST* 及 B 股。
资料来源：Wind 数据库。

（二）制造业产业价值之细分行业评价

根据证监会的行业分类，制造业行业可分为计算机、通信和其他电子设备制造业，电气机械和器材制造业，医药制造业和汽车制造业等 30 个细分行业，每个细分行业的上市公司数量、总市值、盈利能力等具体指标见表11。

---

① 中国制造业上市公司价值创造研究课题组：《创新的价值 2020 年中国制造业上市公司价值创造研究报告》，《智慧中国》2020 年第 12 期。

表11　2020年我国制造业细分行业概览

行业名称	上市公司 数量(家)	总市值 (亿元)	总收入 (亿元)	平均毛利率 (%)	平均净利率 (%)
计算机、通信和其他电子设备制造业	401	77526	27791	19.5	5.5
专用设备制造业	255	34515	8593	28.9	9.7
化学原料和化学制品制造业	259	25265	11901	20.1	6.8
电气机械和器材制造业	245	54819	18964	23.2	7.0
医药制造业	251	47887	8461	50.6	11.0
通用设备制造业	136	9652	5760	19.4	4.3
汽车制造业	136	23225	23049	13.1	3.1
非金属矿物制品业	93	13456	7037	27.7	12.1
橡胶和塑料制品业	88	8037	2923	26.1	11.2
金属制品业	71	5146	3996	15.5	5.4
有色金属冶炼和压延加工业	73	11145	14008	7.1	1.5
铁路、船舶、航空航天和 其他运输设备制造业	61	14340	6317	17.7	4.4
仪器仪表制造业	58	2988	659	37.7	14.7
食品制造业	58	16135	3121	31.5	9.5
农副食品加工业	47	15627	7543	13.6	5.2
纺织业	40	2237	1186	23.0	5.5
酒、饮料和精制茶制造业	41	55545	3408	65.9	29.4
纺织服装、服饰业	33	2451	1295	38.4	8.2
造纸和纸制品业	32	2862	1898	19.7	7.2
黑色金属冶炼和压延加工业	30	7080	16351	10.3	3.5
化学纤维制造业	25	7558	5119	13.4	6.3
家具制造业	23	2625	947	33.8	9.1
文教、工美、体育和娱乐用品制造业	19	1586	437	21.4	-6.1
其他制造业	14	893	681	14.1	5.2
石油加工、炼焦和核燃料加工业	16	1304	1865	7.3	3.1
印刷和记录媒介复制业	14	640	179	27.5	11.0
皮革、毛皮、羽毛及其制品和制鞋业	10	281	136	36.2	-3.5
废弃资源综合利用业	6	636	259	18.9	6.1

行业名称	上市公司数量(家)	总市值(亿元)	总收入(亿元)	平均毛利率(%)	平均净利率(%)
木材加工和木、竹、藤、棕、草制品业	7	320	194	22.2	1.6
软件和信息技术服务业	1	65	4	48.0	24.6
总计	2543	445846	184082	20.3	6.2

注：为减轻极值对数据的影响，表中数据剔除了 ST、ST* 及 B 股。
资料来源：Wind 数据库。

从数量上分析，截至 2020 年 12 月 31 日，共有 2543 家制造业上市公司（剔除 ST、ST* 及 B 股）。其中，计算机、通信和其他电子设备制造业的上市公司数量占据冠军位置，达 401 家。上市公司数量超过 100 家的制造业细分行业只有 7 个，这 7 个行业共有 1683 家上市公司，占全部制造业上市公司的 66.2%。由此可以得出结论，制造业上市公司的集中度比较高。而上市公司数量最少的行业是软件和信息技术服务业，仅有 1 家，说明我国的工业软件行业相对薄弱。

从总市值分析，依旧是计算机、通信和其他电子设备制造业的上市公司总市值最高，达到 7.75 万亿元，占整个制造业总市值的 17.4%，这得益于 5G、半导体、云计算、AI、物联网等新基建行业的加速发展。市值排名第 2 至第 5 的行业分别为酒、饮料和精制茶制造业（5.55 万亿元），电气机械和器械制造业（5.48 万亿元），医药制造业（4.79 万亿元），专用设备制造业（3.45 万亿元）。酒、饮料和精制茶制造业总市值进一步提升，以茅台、五粮液为首的上市公司热度不减。上述五大行业的总市值达到了 27.03 万亿元，占制造业总市值的 60.62%，市场产业投资偏好仍较为集中。

从盈利能力的角度分析，目前制造业总收入较高的前五大行业分别为计算机、通信和其他电子设备制造业（2.78 万亿元），汽车制造业（2.30 万亿元），电气机械和器材制造业（1.90 万亿元），黑色金属冶炼和压延加工业（1.64 万亿元），有色金属冶炼及压延加工（1.40 万亿元），共计 10.02

万亿元，约占制造业总收入的 54.41%。值得注意的是，这五大行业全部为重资产和支撑性行业。

从平均毛利率来看，目前制造业平均毛利率较高的前五大行业分别为酒、饮料和精制茶制造业（65.9%），医药制造业（50.6%），软件和信息技术服务业（48.0%），纺织服装、服饰业（38.4%），仪器仪表制造业（37.7%）。

从平均净利率来看，目前制造业平均净利率较高的前五大行业分别为酒、饮料和精制茶制造业（29.4%），软件和信息技术服务业（24.6%），仪器仪表制造业（14.7%），非金属矿物制品业（12.1%），橡胶和塑料制品业（11.2%）。

从行业景气度来看，细分行业中科技、新基建行业如计算机、通信和其他电子设备制造业，仪器仪表制造业，铁路、船舶、航空航天和其他运输设备制造业等仍保持高景气度（PMI 超过 55%），传统制造业产需持续减少，但价格企稳，保供稳价政策效果持续显现。其中，主要特点有以下几点：传统行业供需放缓、进出口景气度收缩、上游行业价格指数回升、新基建行业发展势态良好。2017 年 1 月至 2021 年 7 月中国高技术制造业与装备制造业 PMI 见图 22。

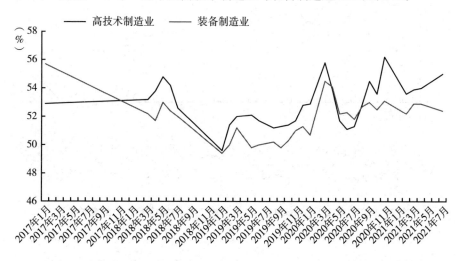

图 22　2017 年 1 月至 2021 年 7 月中国高技术制造业与装备制造业 PMI

资料来源：Wind 数据库。

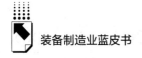

（三）装备制造业产业价值之总体评价

制造业包括装备制造业和最终消费品制造业。装备制造业为制造业提供装备，因此是制造业的制造业。装备制造业是工业的心脏和国民经济的生命线，也是支撑国家综合国力的重要基石，[①] 其转型升级对于我国整个工业体系的优化提升具有基础性、决定性作用。

根据《国民经济行业分类》，其包括金属制品业，通用设备制造业，专用设备制造业，铁路、船舶、航空航天和其他运输设备制造业，电气机械和器材制造业，计算机、通信和其他电子设备制造业，仪器仪表制造业，金属制品、机械和设备修理业等行业大类。

从国内工业增加值来看，2020年下半年中国装备制造业工业增加值大幅反弹，且增速远快于整体制造业增速（见图23），装备制造业已成为制造业新的增长动力。

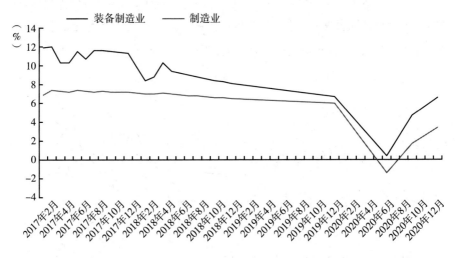

图23 2017年2月至2020年12月中国工业增加值累计同比增长情况

资料来源：Wind 数据库。

---

① 李芳蕾：《雷沃重工：推动智慧农业　担当社会责任》，《中国工业报》2019年7月16日。

总体来看，尽管当前国际形势复杂，全球经济下行，外部环境严峻，供给侧结构性改革任务繁重，但我国装备制造业发展机遇仍大于挑战。在智能化时代背景下，互联网、大数据、人工智能与装备制造业将加速融合，以工业机器人、增材制造、智能网联汽车以及无人机等为代表的新的经济增长点正在不断壮大。[①]

2020 年装备制造业上市公司数量达 1436 家，占制造业上市公司 56.5%，总市值及总收入分别占 51.0%、56.7%。装备制造业盈利能力较前两年大幅提升，主要由于部分行业"东升西落"竞争格局完成，公司议价能力显著提升，且前期装备制造业上市公司研发、人力、资产投入的规模效应逐渐显现，国内装备制造业上市公司盈利能力已处于与整体制造业较为相当的水平（见表 12）。

表 12　2020 年我国制造业及装备制造业上市公司情况对比

	数量（家）	总市值 （亿元）	总收入 （亿元）	平均毛利率 （%）	平均净利率 （%）
制造业	2543	457846	192404	20.3	6.2
装备制造业	1436	233357	109137	17.8	5.0
占比（%）	56.5	51.0	56.7	—	—

注：为减轻极值对数据的影响，表中数据剔除了 ST、ST*及 B 股。
资料来源：Wind 数据库。

国家层面推行的一系列产业政策推动了高端装备制造业的快速发展，并取得了显著的成效，取得了一批新的重大成果。如国产超燃冲压发动机取得 600 秒持续时间，打破了世界纪录。

四　科技创新投入明显增加：中国制造业上市公司之创新价值

世界在不断进步，科技在不断发展，创新技术是国家发展道路上的垫脚

---

① 赛迪智库：《2019 年中国装备工业发展形势展望》，《自动化博览》2019 年第 5 期。

石。2020 年，我国创新投入大幅增加。国家统计局数据表明，我国 2020 年研究与试验发展（R&D）经费支出 24426 亿元，同比增长 10.3%，占 GDP 比重为 2.40%。其中，基础研究经费 1504 亿元，同比增长 12.6%，增长态势十分明显。从 2019～2020 年的相关数据看，我国制造业企业（不仅是上市公司）在科技创新方面的投入快速大幅增加，科技创新成果数量增长势头迅猛。2020 年，全国授予专利权 363.9 万件，同比增长 40.4%；年末每万人口发明专利拥有量预计达 15.8 件，比上年末增加 2.5 件。[①] 制造业上市公司的科技成果成为增长力量的排头兵。

创新作为引领发展的第一动力，应充分发挥其提升制造业与服务业两业融合发展智能化、数字化、精细化水平的推进作用。智能化时代下，5G、大数据、云计算等新一代信息技术和实体经济加速融合，不断释放现代化生产要素对制造业和服务业各自以及融合发展的叠加、倍增作用，促进协同发展。互联网通信、云计算、人工智能、新能源汽车等绿色技术的发展加速了制造业数字化转型的进程。以模式创新为方向，变革传统制造方式与服务业态，普及推广以智能制造、网络化协同制造、创新设计等为代表的新兴制造模式，以及以服务外包、平台化、定制化、信息增值等为代表的服务新业态，充分发挥现代供应链市场、需求和绩效等方面的优势，通过将制造业与现代高端服务业融合来提升制造业竞争力。[②]

国家统计局数据表明，2020 年，规模以上工业企业中，高技术制造业企业的增加值同比增长 7.1%，占规模以上工业企业增加值的 15.1%；装备制造业企业的增加值增长 6.6%，占规模以上工业企业增加值的 33.7%。[③]全年高技术产业投资比上年增长 10.6%。这说明制造业高技术改革正在加速，科技创新进程正不断加快。

---

① 盛来运：《不平凡之年书写非凡答卷——〈2020 年国民经济和社会发展统计公报〉评读》，《中国经济景气月报》2021 年 3 月 1 日。

② 方凤玲：《推动制造业与服务业深度融合》，《经济日报》2020 年 11 月 20 日。

③ 《中华人民共和国 2020 年国民经济和社会发展统计公报》。

专业技术人才是创新必不可少的动力来源，制造业企业给技术人才的薪酬激励也在稳步提升。图24显示，制造业专业技术人员平均工资从2013年的6.02万元增加到2020年的10.67万元，几乎翻倍。

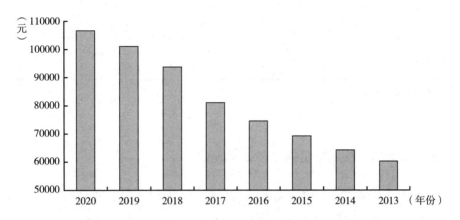

图24　2013～2020年我国制造专业技术人员年平均工资

资料来源：国家统计局。

（一）制造业创新价值之总体评价

本报告将通过分析制造业上市公司的创新情况，以及盘点2020年的重大科技创新，从宏观上展示制造业上市公司的创新现状。

整体来看，为避免各类不确定因素的影响，本报告采用平均值进行分析。从A股上市公司总体看，2020年上市公司研发人员人数大幅增加，平均每个公司达到1757.74人，是2019年的近3倍。平均来说，2019年A股上市公司每年平均投入2.69亿元的研发经费，2020年平均研发投入增加到了2.81亿元。

从制造业上市公司的整体情况来看，2020年平均每个制造业上市公司拥有2172.20名研发人员，是2019年的3倍多；研发人员占比从12.11%下降到11.11%。平均研发支出占比从2019年的3.49%提高到3.66%，平均研发投入也实现了从2.56亿元到2.65亿元的小幅提升（见表13）。

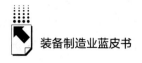

表 13　2019 年、2020 年我国 A 股和制造业上市公司创新投入情况

		平均研发人员人数（人）	平均研发人员占比（%）	平均研发投入（亿元）	平均研发支出占比（%）
2020 年	A 股	1757.74	10.94	2.81	2.11
	制造业	2172.20	11.11	2.65	3.66
2019 年	A 股	670.90	11.27	2.69	1.92
	制造业	626.97	12.11	2.56	3.49

资料来源：Wind 数据库。

（二）制造业创新价值之分板块评价

绝对值方面，就平均研发人员人数来看，A 股主板、科创板和创业板上市公司平均研发人员分别为 2349.49 人、305.63 人、419.53 人，制造业主板、科创板和创业板上市公司平均研发人员分别为 2989.69 人、267.28 人、343.68 人。其中，制造业主板上市公司平均研发人员人数多于 A 股主板，制造业科创板、创业板平均研发人员人数均略少于 A 股科创板、创新板。从上市公司平均研发投入看，A 股主板平均研发投入为 3.50 亿元、科创板为 1.61 亿元，创业板为 1.11 亿元，与制造业主板（3.29 亿元）、科创板（1.61 亿元）和创业板（1.09 亿元）平均研发投入差距不大。

相对值方面，A 股和制造业上市公司的数据都呈现主板、创业板、科创板依次递增的状况，表明科创板企业虽然体量小，但研发投入占比和研发人员占比最高，创新动力强，制造业科创板企业研发投入占比高达 9.14%，是制造业整体平均研发投入占比的近 3 倍，也符合科创板科技创新的定位。从上市公司研发人员占比看，A 股主板、科创板和创业板上市公司平均研发人员占比分别为 10.57%、24.06%、18.76%，制造业主板、科创板和创业板上市公司平均研发人员占比分别为 10.92%、20.34%、16.69%。从上市公司研发投入占比看，A 股主板、科创板和创业板上市公司平均研发投入占比分别为 1.99%、10.40%、5.02%，制造业主板、科创板和创业板上市公司平均研发投入占比分别为 3.46%、9.14%、5.15%（见表14）。

表14 2020年我国A股和制造业上市公司分板块的创新投入情况

	平均研发人员人数（人）	平均研发人员占比（%）	平均研发投入（亿元）	平均研发投入占比（%）
A股	1757.74	10.94	2.81	2.11
主板	2349.49	10.57	3.50	1.99
科创板	305.63	24.06	1.61	10.40
创业板	419.53	18.76	1.11	5.02
制造业	2172.20	11.11	2.65	3.66
主板	2989.69	10.92	3.29	3.46
科创板	267.28	20.34	1.61	9.14
创业板	343.68	16.69	1.09	5.15

资料来源：Wind 数据库。

根据国家知识产权局的相关数据，2020 年，我国发明专利申请量比 2019 年明显增加，达到 363.9 万件（见图25），授权发明专利达 53.01 万件，其中境内专利授权 43.4 万件，同比增长 22.5%。根据国家知识产权局的 2020 年中国专利数据排行榜，2019 年与 2020 年国内企业发明专利授权量排名前十的公司见表15。从专利数量来看，2020 年前十名企业的专利授权量均多于 2019 年。其中，2020 年专利授权量排名前十的公司中，制造业上市公司占 6 家，与 2019 年相比减少 1 家，但比 2018 年多 1 家；其中有 3 家为 A 股上市制造业公司，京东方、格力电器和中兴通讯依然占据 A 股制造业上市公司的前三位，制造业上市公司在技术创新领域仍具有引领作用。①

---

① 中国制造业上市公司价值创造论坛课题组：《2018 年度中国制造业 A 股上市公司价值创造年度评价报告》，《商业观察》2018 年第 11 期。

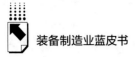

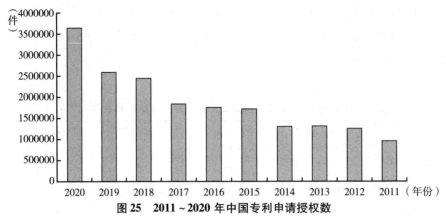

图25 2011~2020年中国专利申请授权数

资料来源：国家统计局。

表15 2019~2020年国内企业发明专利授权量排名前十的公司

单位：件

排名	2020年			2019年		
	名称	所属行业	数量	名称	所属行业	数量
1	华为技术有限公司	制造业	6402	华为技术有限公司	制造业	4510
2	国家电网有限公司	电力	4122	中国石油化工股份有限公司	石油和天然气开采业	2883
3	OPPO广东移动通信有限公司	制造业	3549	OPPO广东移动通信有限公司	制造业	2614
4	中国石油化工股份有限公司	石油和天然气开采业	2884	京东方科技集团股份有限公司	制造业	2393
5	京东方科技集团股份有限公司	制造业	2842	腾讯科技(深圳)有限公司	软件和信息技术服务业	2146
6	腾讯科技(深圳)有限公司	软件和信息技术服务业	2766	珠海格力电器股份有限公司	制造业	1739
7	珠海格力电器股份有限公司	制造业	2647	联想(北京)有限公司	制造业	1706
8	阿里巴巴集团控股有限公司	软件和信息技术服务业	2090	中兴通讯股份有限公司	制造业	1472
9	vivo移动通信有限公司	制造业	1552	vivo移动通信有限公司	制造业	1388
10	中兴通讯股份有限公司	制造业	1329	中国石油天然气股份有限公司	石油和天然气开采业	985

资料来源：国家统计局。

从整体来看，制造业上市公司尤其是科创板上市公司研发投入力度很大，同时取得了一系列重大成果。[①] 举例来说，芯片产业在中美贸易摩擦的背景下成为国内关注的焦点。在这一领域，知识产权创造表现更加"惊人"——集成电路布图设计登记申请 1.4375 万件，同比增长 72.8%。据国家知识产权局统计，2020 年，提交申请集成电路布图设计登记的企业有 5600 余家，数量超过上年的 2 倍。[②]

然而，我国制造业创新发展仍存在不平衡不充分问题。主要体现在如下两个方面。一是制造业发展趋势下降，长期高研发投入成为困难。在制造业中，大部分企业受疫情影响营业收入明显下降，研发投入大、周期长，企业承担经济压力导致资金链趋紧，恐无法负担长时间研发投入。二是我国制造业核心技术水平总体上与发达国家有不小的差距，且在知识产权方面屡遭以美国为首的西方发达国家限制和封锁，制约了我国制造业科技创新能力的快速提升。我国在生物医药、高端医疗器械、发动机技术、芯片技术等与战略性新兴产业相关的核心技术专利领域仍处于相对落后位置。从专利的层次以及规模看，我国战略性新兴产业技术创新能力仍需提升，专利"含金量"不高，应用新型专利很多，发明专利相对较少，而具有核心能力的发明专利更少。目前，我国研发投入总体规模还不到美国的 50%，研发投入和强度低于世界制造强国 3% 的最低水平。2020 年，我国创新指数全球排名下降至第 14 位，创新地位与世界第二大经济体地位严重不匹配。与日本相比，日本进入全球百强制造业企业的企业超过 40 家，在产业上游的原料和设备领域获得的专利，在质量和数量上都远超中国制造业企业，因此，制造业中我国企业面临"卡脖子""卡脑袋"的局面依然严峻。

总体而言，我国制造业创新能力仍需提升，关键核心技术对外依存度偏高，比如芯片、工业软件、发动机等领域。对此，必须进一步加大科技创新体制机制的改革力度，建立并完善科技创新投入、激励以及保护机制，构建

---

① 中国制造业上市公司价值创造论坛课题组：《2018 年度中国制造业 A 股上市公司价值创造年度评价报告》，《商业观察》2018 年第 11 期。

② 张晓：《保护知识产权就是保护创新》，《国际人才交流》2021 年第 2 期。

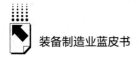
科技创新投入与运营的生态环境。

2020年我国制造业取得多项重大科技成就。成功研制出新冠肺炎疫苗。全年成功完成35次宇航发射。成功发射"嫦娥五号"，并首次完成月表采样返回。我国首次火星探测任务"天问一号"探测器发射成功。正式开放运行500米口径球面射电望远镜（FAST）。北斗三号全球卫星导航系统正式开通。量子计算原型系统"九章"成功研制。全海深载人潜水器"奋斗者"号完成万米深潜。截至2020年末，我国正在运行的国家重点实验室有522个，国家工程研究中心（国家工程实验室）有350个，国家企业技术中心有1636家，大众创业万众创新示范基地有212家。国家级科技企业孵化器有1173家，国家备案众创空间有2386家。① 以上成果，基本上是以制造业上市公司为主体实现的。

2021年，制造业上市公司进行科技创新的数字化转型趋势更加明显。工信部数据显示，截至2021年3月底，企业关键工序数控化率、数字化研发设计工具普及率分别达52%和73%，工业互联网平台连接工业设备总数达到7300万台。到2023年，工信部将在10个重点行业打造30个5G全连接工厂，促进工业和信息化加速融合。6月2日，华为发布多款搭载HarmonyOS 2（鸿蒙）的新产品。我国自主研发的智能终端操作系统的发布，是我国产业智能化升级的缩影。

（三）装备制造业创新价值之总体评价

就研发人员和研发投入两个绝对值指标而言，汽车制造业，铁路、船舶、航空航天和其他运输设备制造业，计算机、通信和其他电子设备制造业，电气机械和器材制造业这4个装备制造行业的平均研发投入超过了全部制造业上市公司的平均值，这些也是制造业中龙头公司较多、产业集中度较高的几个行业。装备制造业的创新研发需要龙头企业带头引领，通过建立庞大的产业集群推进建立更高效的研发体系。

就研发人员占比和研发投入占比两个相对值指标而言，仪器仪表制造

---

① 《中华人民共和国2020年国民经济和社会发展统计公报》。

业，计算机、通信和其他电子设备制造业，专用设备制造业，铁路、船舶、航空航天和其他运输设备制造业，软件和信息技术服务业的平均研发人员占比远超其他行业。同时，这几个行业也是高科技更新迭代较快的行业，企业需要通过大量的研发投入来维持行业地位。

此外，计算机、通信和其他电子设备制造业保持平稳较快发展态势。计算机、通信和其他电子设备制造业的平均研发人员占比和平均研发支出占比分别为18.43%和6.12%，在装备制造业中均属于前列（见表16）。

2020年是"十三五"收官之年，装备制造业以及高技术制造业正不断成为带动制造业高质量发展的主要力量。以网络化、数字化、智能化为特征的数字经济正加速发展，因此计算机、通信和其他电子设备制造业不断彰显在经济发展中的基础性、先导性和融合性作用。[①]

表16　2020年我国装备制造业上市公司创新投入情况

	平均研发人员人数（人）	平均研发人员占比（%）	平均研发投入（亿元）	平均研发支出占比（%）
电气机械和器材制造业	16643.36	10.60	3.18	4.11
计算机、通信和其他电子设备制造业	1089.00	18.43	4.24	6.12
金属制品业	408.21	10.34	1.43	2.55
汽车制造业	1372.22	14.44	6.37	3.76
铁路、船舶、航空航天和其他运输设备制造业	1406.85	17.41	5.25	5.07
通用设备制造业	386.10	13.59	1.83	4.31
仪器仪表制造业	323.95	23.04	0.79	6.99
医药制造业	376.66	12.12	2.14	6.36
专用设备制造业	455.58	18.25	1.95	5.78
软件和信息技术服务业	166.00	64.09	0.74	20.51
制造业平均值	2172.20	11.11	2.65	3.66

资料来源：Wind数据库。

---

① 《工信部："十三五"主要目标任务如期完成，5G商用发展迈出坚实步伐》，"电器微刊"搜狐号，2021年1月28日，https://www.sohu.com/a/447280606_120054148。

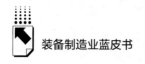

五　社会责任是基本要求：中国制造业
上市公司之社会价值

随着社会发展，投资者对上市公司的评判不仅仅局限于市值、盈利能力等传统价值指标，企业是否具备正向的外部效应也是重要的考量依据，企业的社会价值得到越来越多的关注。社会价值主要分为贡献社会（税收贡献）、解决社会问题（解决就业问题）、回报股东及债权人（分红与利息费用）、战略价值四个方面。制造业对于国民经济社会发展具有重要战略意义，因此制造业企业需要不断提升自主创新能力、国际竞争力，完善优化产业体系。

（一）制造业社会价值之总体评价

2020 年，A 股上市公司的税收贡献（主要指所得税贡献）约为 1.06 万亿元，其中制造业上市公司的税收贡献为 2555 亿元，约占 24.17%。税收贡献与企业利润密切相关，制造业的净利润达 1.14 万亿元，占 A 股净利润的 27.40%，可知税收贡献占比略低于净利润占比，这在一定程度上受益于支持制造业发展的政策红利。

2020 年，A 股上市公司解决就业人员约 2536 万人，而其中制造业上市公司共解决就业人口约 1184 万人，占比达 46.69%。这一比例充分体现了制造业上市公司在行业中的主体地位，也体现了制造业在特殊时期的支柱作用。受疫情的冲击，2020 年第一季度经济活动明显放缓，相对于劳动密集型的服务业，制造业偏资本密集型，受疫情影响有限，而且有财政、货币政策的大力支持，制造业表现稳定，吸纳了大量的就业人口，为稳定社会、经济做出了巨大的贡献。[1]

2020 年，A 股上市公司年度累计分红总额达 1.52 万亿元，制造业上市

---

① 中国制造业上市公司价值创造研究课题组：《创新的价值 2020 年中国制造业上市公司价值创造研究报告》，《智慧中国》2020 年第 12 期。

公司累计分红近 4773 亿元，占比达 31.50%。分红表明上市公司愿意与社会股东和投资方分享发展红利，为投资者带来稳定的回报，这在一定程度上体现了上市公司的社会价值。

2020 年，A 股上市公司利息费用总额达 6865 亿元，制造业上市公司的利息费用约为 2309 亿元，占比达 33.64%。利息反映了企业对债权人的价值，企业在发展的过程中需要融资，相比股权融资，债券融资对公司的约束性更强，但融资成本更低，风险更低，企业按时履约，支付利息费用，是对债权人的社会价值的体现。

2020 年，A 股上市公司收到的政府补助约为 2083 亿元，制造业上市公司收到近 1318 亿元的政府补助，占比达 63.26%（见表 17）。这一数据反映了制造业极高的战略地位，制造业是国民经济的支柱产业，加强制造业的自主创新能力，提升中国制造业的国际竞争力对国家有重大的战略意义。《中国制造 2025》在行业进入、金融、财政、税收等各个方面都做出了重要调整，引导制造业高质量发展。企业需要充分利用政策优势，走自主创新的道路，不断增强核心竞争力。

表 17　2020 年我国制造业上市公司社会价值情况

	年度累计分红总额 （亿元）	就业人数 （万人）	税收贡献 （亿元）	政府补助 （亿元）	利息费用 （亿元）
A 股	15151.34	2536.01	10569.94	2083.05	6864.61
制造业	4772.85	1184.08	2554.82	1317.64	2309.05
制造业占比（%）	31.50	46.69	24.17	63.26	33.64

注：为减轻极值对数据的影响，表中数据剔除了 ST、ST* 及 B 股。
资料来源：Wind 数据库。

2018 年至 2020 年，制造业上市公司的年度累计分红总额分别为 3688 亿元、3613 亿元、4773 亿元，2019 年、2020 年同比增长率分别为 -2.03%、32.11%，2020 年增速明显加快。这与证监会引导上市公司加大分红力度是分不开的。证监会明确表示：继续完善制度，引导上市公司根据自身经营发展状况，通过现金分红、股份回购等方式加大分红力度，让投资者充分享受经济增长的红利，并加强对长期不分红公司的约束，打击高送转。[1] 在证监会分红的号召和制度的引导下，预计制造业分红将继续稳步增长，为股东创造更多的财富。

2018 年至 2020 年，制造业上市公司解决的就业人数分别为 1088 万人、1092 万人、1184 万人，2019 年、2020 年分别同比增长 0.41%、8.43%（见表 18），增速较为稳定，制造业在保证就业稳定方面发挥了重要的作用。

总体而言，2018 年至 2020 年，制造业上市公司年度累计分红总额、就业人数和税收贡献三个指标均增长显著，政府补助稳步增长，利息费用则略有波动。

表 18　2018～2020 年我国制造业上市公司社会贡献变化情况

	2018 年	2019 年	2020 年
年度累计分红总额(亿元)	3687.82	3612.84	4772.85
同比增长(%)	—	-2.03	32.11
就业人数(万人)	1087.53	1092.04	1184.08
同比增长(%)	—	0.41	8.43
税收贡献(亿元)	2291.29	2170.47	2554.82
同比增长(%)	—	-5.27	17.71
政府补助(亿元)	1045.79	1143.89	1317.64
同比增长(%)	—	9.38	15.19
利息费用(亿元)	2293.25	2317.61	2309.05
同比增长(%)	—	1.06	-0.37

资料来源：根据 Wind 数据整理。

（二）制造业社会价值之分板块评价

在年度累计分红方面，2020 年制造业主板、创业板和科创板年度累计分红金额分别为 4285 亿元、366 亿元、121 亿元，分别占制造业总体分红的

---

[1]　易会满：《强化投资者合法权益保护　推进资本市场高质量发展》，《证券时报》2021 年 12 月 14 日，第 A1 版。

89.79%、7.68%、2.53%。与制造业相比，A 股主板上市公司贡献了 95.78%的分红，制造业的主板上市公司分红占比略低。一方面，这与制造业和 A 股上市板块的结构差异有关，A 股主板上市公司总市值占 A 股上市公司总市值的 82.09%，而制造业主板上市公司总市值占制造业上市公司总市值的 76.83%，制造业主板上市公司规模占比略低，而创业板和科创板的占比更高，导致制造业主板上市公司的分红表现不如 A 股主板上市公司；另一方面，剔除掉结构差异的因素，制造业主板与 A 股主板的分红水平相比依然是略低的，有待进一步提高。

从就业人数上看，2020 年制造业主板、创业板和科创板解决就业人数分别为 1037 万人、125 万人、22 万人，分别占制造业上市公司解决就业人数的 87.57%、10.59%、1.84%，主板上市公司承担了大多数的就业岗位。

从税收贡献上看，2020 年制造业主板、创业板和科创板分别贡献税收 2293 亿元、209 亿元、53 亿元，分别占制造业上市公司税收贡献的 89.73%、8.19%、2.07%。在主板上市的公司贡献了大部分税收。由于较小规模的上市公司税收减免政策较多，纳税金额远低于主板上市公司。但制造业的科创板和创业板上市公司税收贡献明显强于 A 股科创板和创业板上市公司。

从政府补助上看，2020 年制造业主板、创业板、科创板分别收到政府补助 1097 亿元、155 亿元、66 亿元，分别占制造业上市公司政府补助总额的 83.22%、11.77%、5.01%。剔除 A 股与制造业上市板块的结构差异，两者政府补助的分布情况较为接近，创业板和科创板的政府补助普遍低于主板。

从利息费用上看，2020 年制造业主板、创业板、科创板分别支出利息费用 2130 亿元、161 亿元、18 亿元，分别占制造业上市公司总利息费用的 92.26%、6.95%、0.78%，剔除 A 股与制造业上市板块的结构差异，两者的利息费用水平是较为一致的（见表 19、表 20）。

表19 2020年我国制造业上市公司分板块的社会价值情况

	年度累计分红总额（亿元）	就业人数（万人）	税收贡献（亿元）	政府补助（亿元）	利息费用（亿元）
主板	4285.48	1036.90	2292.53	1096.56	2130.36
占比（%）	89.79	87.57	89.73	83.22	92.26
创业板	366.45	125.44	209.28	155.10	160.58
占比（%）	7.68	10.59	8.19	11.77	6.95
科创板	120.91	21.74	53.01	65.97	18.10
占比（%）	2.53	1.84	2.07	5.01	0.78

资料来源：Wind数据库。

表20 2020年我国A股上市公司分板块的社会价值情况

	年度累计分红总额（亿元）	员工总数（万人）	税收贡献（亿元）	政府补助（亿元）	利息费用（亿元）
主板	14511.81	2315.28	10223.44	1804.76	6579.91
占比（%）	95.78	91.30	96.72	86.64	95.85
创业板	496.88	193.60	287.80	204.39	265.66
占比（%）	3.28	7.63	2.72	9.81	3.87
科创板	142.65	27.14	58.70	73.89	19.03
占比（%）	0.94	1.07	0.56	3.55	0.28

资料来源：Wind数据库。

ESG是英文"Environmental"（环境）、"Social"（社会）和"Governance"（治理）的首字母缩写，体现了一种关注企业环境、社会、治理的投资理念和指标。[①] 华证ESG评价数据具有贴近中国市场、覆盖范围广泛、时效性高的特点，参考其中的社会评级，2020年制造业上市公司社会评级为AAA的共有20家。其中，医药制造业企业有4家，包括康泰生物、马应龙、中恒集团、江苏吴中；装备制造业上市公司有8家，包括内蒙一机、一汽解放、东尼电子、雪迪龙、雪人股份、华域汽车、三环集团、上海机电；其余8家分布在有色金属冶炼和压延加工业、家具制造业等细分行业，分别是天齐锂业、乐歌股份、金新农、光威复材、闽发铝业、三峡新材、有研新材、柳钢股份（见表21）。

---

① 陈彦希、郑青：《ESG推动碳中和目标实现的政策建议》，《决策探索（中）》2021年第9期。

上述 20 家 AAA 评级的制造业上市公司属于制造业社会价值的集中体现和标杆性企业，也分别是制造业细分行业的龙头企业，这反映了公司的社会价值与其规模存在一定相关性。对于大企业来说，在盈利能力之外，它们还应当多关注自身的社会效益，带头承担社会责任；对于小企业来说，它们的贡献同样重要，社会的发展离不开每位企业家的付出。

表 21　2020 年华证 AAA 社会评级的制造业上市公司名单

代码	公司名称	证监会行业
600967. SH	内蒙一机	铁路、船舶、航空航天和其他运输设备制造业
002466. SZ	天齐锂业	有色金属冶炼和压延加工业
300729. SZ	乐歌股份	家具制造业
000800. SZ	一汽解放	汽车制造业
002548. SZ	金新农	农副食品加工业
300601. SZ	康泰生物	医药制造业
300699. SZ	光威复材	化学纤维制造业
600993. SH	马应龙	医药制造业
603595. SH	东尼电子	计算机、通信和其他电子设备制造业
002578. SZ	闽发铝业	有色金属冶炼和压延加工业
600252. SH	中恒集团	医药制造业
002658. SZ	雪迪龙	仪器仪表制造业
600293. SH	三峡新材	非金属矿物制品业
002639. SZ	雪人股份	通用设备制造业
600200. SH	江苏吴中	医药制造业
600206. SH	有研新材	有色金属冶炼和压延加工业
601003. SH	柳钢股份	黑色金属冶炼和压延加工业
600741. SH	华域汽车	汽车制造业
300408. SZ	三环集团	计算机、通信和其他电子设备制造业
600835. SH	上海机电	通用设备制造业

资料来源：Wind 数据库。

（三）装备制造业社会价值之总体评价

从纵向上看，装备制造业大部分子行业在分红、就业、税收、政府补助等方面经历了 2019 年贸易摩擦而下降后，在 2020 年开始出现复杂趋势，铁

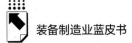

路、船舶、航空航天和其他运输设备制造业在 2020 年的分红上升，但税收有所下降，这是由于受疫情影响较大，行业盈利水平下降。

财务费用方面，2020 年装备制造业各子行业的财务费用都有所下降，这与制造业 2020 年的整体变动趋势也是一致的。装备制造业的财务费用相对较低，这可能是由装备制造业的外部融资约束造成的，由于研发创新活动周期长、不确定性高、投入高，而研发过程中产生的只是产品和人力资本，通常属于无形资产，无法通过抵押担保借债，财务费用相对较低。

从横向维度看，由于装备制造业往往需要大量投资和进行新项目研发，装备制造业整体的分红比较低，并低于制造业的平均水平。汽车制造业，在 2020 年成为平均分红最多的行业。

平均就业人数排在前三位的行业是汽车制造业（9786 人），铁路、船舶、航天航空和其他运输设备制造业（8204 人），计算机、通信和其他电子设备制造业（5593 人），这三个行业同时是政府平均补助金额最多的。总体来说，装备制造业的就业人数较多，为社会提供了大量的就业岗位，同时装备制造业具有技术含量高、研制难度大、资本密集度高的特点，政府补助力度也是比较大的。

税收方面，汽车制造业、电气机械和器材制造业是纳税较多的行业，平均每个企业贡献超 1 亿元的所得税，其他装备制造业的税收贡献普遍较低。这一方面是享受高新技术企业税收优惠的结果，另一方面也是盈利水平偏低的体现（见表 22、表 23）。

表 22　2018~2020 年我国装备制造业上市公司细分行业社会价值情况（1）

单位：亿元，人

	平均分红			平均就业人数			平均税收贡献		
	2020 年	2019 年	2018 年	2020 年	2019 年	2018 年	2020 年	2019 年	2018 年
汽车制造业	3.74	3.24	4.16	9786	10165	10508	1.11	1.00	1.38
电气机械和器材制造业	3.42	2.30	2.54	5261	5311	5169	1.05	0.95	0.96
铁路、船舶、航空航天和其他运输设备制造业	2.58	0.26	2.16	8204	9548	9824	0.95	1.14	0.95

	平均分红			平均就业人数			平均税收贡献		
	2020 年	2019 年	2018 年	2020 年	2019 年	2018 年	2020 年	2019 年	2018 年
计算机、通信和其他电子设备制造业	1.71	1.49	1.39	5593	6183	6676	0.53	0.60	0.58
金属制品业	1.17	1.10	1.45	3887	4017	4001	0.77	1.00	1.24
通用设备制造业	1.21	0.86	0.97	2852	2822	2943	0.37	0.37	0.37
专用设备制造业	1.65	1.09	1.03	2679	2736	2829	0.57	0.49	0.48
医药制造业	1.98	0.49	1.61	3149	3339	3235	0.84	0.81	0.72
仪器仪表制造业	0.63	0.50	0.55	1439	1593	1508	0.25	0.19	0.18
软件和信息技术服务业	0.30	—	—	259	—	—	0.02	—	—
装备制造业平均	2.09	1.74	1.78	4796	5087	5222	0.71	0.70	0.74
制造业平均	2.49	2.15	2.23	4656	4871	5044	1.01	0.97	1.07

资料来源：根据 Wind 数据整理。

表 23　2018～2020 年我国装备制造业上市公司细分行业社会价值情况（2）

单位：亿元

	平均政府补助			平均财务费用		
	2020 年	2019 年	2018 年	2020 年	2019 年	2018 年
汽车制造业	1.18	1.52	1.59	1.20	1.39	1.33
电气机械和器材制造业	0.61	0.52	0.44	0.98	1.06	0.92
铁路、船舶、航空航天和其他运输设备制造业	1.12	0.83	0.73	0.59	1.07	1.30
计算机、通信和其他电子设备制造业	0.72	0.75	0.76	0.88	1.03	1.15
金属制品业	0.33	0.37	0.26	0.76	0.87	0.95
通用设备制造业	0.35	0.36	0.31	0.59	0.64	0.58
专用设备制造业	0.33	0.27	0.24	0.54	0.67	0.79
医药制造业	0.40	0.36	0.34	0.49	0.60	0.53
仪器仪表制造业	0.20	0.18	0.12	0.26	0.33	0.35
软件和信息技术服务业	0.14	—	—	0.04	—	—
装备制造业平均	0.58	0.59	0.57	0.76	0.88	0.90
制造业平均	0.52	0.51	0.49	1.01	1.15	1.18

资料来源：根据 Wind 数据整理。

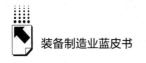

六 持续稳固全球价值链：中国制造业 上市公司之出口价值

在以国内大循环为主体、国内国际双循环相互促进的新发展格局之下，中国的制造业正在从过去的以市场换技术、以市场换资本转换成以市场换市场，我国企业和国外企业之间双向互利互惠的开放格局逐步形成。在中国逐步融入全球价值链分工体系并由以往的"低端嵌入"向价值链高端攀升的过程中，制造业上市公司扮演着重要的角色。本报告将从海外业务收入（绝对指标，反映上市公司绝对出口能力）、出口占比（相对指标，反映上市公司出口产品相对竞争力）和出口额增速（反映上市公司出口额的成长性）三个维度测算制造业上市公司的出口价值，并剖析其各板块、各细分领域的出口状况。

（一）制造业出口价值之总体评价

由表24可知，2020年我国制造业上市公司海外业务总收入为32103亿元，约占A股海外业务收入的61.0%。而2018年和2019年，我国制造业上市公司海外业务总收入分别为31751亿元、27198亿元，分别占当期A股海外业务收入的72.7%、56.2%。考虑到2020年制造业上市公司总收入约占A股的35%，其创造的出口额显著高于A股其他门类的上市公司。由于从出口结构来看，当前我国主要出口产品为工业品，制造业上市公司自然应该占据A股上市公司出口贡献的主体地位。

在出口占比方面，2020年制造业上市公司产品出口占比为17.44%，远高于A股整体的出口占比9.99%。相比之下，中国制造业上市公司在海外市场的竞争力显著高于A股其他门类的上市公司，其原因主要在于受我国过去出口导向型战略的影响，大量制造业上市公司本就把生产加工出口产品作为经营目标，以充分发挥中国制造的成本优势。随着2020年"双循环"新发展格局的提出，内需得到了更多的重视，我国"两头在外"的经济模式正在逐步转型，在这一背景下，制造业上市公司的出口占比依然实现持续上升，其原因包括：我国制造业上市公司深耕海外市场，在国际市场中竞争地位稳固；高端供给持续突破，中国制造业正在由以往的"低端嵌入"向价值链高端攀升；疫情背景下中国复工复产速度远快于世界其他主要经济体，部分产品出口额大幅提升。

表 24　2018～2020 年我国 A 股及制造业上市公司出口价值概览

单位：亿元，%

主要指标		海外业务收入	出口占比	出口额同比增长
2018 年	A 股	43677	9.85	—
	制造业	31751	20.00	—
2019 年	A 股	48375	9.72	10.76
	制造业	27198	16.56	−14.34
2020 年	A 股	52513	9.99	8.74
	制造业	32103	17.44	18.03

资料来源：根据 Wind 资料整理。

（二）制造业出口价值之分板块评价

从海外业务收入看来，A 股上市公司和制造业上市公司的数据都呈现"主板＞创业板＞科创板"的状况。2020 年 A 股上市公司中，主板上市公司创造的海外业务收入达到 48919 亿元，占所有 A 股上市公司海外业务收入的 92.99%；创业板和科创板上市公司创造的海外业务收入分别为 2475 亿元、1119 亿元，分别占所有 A 股上市公司创造海外业务收入的 4.70%、2.13%。制造业上市公司中，主板上市公司创造的海外业务收入为 28149 亿元，占制造业上市公司创造海外业务收入的 87.68%；创业板和科创板上市公司创造的海外业务收入分别为 2892 亿元、1062 亿元，分别占所有 A 股上市公司创造海外业务收入的 9.01%、3.31%（见表 25）。

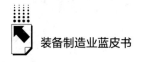
表 25　2020 年我国 A 股及制造业上市公司海外业务收入情况

单位：亿元

	主板	创业板	科创板
制造业	28149	2892	1062
A 股	48919	2475	1119

资料来源：根据 Wind 数据整理。

从平均海外业务收入角度看来，2020 年 A 股主板上市公司平均海外业务收入达 28.56 亿元，高于制造业主板上市公司的 20.90 亿元；而在创业板、科创板，制造业上市公司的平均海外业务收入分别达到 5.85 亿元、8.92 亿元，分别略高于 A 股上市公司的 5.54 亿元、7.77 亿元（见表 26）。说明制造业创业板、科创板上市公司相较于 A 股各板块上市公司而言，更具出口价值。

表 26　2020 年我国 A 股及制造业上市公司平均海外业务收入情况

单位：亿元

	主板	创业板	科创板
制造业	20.90	5.85	8.92
A 股	28.56	5.54	7.77

资料来源：Wind 数据库。

从出口占比看来，A 股与制造业上市公司的出口占比呈现"科创板 > 创业板 > 主板"的规律，且在各个板块中 A 股上市公司的出口占比均低于制造业上市公司。2020 年 A 股各板块上市公司出口占比分别为 9.71%、12.89%、33.68%；制造业各板块上市公司出口占比分别为 16.72%、22.60%、36.30%（见表 27）。通过比较出口占比这一相对指标，不难看出制造业上市公司的海外市场竞争力相较于 A 股上市公司整体更高。其中，科创板、创业板代表新兴产业的上市公司具备较高的出口占比，说明我国新兴产业出海顺利，高端供给持续突破，在国际市场上同样具有较强的竞争力，或将成为未来拉动我国外贸出口持续增长的重要动能。

表 27 2020 年我国 A 股及制造业上市公司出口占比情况

单位：%

	主板	创业板	科创板
制造业	16.72	22.60	36.30
A 股	9.71	12.89	33.68

资料来源：Wind 数据库。

（三）装备制造业出口价值之总体评价

在我国制造业日渐受到制造强国和新兴市场经济体的双重挤压的背景下，装备制造业，尤其是高端装备制造业的国际竞争已成为当前及未来制造业国际竞争中的制高点。装备制造业上市公司的出口价值直接反映我国在新一轮的科技革命、产业革命中所处的产业链位置和竞争力，具有重要意义。本报告将从平均海外业务收入、出口占比、出口同比增长等角度剖析我国装备制造业各细分行业的出口价值情况。

从平均海外业务收入看来，2020 年我国装备制造业各细分领域的上市公司平均海外业务收入总体呈现稳定增长的趋势。其中，电气机械和器材制造业，计算机、通信和其他电子设备制造业，汽车制造业等三个行业平均海外业务收入远高于制造业平均水平；金属制品业、通用设备制造业、仪器仪表制造业、专用设备制造业、软件和信息技术服务业等五个细分行业平均海外业务收入远低于行业平均水平；铁路、船舶、航空航天和其他运输设备制造业平均海外业务收入与制造业平均水平基本持平。

从出口占比看来，2020 年电气机械和器材制造业与计算机、通信和其他电子设备制造业两大行业的上市公司出口占比均超过 20%，远超行业平均水平；其他细分行业均低于行业平均水平。

从出口增速看来，2020 年计算机、通信和其他电子设备制造业，医药制造业以及仪器仪表制造业等细分行业的上市公司分别实现 32.08%、31.38%、59.05% 的同比增长，增速显著提升。

综观我国制造业上市公司业海外业务收入情况，2020 年我国海外业务收入排名前 20 位的制造业上市公司有 2 家属于电气机械和器材制造业，9 家属于计算机、通信和其他电子设备制造业，5 家属于汽车制造业。20 家上市公司中 80% 属于装备制造业（见表28）。

表 28　2020 年我国海外业务收入排前 20 位的制造业上市公司

单位：亿元

排名	证券简称	海外业务收入	所属行业
1	美的集团	121.08	电气机械和器材制造业
2	海尔智家	101.35	电气机械和器材制造业
3	立讯精密	85.05	计算机、通信和其他电子设备制造业
4	京东方 A	70.31	计算机、通信和其他电子设备制造业
5	潍柴动力	69.24	汽车制造业
6	比亚迪	59.13	汽车制造业
7	歌尔股份	50.14	计算机、通信和其他电子设备制造业
8	冠捷科技	49.51	计算机、通信和其他电子设备制造业
9	上汽集团	44.98	汽车制造业
10	传音控股	36.99	计算机、通信和其他电子设备制造业
11	均胜电子	36.08	汽车制造业
12	万华化学	35.88	化学原料和化学制品制造业
13	中兴通讯	33.40	计算机、通信和其他电子设备制造业
14	闻泰科技	32.89	计算机、通信和其他电子设备制造业
15	深康佳 A	30.44	计算机、通信和其他电子设备制造业
16	安道麦 A	28.44	化学原料和化学制品制造业
17	宝钢股份	26.99	黑色金属冶炼和压延加工业
18	江西铜业	26.14	有色金属冶炼和压延加工业
19	蓝思科技	26.02	计算机、通信和其他电子设备制造业
20	华域汽车	25.22	汽车制造业

资料来源：Wind 数据库。

　　计算机、通信和其他电子设备制造业及电气机械和器材制造业上市公司呈现高出口额、高出口占比、高增长的特征。作为我国出口额最高的工业制成品品类，机电产品出口额始终维持着持续上升的趋势，即使在全球总体贸易形势不太景气的背景下，受益于大数据、5G 时代背景下我国高新技术的不断突破与规模应用，机电产品贸易额仍然能够实现快速增长。

由于国产中低端车系具备显著的性价比优势且车企普遍收入体量较大，汽车制造业在我国装备制造业平均海外业务收入最高，在国内新能源汽车高速发展的背景下，中国汽车制造业上市公司有望进一步扩大其国际市场份额。

金属制品业、通用设备制造业、仪器仪表制造业以及专用设备制造业上市公司侧重资源、劳动密集型产品，技术壁垒较低，在我国出口结构向资本与技术服务密集型产业倾斜的背景下，出口贡献普遍低于制造业平均水平，出口价值相对较低。

改革开放以来，经过 40 多年的快速发展，我国制造业取得巨大进步，国际地位稳步提升，成为全球最大的出口国。据联合国工业发展组织公布的 2020 年版"全球制造业竞争力指数"（CIP，以 2018 年指标为基础计算），我国制造业竞争力已连续 4 年位居世界第二，仅次于制造大国德国。目前，我国制造业在生产、增加值和出口等方面的全球占比均排第一名。

2020 年我国制造业上市公司出口状况主要呈现如下几大特征。

第一，面对新冠肺炎疫情的冲击，展现了较强的竞争力和韧性。2020 年，在全球经济受到疫情冲击的情况下，我国制造业出口额增速逆势提升，显著高于 A 股整体水平。取得上述成绩，主要得益于我国制造业在全球错综复杂的形势下仍然强劲的竞争力和经济韧性。

第二，发展模式由"低端嵌入"向价值链高端攀升。改革开放以来，中国抓住了经济全球化发展带来的重要战略机遇，通过发挥劳动力等传统低成本优势快速而全面地融入发达国家跨国公司主导的全球价值链分工体系。我国制造业竞争力不断提升，在这一过程中，我国制造业在全球产业价值链中的地位不断加强、稳固，对世界制造业产生的外溢作用也越来越大，出口结构从资源密集型产业、劳动力密集型产业逐渐转变为以资本与技术服务密集型产业为主。随着高端供给的不断突破，中国制造业在国际分工体系中的地位持续攀升，为制造业上市公司出口能力持续增长奠定基石。

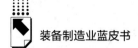

第三，新兴产业和高新技术上市公司优势凸显。综合考量制造业上市公司的出口能力，代表新兴产业、科技创新的创业板、科创板上市公司表现显著优于主板上市公司，计算机、通信和其他电子设备制造业与电气机械和器材制造业等面向新一代技术革命的细分行业表现显著优于其他赛道。

目前，全球制造业产业格局正发生翻天覆地的变化，"逆全球化"趋势愈演愈烈，产业价值链开始"缩短"，发展中国家趁势提高创新能力，人工智能等高科技不断成熟，在内外环境变化下，中国制造业面临新的机遇和挑战，制造业上市公司出口价值在上市公司价值评价体系中的重要性仍将继续增强。①

---

① 赵姗：《协调产业升级和促进更广泛的就业将成重要课题》，《中国经济时报》2021 年 8 月 27 日。

B.11
装备制造行业技术创新企业案例分析

蔡 鑫 张雍达*

摘 要： 本报告对上海振华重工（集团）股份有限公司、中国东方红卫星股份有限公司和辽宁福鞍重工股份有限公司三家装备制造业企业的基本情况、技术创新情况和技术创新经验分别进行了分析。结果表明，这三家企业在技术创新过程中均坚持市场导向，在企业质量管理、运营管理、组织管理、人才引育等方面制定了创新的管理制度，对装备制造企业技术创新和管理方法改进具有重要借鉴意义。

关键词： 装备制造业 技术创新 运营管理

一 上海振华重工（集团）股份有限公司

（一）企业基本情况

1.企业介绍

上海振华重工（集团）有限公司（以下简称"振华重工"）是全球最大的港口机械和重型设备制造商之一。公司成立于 1992 年，注册资本 52.68 亿元，前身为 1885 年成立的公贸船厂，目前是一家国有控股 A、B 股

---

* 蔡鑫，博士，机械工业经济管理研究院产业经济研究所助理研究员，主要从事产业经济、国际贸易、乡村振兴方面的研究；张雍达，机械工业经济管理研究院产业经济研究所助理研究员，主要从事产业经济、工业经济方面的研究。

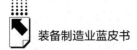
上市公司。企业主要经营重型装备的生产制造，在上海和南通设有 8 个制造基地，总建筑面积 10000 亩，总岸线长达 10 千米，拥有 20 多艘远洋甲板运输船，可将大型产品跨海整机运输至世界各地。

2. 产品介绍

公司当前主营产品为海港机械设备，海洋工程技术装备，大、重、特型钢结构和海上运输及安装业务。一是海港机械设备的生产加工，一般涉及集装箱起重机和散货搬运机械，如岸边的集装箱起重机（岸桥）、特大型集装箱龙门起重机（场桥）、散货装船机、卸船机、堆料机、斗轮堆取料机及翻车机。二是海洋工程技术装备的生产制造，主要包括大型浮吊和油气平台部件，浮吊用于桥梁及港口建设以及海上作业中的装卸货物及设备，油气平台部件主要用于海上油气勘探开发，作业水深可达 400ft。三是大、重、特型钢结构的生产制造，公司的大、重、特型钢结构广泛应用于各类工程建设，如桥梁、厂房、闸门、高层建筑和塔轨机构等。四是海上运输与安装业务，公司借势在建重大工程持续拓展发展空间，通过资本运作和战略合作形成优势，不断寻找新的增量。

（二）技术创新情况

1. 企业技术创新战略

振华重工坚持开展科创顶层设计，统筹规划科技创新体系。公司设立了专门的研发设计中心，建立了以总工办为主导的管理督查体系、以各研究院为主体的开发研制体系、以各分公司的创新型技术为基础的持续改进体系，以涵盖了企业创新发展全产业链条件下的技术创新平台，结合产学研用深度融合的协同技术创新系统，共同打造了一个具有振华重工特色的科技创新体系。同时企业一直坚持积极拓展与开放性技术创新联盟的合作空间，主要围绕公司发展中的关键技术困境，强调技术创新链、产业链与市场之间的有效衔接，并积极与国内外多所高等院校、科研单位和公司合作，积极搭建开放性的技术创新联盟与协同创新平台。

2. 企业技术创新成果

2020 年，振华重工"洋山四期超大型自动化集装箱码头关键技术研究与应用""面向 3E 级集装箱船舶的超大型岸桥关键技术研究及应用"均获上海市科技进步奖。同年，振华重工共申请 231 件国家专利（实用新型专利 132 件、发明专利 99 件），获 186 件授权专利、41 件软件著作权登记以及 2 件图纸作品登记。

（三）技术创新经验总结

1. 注重产品质量，不断升级智能制造能力

为优化产品质量，进一步提高生产效率，公司在多个生产基地开展了智能制造的试点改造升级工作，以智能装备和智能车间领域为突破口，针对公司主要产品的生产，即岸上集装箱起重机中与箱梁部件相关的钢结构和机械部件等标准化部件的关键制造进行了自动化及智能制造方面的先行探索。一方面，以建设智能车间为抓手，试点打造岸桥箱梁部件自动化、信息化、高效化生产流程；另一方面，通过引进具有数据采集功能的智能设备，如内置 PLC、RGV 无人机、智能焊接机器人、RGV 无人输送车等智能化装备，结合信息化集成技术，实现设备之间的互联互通以及生产现场的可视化管理。通过对智能车间的初步建设，逐步解决了大型起重设备制造行业自动化水平低的问题，在减少对劳动者的过度依赖、降低人工成本的同时，为控制产品质量提供了重要保障，对促进产业结构的调整升级具有重要指导意义。

2. 坚持人才导向，注重科技人才引进和培养

振华重工把高新技术专业人才队伍建设作为企业人才队伍总体建设的重点内容，通过培育储备高科技人才、统筹规划人才培养规模、吸引高层次科技人才等方式，构建了全面且完善的科技人才保障体系，创新人才的引进、培养、使用及激励机制，使得公司涌现出一批又一批的人才楷模，开创了活力迸发、敢于创新的新局面，努力营造了尊崇学识、尊重人才、尊崇劳动、尊重创造的创新氛围。振华重工同时为企业高技术人员创造了广阔的技术创

新平台，公司内部实行"敢于使用新人"与"容错机制"：新手在企业"传、帮、带"制度的培训下，可以直接参加企业设计工作，或被企业委以重任，有充足的机会和平台施展才能；对于技术人员在工作中的过失，公司秉持宽容态度，但要求"不二过"，强调零缺陷管理。

3. 注重国际合作，积极对接国际先进标准

为了尽快开辟国外市场，振华重工还主动吸纳和消化了一些国外行业技术标准，如美国 AWS 焊接标准、欧盟（FEM）起重机械技术标准等。公司汇集了众多杰出的国际化人员，对行业标准进行了集中研发，最后生成中文译本并发给企业的技术人员与管理层，作为必备工具书。公司通过积极引入国际先进标准，走出了一条特殊的发展路径：先欧美再亚非、先国外再国内，同时积极参与国家、行业及地方的标准化活动，承担了国际、国家、行业、地方和团体标准 63 项，其中 40 项已发布。

4. 立足传统产业，不断探索新兴业务

传统产业稳步发展。2020 年，振华重工的产品已走进世界 104 个发达国家和地方的市场，并中标了包括马士基科特迪瓦、印度阿达尼、中远海海口及秀英码头在内的多个重点工程，港机业务持续发力，稳住了公司的基本发展；公司自主研发的智能跨运车、装船机、正面吊等产品实现市场零的突破，进一步开拓了海外市场；海工业务库存化解与项目新签同步推进，盾构机减速箱等核心配套件销售形势保持良好；钢结构业务落地了包括广东揭阳风电管桩、科特迪瓦大桥、瓦努阿图桥等多个优质项目；海服业务也积极拓展了海上风电总承包领域的业务。新兴业务取得新进展。智慧停车业务中标衡阳市智慧停车、上海曙光医院立体停车等项目，经济效益逐步提升；融合发展业务持续完善资质，主业转化优势不断展现，重点项目有序实施推广；数字业务逐步扩大，Terminexus 电商平台运营效果持续优化；民生消费业务积极探索了包括旧社区改造、智慧校园建设、装配式建筑模块租赁和销售等领域，其中公司于雄安地区开展的公务车业务规模进一步扩大。

二　中国东方红卫星股份有限公司

（一）企业基本情况

1. 企业介绍

中国东方红卫星股份有限公司（简称"中国卫星"）地处北京海淀区，创建于 1997 年，注册资本为 11.82 亿元，研制与产业基地主要分布于北京、深圳、天津、西安、烟台等地，是一个专门负责小卫星和微型卫星研究、卫星与地面应用系统集成及终端设备生产业务的综合航天技术公司，由中国航天科技集团公司第五研究所控股。企业在航空强国的带动下，不断进行技术、管理、经营模式创新，深入完善产业布局，不断促进行业优化升级，逐步形成具备国际竞争优势的核心技术产业，加速向全球一流的综合性宇航公司发展。

2. 产品介绍

中国卫星借助央企资源，抓住我国战略性行业发展方向，通过几年的努力奋斗，已经发展形成了具备天地一体化工程的设计、研发、整合与营销等业务能力，并着力于发展宇航制造与卫星应用两大领域的企业，建立了航天东方红、航天恒星、深圳东方红等一批知名品牌企业。在宇航制造领域，公司已成功研制了 CAST10、CAST20、CAST2000、CAST3000、CAST4000 等多项具备国内外先进技术水平的小/微小卫星公用平台，产品涵盖了光学与遥感技术、低频电磁和微波遥感、科研生产和技术测试等诸多行业与应用领域，已成功发射了 100 余颗小卫星及微小卫星。在卫星应用领域，企业发挥中国航天产业独特的天地一体化资源优势，将其在航天器研发过程中所累积的先进技术、核心产业运用到了国防建设和国民经济建设、经济社会发展等诸多领域，为用户提供了智慧城市、智慧医疗、云计算与网络安全、卫星通信、导航与遥感等诸多方面的产品和服务，是为国内外提供天地一体化信息技术服务的中坚力量。

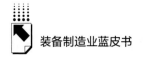

（二）技术创新情况

1. 企业技术创新战略

公司坚持管理创新与技术创新同步，构建了面向各类应用需求，从概念研究到工程实现，从卫星研制到在轨服务的体系化、全流程的管理模式。按照"哑铃式"组织结构和"小实体、大虚拟"的合作架构，补齐总体单位所需的专业和技术部门，按领域设置系统工程部和项目办，与用户、科研院所和高校等需求、技术、产品的全链条各单位形成良性支撑和互动，建立了良好的创新驱动和需求导向机制。

2. 企业技术创新成果

经过20多年的发展，中国卫星开发研制的小卫星已经覆盖了海洋观测、环境与灾害监测、深空探测、空间科学、对地遥感和技术试验等诸多应用领域，并积极进军商业卫星、国际卫星市场，充分体现了"小卫星、大作用"。公司从成立时的年产5~6颗星目标到现在最高年发射超过20颗星的能力，能力超过预期目标，带动了卫星应用的发展。

（三）技术创新经验总结

1. 持续加大研发投入，积极布局航天技术应用产业

2020年，公司研发费用占营业收入的2.57%，较上年同期增加59.17%；研发投入总额占营业收入的7.32%。中国卫星为增强核心技术实力，不断开展重大科技与产业的迭代技术创新，并增加了研究投资，主要致力于开发Anovo 3.0卫星通信系统软件、导航芯片以及基于北斗时空基准服务的工业互联网安全保障平台等项目。其中，Anovo 3.0卫星通信系统软件将形成具备全球领先技术水平、独立可控的高通量卫星通信领域产品和服务平台；导航核心芯片中宇航SoC芯片已实现流片，专用SoC芯片也已实现研制与产品开发；此外，公司已完成北斗时空基准服务及业务软件的V10版本架构的研制与开发、中国远洋船能效管理体系建设研究及其数据柔性接入网等相关方案确认，后续仍会持续加大研发投入，深耕航天技术行业，致力于推出具

备国际竞争力的核心产品。

2. 注重产学研结合，着力推进人才培养

随着科学技术研究的逐渐开展，以及中国航天领域复杂产品的国内市场竞争日趋激烈，单纯通过以团队内部显性知识为主的知识转化，已无法适应中国卫星技术向更深层次发展的要求。因此，公司提出了"人才培养""技术攻关"新策略，以产学研合作模式稳步实施，共同对若干具备先导性、前瞻性和重大战略价值的新技术开展研发工作，以确保国际竞争优势。自2004年起，公司着手尝试与国防科技大学、西北工业大学等单位成立合作实验室，以联合突破遥感与重力方面的重大技术难题。在与高等院校、科研院所的长期合作中，中国卫星与合作伙伴单位不仅是合作协议中的甲乙方，而且建立了技术联盟；不再单纯是转移成熟技术，而是通过企业联合研制开发创新关键技术。中国卫星已经形成了独特的"小实体、大虚拟"产学研联合管理模式，达成了牵引市场、带动需求的战略目标，企业创新能力也得以进一步增强。中国卫星具备优秀的专业人才队伍，拥有航天核心技术以及雄厚的研究开发力量，专门设立了"小卫星及其应用国家工程研究中心"和"天地一体化信息技术"国家重点实验室，在北京、深圳、西安等地设立多处研制与生产基地，为专业人才开发与研制核心部件及关键系统、技术、核心产品提供了强有力的支撑。

3. 商业资本助力，业务领域不断拓展

随着我国太空发射技术的日益完善，发射成本也日益下降，微小卫星发射企业凭借研发周期短、成本低、发射方法灵活多样等优点，发展潜能日益被人们关注。中国卫星是国内微小卫星研究、制造及发射的龙头企业，具有我国航天五院的微小卫星研制业务等核心技术资产，在鸿雁卫星通信系统等国家重点科研项目中发挥关键作用，未来，中国微小卫星研制业务的发展前景依然巨大。目前，中国卫星已经建立了以卫星综合应用系统为核心，以卫星通信、卫星导航、卫星遥感等应用领域的综合信息系统整合和产品研发为基础的研发管理体系，致力于为国防、产业、地方用户以及全球市场提供综合应用信息化总体解决对策、综合信息系统整合、软件产品研发与营销等服

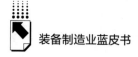

务，并逐步向智能城市、产业信息化、智能健康等应用领域延伸业务。中国卫星的卫星遥感技术在中国数字城市建设等领域已被广泛应用，在移动通信领域也是"动中通"产品的主要提供者，未来发展前景广阔。

4. 坚持拓展海外业务，加强先进技术的学习和交流

中国卫星依托强大的技术资源和研发优势，围绕把公司建设成为世界一流综合型宇航企业的战略目标，积极实施"走出去"战略，全方位、多层次地大力开拓海外业务。近年来，依托海内外多个交流与合作平台，中国卫星不断加强与国际先进企业间的对话，积极学习国外的先进技术，深化技术合作交流，用心策划并积极参与各类国际合作项目；与各国商务中心、国际组织等机构建立了密切的合作关系，广泛开展国际商务合作项目。如今，中国卫星已成功实现遥感卫星出口零的突破，航天技术领域产品也成功打入国际市场，各类国际合作项目稳步推进。在围绕宇航制造、航天技术应用两大主营业务领域发展壮大的同时，企业还进一步积极探索海外合并、收购等国际化新模式，积极利用融资手段，做强、做大业务市场，开展国际贸易、科技咨询、人才培训等服务，逐步建立了市场多元化和业务全球化的经营布局，发展前景广阔。

三　辽宁福鞍重工股份有限公司

（一）企业基本情况

1. 企业介绍

辽宁福鞍重工股份有限公司（简称"福鞍股份"）创立于 2004 年，位于辽宁省鞍山市，注册资本 3.07 亿元，是集铸钢、铸造、加工和重大装备制造业于一体的 A 股主板上市公司。福鞍股份始终致力于研发、设计、制造大型高技术含量的重型铸钢件，现为中国铸造协会压铸分会理事单位、中国铸造协会铸钢工作委员会组长单位、国家高新技术企业，并设有一个省级工程技术研发中心，下设辽宁冶金设计研究院、辽宁福鞍燃气轮机有限公司两个子公司，公司经营通用金属设备制造业，主营业务范围涉及可作为原材料的固体废料进口、商品进出口、新技术进出口、黑色金属铸造、有色金属铸造加工等多个方面。

2. 产品介绍

福鞍股份主要从事发电设备、重型机械等重大技术装备的制造，以及大型铸钢件的研发、生产和销售，拥有四大系列产品——火电设备铸件、水电设备铸件、风电和潮汐发电等其他发电设备铸件、工程机械及轨道交通等其他铸件，其中汽轮机高中压内外气缸缸体、燃气轮机透平缸和排气缸、水电水轮机、大型轧机机架、矿山破碎机、轨道交通转向架等都是公司主营产品。

（二）技术创新情况

1. 企业技术创新战略

福鞍股份始终秉承为大型技术装备制造业供应全球一流铸钢件产品的发展战略，坚定走"高技术含量生产"的发展道路，引进东芝专家以及德国、奥地利等地的国内外专业人才，在不断改进和提升技术的同时，学习国际上先进的制造理念。公司注重培育企业技术团队，长期与中科院、东北大学等科研院所和高校进行产学研合作；不断研制火力发电、水力发电、轨道交通、矿用卡车、海上油气等高科技领域产品，以取代大量进口的国外产品，并扩大出口市场。坚持质量第一的服务原则，严格制造、严格检验，将超高品质产品交付客户，赢得了国内国际客户广泛信任。积极完善国家自主技术创新体系和国家高新技术产品开发体系建设，持续推动产业技术创新向中高端技术水平攀登。

2. 企业技术创新成果

在水力发电设备配套大型铸钢件领域，福鞍股份已通过国务院三峡工程建设委员会审批，具备为三峡工程配套70万千瓦及以上大中型水电机组供应核心铸件的资质，有较强的行业技术优势；除了配套发电设备的大型铸钢件外，公司近年来还注重增加产品多样性，先后开发了轨道交通列车转向

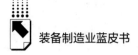

架、水泥回转窑轮带等重大技术装备配套大型铸钢件产品，并同美国通用电气公司轨道交通部、丹麦史密斯、意大利达涅利等世界500强企业达成合作关系。

（三）技术创新经验总结

1. 坚持市场导向，建立完善的研发和创新体系

福鞍股份的子公司辽宁福鞍燃气轮机有限公司坚持完善50兆瓦级以下的中小型工业燃气轮机自主化设计、研发体系，研发符合我国国情同时具有国际竞争力的示范产品，为我国乃至世界能源和环境项目系统提供解决方案。依托我国大力发展分布式能源的巨大市场需求以及国家促进工业燃气轮机产业发展的政策措施，福鞍股份已形成了完备的工业燃气涡轮发动机研究研发体系，实现了我国中小型燃机生产规模和科技水平的跨越式发展，为国家工业热能利用和节水减排事业做出了贡献。

2. 重视人才引育，自主创新不断取得突破

辽宁福鞍燃气轮机有限公司已被科技部认定为"2020年国家引才引智示范基地"，突出"高精尖缺"的人才引进导向，公司致力于把基地建设成俄罗斯燃机高端人才培养的聚集平台，我国重要引才导智政策措施和体制机制创新平台，我国重要引才引智人才培养、转化和推广平台。2020年11月，辽宁福鞍燃气轮机有限公司还被批准成立"辽宁福鞍燃气轮机有限公司专家工作站"，公司在专家提供的高端技术和科研支持下，深入开展合作攻关和学术交流，大力培养创新型人才，助力区域经济加快发展，推动产业转型升级，在自主创新方面不断取得新突破，实现新跨越。

3. 紧跟国家需要，加大科技研发投入

"十四五"期间，由于国家有关政策的积极引导和扶持，中国环境保护产业正在迅速发展与壮大，公民环境保护意识逐渐增强，通过公众监督和社会舆论监督深入贯彻与执行国家环境保护政策法规，环境保护产业正在迎来政策暖风的重大投资机遇，在未来5年内将成为政府的重要投资领域。2020年生态环境部修订的《生态环境部工作规则》强调，不会因经济下行压力

放松环保举措,随着相关环境保护政策措施的深入实施和融资回暖,在钢铁超低排放优惠政策实施后,非电治理产业也将成为中国近年来烟尘整治的主战场。为适应政策环境的转变,福鞍股份在 2020 年积极拓展非电领域的烟气处理市场,稳步推进多元化业务发展,不断对产品进行优化升级,提高产品科技含量,一方面有利于抢占高端铸件市场,另一方面为《中国制造2025》提出重点发展高端装备制造业提供铸件原料。

4. 在现有项目基础上,持续拓展业务领域

福鞍股份旗下设计院秉承 EPC 项目与运营项目相辅相成、兼顾 BOT 与BOO 项目的运营策略。在 EPC 项目方面,设计院将继续深化培育中国现有钢铁企业、焦化产业、市政行业等的节能环保领域,并开拓新能源发电、分布式结构能源、污水处理项目以及能源管理领域的新市场业务;在 BOT、BOO 项目方面深度开展与老客户的绑定合作,进一步敲定未来 10～15 年的运营服务。在市场开拓方面,设计院将继续深耕辽宁省内业务,同时与驻外团队合作提升设计院的市场拓展实力。

专 题 篇
Special Topic

B.12
我国智能制造发展现状和经验启示

宋 嘉　智一歌*

摘　要： 本报告简要论述智能制造的重要价值、发展现状趋势，我国制造
业核心产业带、重点园区、典型企业智能制造发展模式及成功经
验，立足"十四五"智能制造发展目标和战略布局，提出立足
实际、前瞻未来的智能制造高质量发展经验启示，为智能制造企
业借鉴优秀经验提供示范参考。

关键词： 智能制造　工业互联网　智能化转型

---

* 宋嘉，机械工业经济管理研究院两化融合协同创新研究中心主任，主要从事产教融合、协同
创新、两化融合、智能制造、区域经济研究；智一歌，中级经济师，机械工业经济管理研究
院发展战略研究所副所长，主要从事产业经济研究。

一　我国智能制造发展现状

（一）智能制造是制造强国战略的主攻方向

工信部先后发布《智能制造发展规划（2016—2020 年）》、《智能制造工程实施指南（2016—2020）》、《国家智能制造标准体系建设指南》（2015年版、2018 年版）、《"十四五"智能制造发展规划》等政策文件，瞄准智能制造关键技术装备，明确我国智能制造发展的目标方向、重点任务和实施措施，奠定智能制造标准体系、工业互联网与信息安全等智能制造基础，培育发展智能制造场景应用新模式，为我国智能制造高质量发展、贯彻落实制造强国战略提供了制度支撑和政策保障。2016～2021 年我国发布的部分智能制造政策见图 1。

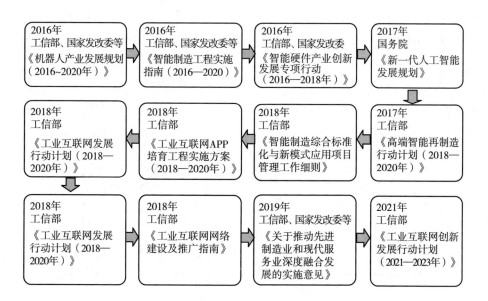

图 1　2016～2021 年我国部分智能制造政策

资料来源：机械工业经济管理研究院整理。

（二）智能制造综合水平显著提升

当前，通过成熟度评估推广、试点示范应用、标准体系建设等多项措施，智能制造新场景、新模式、新业态不断涌现，制造业企业的智能化水平显著提升。《"十四五"智能制造发展规划》显示，我国智能制造已在多项关键环节和重点领域取得新突破，其中，主营业务收入超10亿元的系统解决方案供应商达40余家，智能制造装备市场满足率达50%以上，我国智能制造的供给能力得到大幅提升，推广应用成效显著优化，试点示范项目生产效率、产品研制周期、产品不良品率等各项指标普遍向好。

（三）我国已成为全球最大的智能制造需求市场

我国制造业总量持续居世界首位，带动智能制造相关技术的快速发展。在消费升级、要素成本上升、环境约束加剧等因素的影响下，我国制造业企业对智能制造的需求逐年增加，加快智能转型已成为制造业共识，我国已经成为全球最大的智能制造需求市场。2015～2020年我国智能制造市场规模见图2。

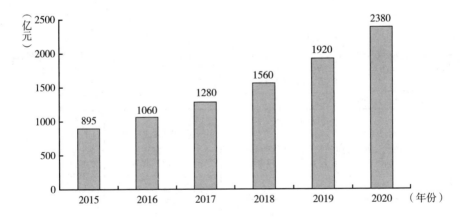

图2 2015～2020年我国智能制造市场规模

资料来源：机械工业经济管理研究院整理。

（四）基本建立国际同步智能制造标准体系

工信部于 2015 年、2018 年、2021 年先后发布《国家智能制造标准体系建设指南》，对智能制造综合标准、新模式新场景应用做出明确规定，对搭建智能制造相关平台提出规范化、制度化要求。当前，已经发布或已经获得国家立项的智能制造标准，全面覆盖 2021 年版《国家智能制造标准体系建设指南》标准范围，基本实现与国际标准体系接轨、同步。

二　我国智能制造发展趋势

（一）由"点上突破"向"线面推广"转变

当前，发展智能制造已成为全球制造业共识，我国已初步形成了全球规模最大的智能制造需求市场，初步建成一批已达到或接近国际先进水平的数字化车间、智能工厂，培育出了一批能够快速提供解决方案、满足企业需求的智能制造系统集成商。

"十四五"时期，我国智能制造将依托龙头企业的示范带头作用，促进智能制造产业链上下游延伸拓展，以智能制造推动制造业产业链快速跃升。以智能制造单个项目、企业应用示范为基础，探索能够带动区域制造业转型升级的智能制造发展新模式新方法。以加速转换发展增长动力为目标，瞄准具有基础条件优势、转型需求迫切的制造业领域推广应用，以智能制造实现我国制造业竞争力的全面提升，从而实现我国智能制造由"点上突破"模式向"线面推广"模式的深刻转变。

（二）智能制造供给能力稳步提升

受全球市场需求影响，以及国家重大科技专项、重点研发计划、智能制造专项等相关产业政策支撑和引导，我国智能制造取得一系列重大技术突破。其中，在工业机器人领域，秦川机床工具集团股份有限公司、苏州绿的谐波传动科技股份有限公司研制出高精密 RV 减速器、谐波减速器；在高档数控机床领域，大族激光科技产业集团股份有限公司研制出三维五轴联动光纤激光切割机床；在工业控制系统领域，利时集团、浙江中控技术股份有限公司研发出分布式控制系统（DCS）。同时，我国还培育了一批优秀的智能制造系统解决方案供应商，如北京机械工业自动化研究所有限公司、石化盈科信息技术有限责任公司、沈阳新松机器人自动化股份有限公司、上海宝信软件股份有限公司等。未来，随着我国智能制造示范应用逐步深化，企业智能化发展全面推进，更多制造业中小企业向智能化、数字化加速转型，我国智能制造关键技术装备、核心工业软件及系统解决方案等供给能力将更具竞争优势。

（三）智能制造标准体系进一步完善

标准化是智能制造发展的重要技术基础和规范保障，自 2015 年以来，国家高度重视智能制造综合标准化和新模式示范应用工作，陆续推进实施智能制造基础共性、关键技术标准制定与试验验证。2018 年，工信部发布《国家智能制造标准体系建设指南》，智能制造标准的研究与立项、智能制造标准试验验证平台建设等各项工作加速推进，并取得显著成效。未来，在政府引导与市场自主带动下，我国将逐步形成协同发展、协调配套、动态完善的智能制造标准研发体系，我国智能制造标准体系将更加完善。

（四）大型企业成为智能制造主力军

我国大型企业逐步加快工业互联网平台布局建设，成为智能制造发展的主力军。建设工业互联网平台是实现部门、企业和区域互联互通的重要手段，可为企业优化资源配置、智能决策、商业模式创新提供有力支持。其中，阿里云搭建 ET 工业大脑，从而实现企业在关键环节中的智能化、生产过程的优化控制等；三一集团搭建"根云"平台，为能源、工程机械、纺织等装备产品提供全生命周期管理服务；中国航天科工集团搭建航天云网 INDICS 平台，探索推进网络协同制造等。未来，为占据全球智能制造竞争制高点，相关大型企业在工业互联网平台领域必将持续加大研发投入力度，在全球市场竞争中取得优胜地位。

（五）中小企业智能制造加快转型

中小企业的产品质量、交付能力和供应链协作水平等直接影响我国制造业的竞争力，是我国制造业当之无愧的主力军。当前，我国中小企业普遍存在技术储备不足、资金实力有限、解决方案缺乏、专业人才缺乏等问题，智能化转型升级进程相对缓慢。未来，受要素成本上升、资源环境约束加剧、企业需求加大、智能制造解决方案日益成熟等因素影响，中小企业智能制造转型升级将加速推进。受企业规模限制，中小微企业更适宜便捷适用的智能制造解决方案，企业实现关键环节的自动化，进行数字化和网络化改造将成为发展智能制造的主要模式。

三 我国智能制造经验典型

（一）典型开发区

1. 上海：张江高新区

（1）发展历程及成效

张江高新区于1991年成为全国首批国家高新区，2011年国务院做出批复，支持其建设为国家自主创新示范区。近年来，张江高新区在政策创新、技术创新、产业培育和辐射带动方面均取得突出成绩，是我国培育战略性新兴产业重要的核心园区，是以创新驱动发展的国家级示范园区。

（2）发展特色及经验

创新策源功能日益凸显。张江高新区以张江科学城为核心，布局建设了一批国家重大科技基础设施，以国家实验室为引领的国家级研发机构、国内顶尖科研机构、高水平实验室，国内多家知名院校在张江高新区布局建设新型研发平台。

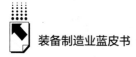
创新型产业日益集聚。截至 2020 年，共有 10 万余家科技企业、9000 余家高新技术企业入驻张江高新区。张江高新区招引、培育了一大批行业领军企业及全球龙头企业研究机构、创新平台，成为其智能制造快速发展的强大支撑。

科创生态环境日益完善。截至 2020 年，张江高新区共有科创板上市企业 32 家、国家级创新创业载体 100 家，创新创业资源集聚效应显著。

辐射引领作用日益增强。张江高新区集聚外资研发中心达 300 多家，辐射引领作用日益增强。

智能制造创新生态优化。张江高新区加快推进张江机器人谷和金桥机器人产业园智能制造发展，积极培育上海市智能工厂，成立离散自动化产业创新联盟，探索离散智能制造特色新模式，已成为全球领先的机器人技术创新中心。

2. 江苏：苏州工业园区

（1）发展历程及成效

1994 年我国和新加坡合作设立苏州工业园区，这是我国与国外政府合作设立的第一个现代化工业园区。苏州工业园作为我国推行深化改革、扩大开放的重要窗口，已发展成为国际经济技术合作和高质量发展的典范。经过 20 余年的建设，苏州工业园区贡献了苏州市 14% 的 GPD，2020 年全区 GDP 为 2900 多亿元，进出口总额近 1000 亿美元，连续多年在国家级经开区综合考评中位列第一。

（2）发展特色及经验

提供有力的政策支撑。为促进智能制造发展，提升园区内企业智能制造水平，苏州工业园区近年来相继出台了《苏州工业园区关于推动产业转型升级专项资金管理办法》《苏州工业园区人工智能产业发展行动计划(2017—2020)》《园区管委会关于发展智能制造及相关产业的实施意见》等多项政策，从资金支持、税收优惠、人才引进、研发创新、生产技术升级等方面鼓励企业进行智能制造升级。

大力推进智能车间建设。苏州工业园将智能车间建设作为推动产业向中高端转型的重要抓手。近年来，在园区内持续开展智能车间示范评比，引导园区企业进行信息化升级，推进智能车间建设。截至2020年，苏州工业园已初步建立以智能制造为主的新型制造业体系，并且带动全市企业自动化、数字化和智能化发展。

着力发展人工智能产业。人工智能的发展是制造业智能化转型的前提和基础，智能制造的关键在于智能，通过人工智能的模型算法让生产线、车间和整个生产系统拥有灵敏的感知、合理的决策和精准的执行能力，实现制造升级。为了加快人工智能产业发展，苏州工业园出台了《苏州工业园区人工智能发展行动计划（2017—2020）》，设立专项产业基金，用于引进国内外人工智能产业龙头项目，吸纳优秀研发人才，支持企业发展人工智能产业和开展核心技术攻关。

加大智能制造财政补贴力度。针对企业智能化升级、平台建设和试点应用、人才队伍建设等领域，苏州工业园区鼓励智能制造服务商为园区企业提供智能制造集成服务和方案集成服务，分项目给予最高60万元的补贴。针对资金投入力度较大的智能制造集成服务，按照研发投入的20%给予补贴，最高可达1000万元。

创新智能制造人才培养方式。苏州工业园创新智能制造人才培养方式，以产学研融合为重点，通过共建共享型生产性实训基地，为园区内企业提供研发实践公共服务平台。2017年苏州工业园区设立了智能制造产学研基地，将政府、行业、企业、高校、科研院所等资源聚合在一起，促成多方合作和共赢发展。通过科学的架构与运营模式设置，建立共建共享型生产性实训基地，包含智能制造五大人才培养功能区，为相关人员提供高质量的人才实训培养服务。

为企业提供智能制造综合服务。苏州工业园区设立智能制造创新服务中心，依托科研机构、行业组织、高校、智能制造解决方案服务商等各类主体，针对企业推进智能制造过程中的瓶颈和关键环节、智能制造技术改造及转型升级的需求提供全方位、一站式、综合性的服务，满足企业的现实需求。

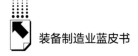

3. 广东: 广州经济技术开发区

(1) 发展历程及成效

广州经济技术开发区（以下简称"广州经开区"）是我国最早成立的技术开发区之一，创立于1984年。广州经开区的发展与我国40余年改革开放历程紧密融合，现已跻身世界一流高科技园区行列。2019年广州经开区GDP达到2978.89亿元，居全国经开区第一。

广州经开区将智能制造产业作为发展重点，布局发展智能装备产业，先后引进国内外知名工业机器人生产企业、国内高端数控机床研发生产企业及项目。广州经开区智能装备规模以上企业133家，国家、省级智能制造试点示范项目和省机器人骨干（培育）企业数量占广州市的一半以上，已形成规模化智能装备产业集群，是国家智能装备产业示范基地。

(2) 发展特色及经验

形成完整的产业链条。广州经开区智能装备产业链完备，形成了涵盖上中下游的产业链集群，智能装备产品本地配套能力强，形成产业链协作，能大幅降低企业生产成本，在关键基础零部件、数控机床和工业机器人等产品领域具有一定的竞争优势。

强化科技创新引领。筹建广州智能装备研究院，发挥研发创新引领作用。依托骨干企业及区内科研机构，鼓励知识与资本、技术与产业、成果与市场的高效对接、深度合作，推动中国科学院大学广州学院落地建设，提升科技成果产业落地的效率。鼓励广州机器人产业联盟和龙头骨干牵头或参与相关标准的制修订工作，积极创建国家高端装备制造业标准化试点区域，提高智能制造发展的质量和效益。

加大"机器换人"推广力度。加大扶持引导力度，支持工业企业设立各类研发机构，推动产业发展由单纯的生产制造向研发、设计、营销、服务转变，打响"智造"品牌。扶持"机器换人"和运用工业互联网、云计算技术进行智能化改造的企业，推动传统制造业加快向先进制造业、智慧工厂转型升级。

4. 重庆：两江新区

（1）发展历程及成效

两江新区成立于 2010 年，是我国第三个国家级开发开放新区。作为国家新型工业化产业示范基地，两江新区已成长为重庆高质量发展的重要支撑极。2020 年，两江新区 GDP 增速位列重庆市第一。

为积极推动智能制造发展，两江新区针对先进制造业发展、科技创新发展相继出台了产业支持政策。2018 年提出《重庆智慧两江建设实施方案》，着力打造新型智慧城市，实现两江新区智能制造研发设计、生产制造、决策管理全流程的智能化。2021 年，两江新区已建成数字化车间 60 个、智能工厂 21 家。

（2）发展特色及经验

加大政策扶持力度。两江新区在贯彻落实国家和重庆市发展先进制造业政策的同时，制定了进一步提高重庆两江新区制造业发展水平的产业政策（"黄金十条"），从项目落户、经济贡献、增长贡献、产业联动、研发扶持等十个方面给予奖励。

以智慧两江为引领。两江新区以建设全国领先水平的智能产业体系、建成国内一流的智能产业集聚区和全国智能制造示范引领区为智慧两江建设的战略目标，推动传统产业的智能改造，聚焦数字经济、智慧城市、智能制造等产业领域，加快发展机器人及智能装备、医疗器械等新兴产业。

筑牢数字经济底座。两江新区以数字经济为发展抓手，出台了《关于大力发展数字经济加快建设智慧之城的实施意见》和 3 个配套政策。设立五大智能产业聚集区，打造五大智能产业链集群。筑牢数字经济的产业底座，促进传统产业数字化、网络化、智能化转型。

5. 杭州：萧山经济技术开发区

（1）发展历程及成效

萧山经济技术开发区于 1990 年成立，开发区内企业创新能力强，经营效益好，有上市企业 23 家、国家高新技术企业 162 家，有近百家企业产值超亿元，汇集了百余家国际知名跨国公司。萧山经济技术开发区聚焦智能制造和高端装备制造，吸引国际知名工业机器人企业在智能化领域合作，已形成高端数控机床、新能源车、机器人和智能专用装备等支柱产业，带动全区制造业企业产能量级提升和生产提质增效。

（2）发展特色及经验

发展导向持续引领。扶持培育数字经济行业龙头，建立重点企业联系机制，建立数字经济企业培育清单、加速清单和产业化清单，针对不同发展阶段的企业需求进行扶持，长期跟进，重点培育。以智能制造为引领，支持和鼓励企业进行智能改造和升级。

优势产业强链提链。围绕智能制造产业发展主攻方向，以优势智能装备产业为核心，引入领先智能制造服务机构，推广前沿技术和先进理念，建设面向未来的"新工厂"。实施技术改造专项，以龙头企业为引领，带动开发区企业上云上平台。鼓励现有企业加大研发创新力度，引进创新能力强、技术实力领先，具备竞争优势的科技小巨人企业，推动数字经济产业、智能装备制造产业与传统产业的融合发展。

新兴经济集聚突破。实施高新技术、高成长、高附加值"三高"企业培育工程，形成孵化—加速—产业基地—总部全阶段培育机制，为企业发展助力。聚焦未来前景广阔、技术集成度高的新制造业发展方向，着重发展工业机器人、集成电路等产业。

6.武汉：东湖新技术开发区

（1）发展历程及成效

武汉东湖新技术开发区创建于1988年，是中国首批国家级高新区，也是第二个国家自主创新示范区，相继获批国家光电子信息产业基地、国家生物产业基地、央企集中建设人才基地、国家首批双创示范基地等。

东湖技术开发区高校资源丰富，研发氛围浓厚，拥有武汉大学等42所高等院校、56个国家及省部级科研院所和近百万名在校大学生，为东湖技术开发区发展提供了有效的智力保障和人才支撑。东湖技术开发区发展势头强劲，2020年GDP达2000亿元，GDP总量和增幅居全市第一。目前，东湖技术开发区已形成"221"产业体系，在"光芯屏端网"等高科技和数字化领域形成了产业优势。

（2）发展特色及经验

加大技术改造和智能化改造补贴力度。对企业技术改造和智能化改造实施双重补贴，降低企业技术改造和智能化改造成本，支持企业智能化升级。一是对于"双改"投资项目予以资金支持；二是"双改"项目获批市经信部门支持后，开发区按照投资额和研发费用再给予一定比例的补贴配套。

推广工业互联网平台应用。以试点示范为依托，在开发区内推广工业互联网平台应用。开展示范项目评比，树立优秀企业典型，对于获评国家级或省级工业互联网试点示范项目的企业给予资金奖励。

推进工业互联网解析体系建设。构建统一的工业互联网标识解析体系是实现产业链整体上网的基础。开发区鼓励龙头企业联合产业链上下游，共同建设工业互联网二级节点，并给予一次性现金奖励。

提升工业互联网安全防护水平。构建工业大数据安全防护网，区分应用场景和需求，应用多种技术手段提升工业大数据安全防护水平。建立工业互联网安全防护等级评价机制，常态化开展数据安全监测和安全检查，将管理防范前置化。引进国内一流信息安全企业，提高网络及数据安全服务能力。

培育工业互联网 App。开展优秀工业互联网 App 评比，以奖促用，发挥典型应用案例的示范作用。对于获批国家级和省级典型应用案例的企业给予一次性资金奖励。

打造良好的产业生态。鼓励开发区领先企业率先向系统解决方案服务商转型，整合区内资源并建立服务商资源池，对于采购区内智能制造和工业互联网系统解决方案产品及服务的企业，按照一定比例给予补贴。定期召开峰会和展览，鼓励区内企业走出开发区，与领先企业交流，并将先进技术理念带回开发区，形成良好的产业生态。

（二）重点企业典型经验

1. 华为："AI 智造"引领智慧工厂升级

（1）发展历程及现状

华为目前是全球最大的电信设备制造商，部署了全球最大规模的全融合

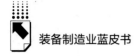

核心网，帮助客户实现数字化转型。

华为在 2020 年发布了以云为基础、以 AI 为核心的"智能体"，着力构建华为智能制造体系。华为"智能体"通过实现 AI、云、连接、计算及行业应用融合，构建全领域、立体化、动态化、精准化、开放的系统化智能系统，加速推进各行业智能化全面转型升级。

（2）发展特色及经验

坚定的数字战略和开放的合作生态是华为成功的关键，华为通过以下三项措施实现智能制造转型升级。

一是以数字化转型为核心。华为的智能制造变革始于华为的数字化转型战略，华为在 2015 年提出"数字化华为"后，2018 年超过 20 亿美元被投入公司数字化水平的提升，巨大的投入带来显著效益。

二是技术与实践结合。华为已经实现了全面云化和数字化，保障研发、生产、营销三大数据流互联互通，可有效提高企业生产效率及降低企业运作成本。

三是打造合作共赢环境。华为为合作伙伴充分开放包括通信设备、计算设备、云能力等多种技术资源，并通过合作伙伴的反馈完善自身产品。

2．水晶光电：以数字化转型助力产业升级

（1）发展历程及现状

浙江水晶光电科技股份有限公司（以下简称"水晶光电"）是光学领域的代表性企业，以精密光学制造技术为核心，建立了具有自主知识产权的技术体系。其中，最具代表性的包括 3D 光学元器件、半导体光学元器件、AR 增强显示光学模块、微纳结构加工光学元器件等关键核心技术产品。水晶光电的数字化转型在 2018 年下半年拉开序幕，经过两年的推进落地，核心 ERP、生产管理部分基本实现数字化运营。

（2）发展特色及经验

科学规范的总体规划。水晶光电通过制定科学规范的总体发展规划，对企业的信息化现状进行全面梳理，结合基础架构管理薄弱项、应用系统建设薄弱项，为公司数字化运营提供保障。

统一有序的落地实施。水晶光电智能制造整体架构包括基础服务层、工厂控制层、应用服务层、数据显示层、管理推进层等，落地围绕"统一化、重点突破、分步实施"展开。基础服务层以统一网络、统一弱电、统一软件、统一硬件、统一流程开展规范化落地；工厂控制层以统一规格、统一数据接口、统一自动化实施落地；应用服务层以统一规划、统一数据、统一平台、统一权限实施落地；数据显示层以统一指标、统一语言、统一考核实施落地；管理推进层以统一战略、统一方向、事件闭环实施落地。

3.昆山沪光：打造汽车线束业智能化标杆

（1）发展历程及现状

昆山沪光汽车电器股份有限公司（以下简称"昆山沪光"）利用智能制造新工艺、新技术，研究开发出具有自主知识产权的汽车线束智能制造关键工艺装备、智能物流系统及自动化柔性生产线。

昆山沪光与西门ABB、KUKA等世界知名企业深度合作，打造一体化智能生产制造平台，被德国大众连续多年评为A级供应商，为众多全球知名车企供应商提供智能化服务。

（2）发展特色及经验

一是智能物流遵循精益物流的设计理念。实现了原材料的自动入库、自动拣选和自动出库，实现了半成品的空箱自动供应、自动入库、自动拣选和自动出库，实现了成品空箱供应、成品缓存整理及成品码垛等全过程智能化。该项目已成为行业标杆，革新了线束制造模式。

二是智能装配以"机器换人"为核心理念。推出了智能工厂总体规划和目标——以制造云为核心的信息化系统建设，工厂效率提升了30%，受到了众多行业知名客户"全球一流工厂"的高度评价。

四　经验启示

（一）贯彻国家战略，推进智能化示范应用

1.建立智能制造评估诊断体系

依托国家成熟度评估标准，结合企业智能制造发展水平和目标，完善行

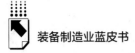

业、企业智能制造评估标准体系。全面推广智能制造能力成熟度模型评估、诊断服务，培育发展一批具有柔性化、智能化、精细化生产能力的"智慧工厂"和"数字化车间"，加快智能制造标准宣贯和示范应用。

2. 打造智能制造行业典范

借鉴全球"灯塔工厂"先进经验，推广普及"智能制造标杆企业"优秀模式，支持、鼓励制造业龙头企业发挥样板效应，建立具有产业链带动作用的标杆性"数字化车间"和"智慧工厂"。聚焦行业、企业重点领域，促进智能制造供需对接，推动智能制造由"点上突破"进入"线面推广"，打造智能制造行业标杆。

3. 实施企业智能化转型行动

结合企业发展实际，选择转型需求迫切、智能化基础实、示范带动作用大的制造业企业，制定智能化转型任务清单和智能化转型路线图。对照智能化转型任务清单和智能化转型路线图，设置转型目标及推进步骤，依据目标和步骤加快推进制造业企业智能化改造，推动智能化转型任务清单和智能化转型路线图加快落地实施。

（二）推行先进经验，提升企业智能化水平

1. 创建"智能工厂"和"上海实验室"

上海张江机器人谷和金桥机器人产业园着力推进"智能工厂"建设项目，针对目标企业"智能工厂"建设需求，组织专家进行咨询诊断，企业依据诊断结果制定工厂智能化升级方案。

"上海实验室"模式以上海科技、人才资源为基础，联合不同国家、不同行业、不同层级、不同部门、不同企业科技，建立智能制造科研体系，在共赢基础上吸引全国乃至全球优质科技、人才资源。

2. 推行"伙伴计划"和"双跨平台"

苏州工业园区实施的智能制造"伙伴计划"通过汇聚政府、需求、服务、协同资源要素，为企业提供优质的服务内容和便捷的工作流程，从而加快园区企业智能化改造，优化完善园区数字化转型发展环境。

苏州工业园鼓励龙头企业和互联网重点企业建设"双跨平台",加快培育一批实力强、服务广的跨行业跨领域工业互联网平台,有助于促进平台动态调整与迭代优化。

3. 建设"未来工厂"和"上云上平台"

浙江省"未来工厂"应用数字化技术,引领带动制造业企业智能化转型升级。"未来工厂"通过实现智能化生产、数字化设计、协同化制造、智慧化管理、绿色化制造、安全化管控,带动社会价值和经济效益大幅提升。

重庆经开区大力推行"上云上平台"建设计划,"上云上平台"建设以企业改造为载体,构建具有自身产业特色的工业互联网架构,打造多要素、系统互联的新型网络基础设施。

(三)加大融合力度,推动智造协同发展

1. 打造智能制造特色产业集群

发挥制造业龙头企业示范引领作用,聚焦重点、关键、优势领域,优化智能制造产业链和创新链,打造智能制造特色产业集群,培育一批具有国际影响力的智能化产品和服务集群,招引、培育一批具备市场竞争力的智能制造装备供应商,实现智能制造全面协同发展。

2. 搭建智能制造公共服务平台

依托中国智能制造产业协会、中国制造企业协会、知名科研机构、国内外龙头企业,促进对接合作,加快智能制造公共服务平台建设。共同搭建一批具有国际影响力的智能制造公共服务平台,重点研发智能制造关键共性技术和装备,支持智能工厂共性技术攻关,促进标准验证以及技术成果转化,拓展智能制造公共服务范围。

3. 推动智能制造区域协同发展

打造一批国际先进、模式创新的示范性智能工厂,联合高精尖企业共同举办智能制造相关论坛和展会,增进智能制造企业、智能工厂合作交流。支持企业参与国际交流合作,鼓励智能制造高精尖企业广泛参与国际标准制订

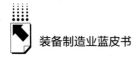
工作，加强智能制造标准互认，争取掌握部分领域国际标准话语权，提升我国智能制造在全球智能制造网络中的发展能级和优势地位。

（四）加强基础保障，支撑高效、长效发展

1. 加强统筹协调

强化部门协调和上下联动，建立衔接紧密的联动工作机制，统筹推进我国智能制造各项工作，发挥智能制造联盟、协会及行业组织的中介作用，协调重大问题及争取国家政策和重大项目支持。

2. 加强人才支撑

加大智能制造人才引进支持力度，优化智能制造领军人才、创新型科技人才和"大国工匠"引进政策。推进智能制造产教融合，完善智能制造与科研院校长效合作机制，实现人才教育的专业化、定制化、细分化。

3. 强化统筹实施

加强制造业企业智能化发展统计监测，提升统计数据服务政府和企业的质量。制定企业智能化高质量发展专项规划，以及企业智能化发展实施方案，并对实施落地进行监测、评估。

Abstract

The Report on the Development of Equipment Manufacturing Industry in China (*2021*) has a total of four chapters: the general reports, the industry reports, the enterprise reports and the special topic. The general reports first introduce the industrial scale, economic operation, industrial structure, technological innovation, and external economy of our country's equipment manufacturing industry in 2020, and put forward the main problems faced in the current development. The investment and financing situation is analyzed, the future development prospects are analyzed and prospected, and development suggestions are put forward systematically from various aspects. The industry reports cover six sub-sectors of electrical appliances, heavy machinery, petrochemical equipment, construction machinery, agricultural machinery equipment, and industrial internet. Conducted an analysis of the development situation, mainly analyzing the industrial scale, economic operation, industry structure, technical level, facing problems, future prospects and development suggestions of each sub-industry in 2020. The enterprise reports introduced the listed companies in China's manufacturing industry in 2020 value creation situation, released the list of top 100 value-creating A-share listed companies in China's equipment manufacturing industry; summarized typical cases of technological innovation enterprises in the equipment manufacturing industry, analyzed the technological innovation achievements and experience of enterprises, and provided useful information for enterprises in other related fields references and inspirations. The special topic conducts systematic special research on the development situation of our country's intelligent manufacturing.

In 2020, the growth rate of the added value of our country's equipment manufacturing industry has slowed down, and the asset scale of the industry will

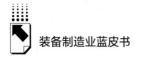

maintain a steady growth trend, the growth rate of fixed asset investment has dropped significantly, and the output of most products has grown against the trend; the overall situation tends to be stable, operating capacity maintained a steady improvement, profitability slightly improved, and debt repayment ability continued to increase; asset scale in major industries increased, but revenue and profit showed more prominent differentiated characteristics; R&D expenditures maintained steady growth, the ability and level of scientific and technological innovation have been continuously enhanced; foreign trade has achieved a small growth. At present, our country's equipment manufacturing industry is still facing many problems, which are mainly reflected in: rising accounts receivable, high production and operation pressure; relatively weak technical foundation and original innovation, the level of industrial common technology supply needs to be improved, and product process verification is relatively insufficient and difficult to apply; relatively low level of quality standardization, low brand value; unreasonable industrial structure, low degree of military-civilian integration; inter-regional imbalance of industrial clusters, insufficient spillover of innovation resources; key components and core technologies are controlled by others, and export enterprises have weak anti-risk capabilities, foreign investment and mergers and acquisitions are blocked, etc. Looking forward to the future, our country's equipment manufacturing industry has more opportunities than challenges, and the industry has broad market prospects in the fields of 5G + industrial internet, industrial robots, commercial aerospace, high-performance medical equipment, and lithium battery equipment.

Since the "14th Five-Year Plan", our country has faced an external environment with increasing risks, and the macro economy has entered a new stage of high-quality development. Vigorously promoting the high-quality development of our country's equipment manufacturing industry is not only a realistic choice to comply with industrial development trends and respond to external risks and challenges, but also an inevitable requirement to base itself on a new development stage and implement new development concepts. The reports put forward the following suggestions for the development of our country's equipment manufacturing industry. First, improve the level of scientific and technological innovation. Optimize the national innovation system, improve the "government, production, education, research and application" collaborative innovation mechanism, support major equipment application projects, and give full play to the role of enterprises in innovation. The second is to accelerate the coordinated development of upstream and downstream industrial chains. Build an open and collaborative governance model for the entire industry chain, accelerate the cultivation of specialized, and new small and medium-sized enterprises. And promote the strategic reorganization of state-owned enterprises. The third is to promote intelligent and green upgrades. Build an intelligent manufacturing system, speed up the construction of intelligent factories, build an industrial internet platform, promote green manufacturing projects, and improve the standards for green and low-carbon development of equipment. The fourth is to strengthen quality and brand promotion. Implement quality and brand promotion projects, optimize the construction of standard systems, and actively participate in the formulation of international standards. The fifth is to create innovative industrial clusters. Promote the spatially integrated development of the industrial chain and innovation chain, build a carrier platform for scientific and technological innovation, and strengthen the construction of technical infrastructure and public service systems. Sixth, optimize the development environment. Change the way of policy support, strengthen the cultivation of high-skilled talents, ensure the supply and utilization of land, strengthen the integration of industry and city, and promote the integration of industry and finance. The seventh is to strengthen international cooperation in the equipment manufacturing industry. Increase the attractiveness of foreign investment, strengthen going global and international production capacity cooperation, and ensure the safety and stability of industrial and supply chains.

Keywords: Equipment Manufacturing Industry; Manufacturing Listed Company; Industrial Internet; Industrial Robot

Contents

I   General Reports

Abstract: This report summarizes the overall development of China's equipment manufacturing industry in 2020 from the aspects of industrial scale, economic operation, industrial structure, and technological innovation. In 2020, the growth rate of the added value of China's equipment manufacturing industry slowed down, the scale of assets maintain a steady growth trend, the growth rate of fixed asset investment decline sharply, and the output of more than half of the main products decreased. The overall operation of China's equipment manufacturing industry was relatively stable, the growth rate of operating revenue and operating costs had slowed down, the total profit had achieved a slight increase, the operating capacity maintained a steady improvement trend, and the profitability and solvency had both increased slightly. The assets scale of major industries in China's equipment manufacturing industry had achieved steady growth, but the differences in profit levels of various industries are more obvious. In terms of technological innovation, the improvement of technological innovation capabilities and levels of China's equipment manufacturing industry has led to further upgrades in the transformation of industrial growth kinetic energy, which is embodied in research and development, and the R&D expenditure has increased steadily. In terms of foreign economy, the foreign trade of China's equipment manufacturing industry performed well, achieving a small growth. Foreign direct investment slowed down, and the actual utilization of foreign capital in various regions weakened. In terms of economic operation, the accounts receivable of China's equipment manufacturing industry continued to increase, with high recovery difficulty, falling market demand and rigid rise of production costs. In terms of technological innovation, our country's equipment manufacturing industry is relatively weak in the development of basic innovation and original innovation, and the innovation capabilities and achievements are relatively lacking. It has not been fundamentally solved, and the relative lack of innovative talents has restricted the progress of industrial technological innovation. In terms of quality brands, there are relatively low standardization levels and low brand value. In terms of industrial structure, there are problems such as unreasonable structure. In terms of industrial layout, there are problems such as inter-regional imbalance of industrial clusters and insufficient spillover of innovation resources. In terms of foreign economy, there are problems such as key components and core technologies restricted by people, export enterprises are weak in coping with risks, and foreign investment and mergers and acquisitions are blocked.

Keywords: Equipment Manufacturing Industry; Economic Operation; Foreign Trade

B.2 Development Prospect of China's Equipment Manufacturing Industry *Shi Zhongguang, Zhang Ting* / 046

Abstract: In 2020, the continuous spread of COVID −19 has hit the global economy hardly. Internationally, our country's low-end equipment manufacturing industry chain is facing pressure to shift to emerging economies, and high-end equipment is subject to technological monopoly and multiple suppression by developed countries led by European and the American countries, and related risks cannot be ignored. Domestically, under the epidemic, our country has achieved

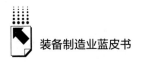
outstanding performance in terms of economic aggregate, industrial structure transformation, scientific and technological achievements and foreign trade volume, but the problem of "stuck neck" faced by some key technologies and equipment still need to be attached great importance. Generally speaking, the development of our country's manufacturing industry is stable and progressing, but the task of structural adjustment, transformation and upgrading is still very arduous, and it will still move forward under pressure in the future. At present, venture capital and corporate mergers and acquisitions are frequent in our country's equipment manufacturing investment market, while the activity of public offerings has declined. Some emerging technologies, high-end equipment manufacturing and other fields have become investment hotspots, such as "5G + industrial internet", industrial robots, commercial aerospace, high-performance medical equipment, lithium battery equipment, etc. In the future development of the equipment manufacturing industry, we should insist on making progress while maintaining stability. By preventing risks in macro-control, finance, market, technology, management and operation, we will provide a good environment for the stable development of the industry, and strive to create a stable industrial foundation and industrial structure. A new situation of optimization and industrial kinetic energy upgrade.

Keywords: Equipment Manufacturing Industry; High-quality Development; Venture Capital; 5G + Industrial Internet; Industrial Robot

B.3 Development Policy Suggestion of China's Equipment

Manufacturing Industry   *Li Hexin, Zhang Ting* / 072

Abstract: This report puts forward policy suggestions on promoting the high-quality development of China's equipment manufacturing industry from seven aspects: enhance innovation capability, optimize the industrial chain, accelerate intelligent and green development, cultivate high-quality enterprises, develop industrial clusters, optimize the development environment and strengthen international cooperation. In terms of optimizing the industrial chain, this report proposes that we should optimize the national innovation system, improve the collaborative innovation mechanism of "government, industry, university, research and application", support the demonstration and application project of major innovative equipment, give full play to the main role of enterprise innovation, and optimize the industrial innovation chain. In terms of quality improvement, this report proposes to optimize the construction of standard system while implementing the quality brand improvement project, and actively participate in the formulation of international rules. In terms of cultivating high-quality enterprises, this report proposes to build an enterprise "ecosystem", deepen the reform of state-owned enterprises, provide more support for leading enterprises, specialized and new enterprises and small and medium-sized enterprises, building single champion enterprises, and improve the management level of private entrepreneurs. In terms of building industrial clusters, this report proposes to promote the spatial integration and development of industrial chain and innovation chain, strengthen infrastructure construction and strengthen the integration of industry and city. In terms of optimizing the development environment, this report proposes to change the promotion mode of industrial policies, improve the operation mode of intelligent infrastructure and government guidance, implement the plan of competing for the first in frontier fields, build and improve the carrier platform of emerging industries, and focus on the cultivation of innovative talents and the supply of land. In terms of strengthening international cooperation, this report points out that we should strengthen the attraction of foreign investment, strengthen "going global", strengthen the security of industrial chain and supply chain.

Keywords: Equipment Manufacturing Industry; High-quality Development; Innovation Ability; Industrial Cluster

Ⅱ Industry Reports

B. 4 Summary of Electrical Equipment Industry Development

Li Peng, Nie Xirong and Yuan Xingyu / 081

Abstract: This report mainly combs the data of main business income, main

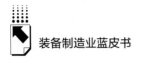
business cost, total profit and other indicators of our country's electrical equipment industry in 2019 and 2020, combined with the growth rate of industrial added value of our country's electrical equipment industry in 2019 and 2020. It analyzes the growth indicators of China's electrical equipment industry in 2019 and 2020, such as operating capacity, profitability, and solvency, and discusses the current status and future development trends of our country's electrical equipment industry. The results show that in 2019-2020, our country's electrical equipment industry has been affected by the slowdown in global economic growth and the decline in our country's power investment, the industry growth rate has slowed down, and the operating capacity has declined slightly. In recent years, with the further optimization of the energy structure, new energy sources of electric power have become a new growth point of the industry, and the structure of the transmission network has been continuously improved. Although some technologies in the domestic electrical equipment industry have reached the international advanced level, some core technologies are still at the international advanced level. There is a gap, and the development of the industry still faces problems such as low industry concentration. It is necessary to further improve the research and development of core technologies, and improve the competitiveness of the industry through measures such as independent innovation.

Keywords: Electrical Equipment Industry; Intelligent Manufacturing; New Energy; Power Transformation and Upgrading

B.5 Summary of Heavy Machinery Industry Development

Guo Wenna, Zhang Yi and Yang Jianhua / 107

Abstract: On the basis of summarizing the development status and trend of heavy machinery industry in the international market, and combined with the data this report analyzes the overall running condition and growing trend of heavy machinery industry in China in 2020 from the perspective of sub industry. The data shows that in 2020, the operation of the heavy machinery industry was in a steady development situation, the main economic indicators performed well, and developed a number of significant technical equipments and upgraded new products. Base on insufficient market demand, industry over production capacity, insufficient innovation capability, and gaps in technology levels, China's heavy machinery industry should further optimize its industrial structure, promote industrial upgrading, strengthen enterprise independent innovation ability, and improve industry comprehensive competitiveness.

Keywords: Heavy Machinery; Mining Machinery; Material Handling Equipment; Industrial Upgrading

B.6 Summary of Petrochemical Equipment Industry Development

Tong Tong, Zhi Yige, Guo Wei and Li Leiqiao / 130

Abstract: Petrochemical equipment is the foundation and guarantee for the development of China's petrochemical industry, and it is also the key to promote China's petrochemical industry to be refined, efficient, green, intelligent and information-based. This report discusses the development status, market pattern and technical trend of the international petrochemical equipment industry. This report deeply studies and analyzes the asset scale, revenue, profitability, debt level, operation efficiency, technical level and existing problems of each sub industry of petrochemical equipment in China. The analysis shows that in 2020, the operating revenue of China's petrochemical equipment industry will maintain steady growth, the profitability will be improved, and the asset liability ratio will be more optimized. New technological breakthroughs have been made in key core equipment, and the ability of equipment localization has been improved. However, the external environment is more complex and the market risk is increasing. Under the influence of COVID - 19, the risks of upstream and downstream industry chain and related industries are increasing. In the future, innovation should lead the development of the industry to actively promoted transformation and upgrading of the petrochemical equipment. Also, the

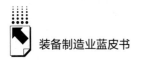

petrochemical equipment industry should establish the concept of green development and strengthen international cooperation.

Keywords: Petrochemical Equipment; Intelligentize; Securitization

B.7 Summary of Engineering Machinery Industry Development

Wang Qian, Guo Wei, Sun Yi and Guo Yijuan / 154

Abstract: This report sorts out the development status and trends of the international construction machinery industry in 2020, studies and analyzes the development scale, operation, industrial structure, technical level and main problems of our country's construction machinery industry. Development prospects and suggestions for development are given. In recent years, the global competitiveness of our country's construction machinery has been continuously improved. In 2020, affected by factors such as the global epidemic, our country's construction machinery exports will stand out, driving the overall smooth operation of the industry and the overall enhancement of profitability. The asset scale and operating income of each sub-industry are stable rising, from the perspective of technical level, our country's construction machinery continues to move towards high-end, intelligent and green development, a number of major technological breakthroughs have been achieved, and some technologies have reached the international leading level. Overall, the strength of our country's construction machinery industry is constantly improving, but there are still problems such as slowing market demand growth and green transformation pressure. The next step is to enhance innovation capabilities, consolidate industrial foundation, and build an intelligent green manufacturing system, strengthen the construction of quality brand and talent team, and strive to enhance the international competitiveness of the industry.

Keywords: Construction Machinery; International Competitiveness; Green Development

B.8 Summary of Agricultural Machinery Equipment Industry

Development　　　　*Cai Xin, Wang Qian and Li Guojing* / 178

Abstract: This report reviews the development situation and trends of agricultural machinery equipment industry at home and abroad, and the industry scale, operation situation, industrial structure, trade situation and development status of agricultural machinery equipment industry in China in 2020 are analyzed, it also analyzes the future development trend and prospect of agricultural machinery equipment industry in China. The analysis shows that China's agricultural machinery industry continues to grow in 2020, but the growth rate has declined, after a decade of rapid growth. However, the development of agricultural machinery industry in China is unbalanced, and the product structure is irrational. In the future, with the development of agricultural equipment in the direction of precision and intelligence, China should comprehensively promote the structural adjustment of agricultural machinery equipment, improve the manufacturing of agricultural machinery and equipment, meanwhile, constantly meet the needs of the domestic and the international market.

Keywords: Agricultural Machinery Equipment; Machinery Manufacturing Industry Industry; Agricultural Machinery Purchase

B.9 Summary of Industrial Internet Industry Development

Song Jia, Zhao Yan, Huang Jingyu and Li Tianyang / 199

Abstract: 2020 is the closing year of the Industrial Internet Development Action Plan (2018 - 2020) of the Ministry of Industry and Information Technology, a year of intensifying multi-dimensional internal competition in the industrial internet industry in terms of technology, application, mode, and the core industry is expected to continue to maintain high growth in the next five years. This report compares the development of the global industrial internet

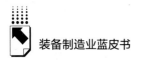
industry in 2020, analyzes and studies the current industry development status, industry scale, industry chain situation, technology level and development challenges of the domestic industrial internet, and summarizes the development prospects and development suggestions of China's industrial internet industry. The analysis shows that in 2020, China's industrial internet industry is stepping into a remarkable development, with policy support continuously refined, technical application scenarios continuously enriched and the value of new technology applications emerging, and is tackling many challenges in terms of platform, network and information security. Based on the background of the global fourth industrial revolution and the rapid development of 5G, AI and other new generation information technology, the future of China's industrial internet convergence-driven economic development trend is obvious, and the industry has also shifted from seeking quantity to seek quality, which is conducive to the formation of the bamboo forest effect of industry chain-level convergence multiplier, and new business models and services will further drive the industrial internet to empower the manufacturing industry, jointly build a good industrial ecosystem, and drive the industry-academia-research-use collaborative innovation development.

Keywords: Industrial Internet; Internet Ecology; AI

Ⅲ Enterprise Reports

B.10 2020 Annual Analysis Report on Value Creation of

China's Listed Manufacturing Companies

Zhou Yongliang, Ma Tianyi / 218

Abstract: Listed companies are the main body of capital market value creation, and listed manufacturing companies are the most important force in the group of listed companies. This report analyzes China's listed manufacturing companies from the four dimensions of capital value, industrial value, innovation value and social value, and examines the value creation process, focus and achievements of listed manufacturing companies. From the perspective of capital value, compared with 2019, the average PE, return on average assets, and return on equity of listed manufacturing companies in 2020 are all higher than the average level of A-shares, and the valuation level begins to be higher than the average level of A-shares; although due to the impact of the COVID – 19, the gross profit margin in 2020 is slightly lower than that in 2019, but it is higher than the average level of A-shares, and the net profit margin is significantly higher, which is close to the average level of A-shares. The above situation shows that the capital market has moved towards the track of disorder and reality. In terms of industrial value creation, the core business value of listed manufacturing companies has accelerated growth, the industrial influence has been strengthened, and the value of industrial con-tribution has nearly doubled. In terms of innovation value creation, listed manufacturing companies have significantly increased their R&D expenses as a whole, and the number of R&D personnel has increased significantly. It is also significantly higher than the average level of A-shares, especially for companies on the STAR Market. In terms of social value creation, listed manufacturing companies have significantly increased in terms of tax contribution, total dividends, and employment, with employment accounting for half of the employment of A-share listed companies. It can be seen that listed manufacturing companies play an important role in maintaining social stability.

Keywords: Equipment Manufacturing Industry; Listed Companies; Value Creation

B.11   Case Analysis of Equipment Manufacturing Technology

   Innovation Enterprises   *Cai Xin*, *Zhang Yongda* / 273

Abstract: This report selects three equipment manufacturing enterprises with typical representative significance in enterprise technological innovation; and analyzes their basic situation, technological innovation situation and technological innovation experience. The three companies are Shanghai Zhenhua Heavy Industry

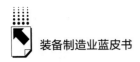
（Group）Co. , Ltd. , China Dongfanghong Satellite Co. , Ltd. and Liaoning Fu'an Heavy Industry Co. , Ltd. The representative companies selected in this report adhere to the market orientation in the process of technological innovation, and have formulated innovative management systems in terms of corporate quality management, operation management, organizational management, and talent introduction. The technological innovation has a certain degree of typicality and advancement. The technological innovation and management method improvement of equipment manufacturing enterprises have important reference significance.

Keywords: Equipment Manufacturing Industry; Technological Innovation; Operation Management

IV   Special Topic

B.12   China's Intelligent Manufacturing Development Status and
Experience Enlightenment   *Song Jia*, *Zhi Yige* / 284

Abstract: This report briefly discusses the crucial value, current situation and developing trend of intelligent manufacturing, the development mode and successful experience of intelligent manufacturing in China's manufacturing core industrial belts key parks and typical enterprises. And puts forward the experience enlightenment of high-quality development of intelligent manufacturing, based on development objectives and strategic layout of the 14th Intelligent Manufacturing Five-Year Plan .

Keywords: Intelligent Manufacturing; Industrial Internet; Intelligent Transformation

社会科学文献出版社

皮 书

智库成果出版与传播平台

❖ 皮书定义 ❖

皮书是对中国与世界发展状况和热点问题进行年度监测，以专业的角度、专家的视野和实证研究方法，针对某一领域或区域现状与发展态势展开分析和预测，具备前沿性、原创性、实证性、连续性、时效性等特点的公开出版物，由一系列权威研究报告组成。

❖ 皮书作者 ❖

皮书系列报告作者以国内外一流研究机构、知名高校等重点智库的研究人员为主，多为相关领域一流专家学者，他们的观点代表了当下学界对中国与世界的现实和未来最高水平的解读与分析。截至2021年底，皮书研创机构逾千家，报告作者累计超过10万人。

❖ 皮书荣誉 ❖

皮书作为中国社会科学院基础理论研究与应用对策研究融合发展的代表性成果，不仅是哲学社会科学工作者服务中国特色社会主义现代化建设的重要成果，更是助力中国特色新型智库建设、构建中国特色哲学社会科学"三大体系"的重要平台。皮书系列先后被列入"十二五""十三五""十四五"时期国家重点出版物出版专项规划项目；2013~2022年，重点皮书列入中国社会科学院国家哲学社会科学创新工程项目。

权威报告·连续出版·独家资源

皮书数据库
ANNUAL REPORT(YEARBOOK)
DATABASE

分析解读当下中国发展变迁的高端智库平台

所获荣誉

- 2020年，入选全国新闻出版深度融合发展创新案例
- 2019年，入选国家新闻出版署数字出版精品遴选推荐计划
- 2016年，入选"十三五"国家重点电子出版物出版规划骨干工程
- 2013年，荣获"中国出版政府奖·网络出版物奖"提名奖
- 连续多年荣获中国数字出版博览会"数字出版·优秀品牌"奖

皮书数据库　　"社科数托邦"
　　　　　　　　微信公众号

成为会员

　　登录网址www.pishu.com.cn访问皮书数据库网站或下载皮书数据库APP，通过手机号码验证或邮箱验证即可成为皮书数据库会员。

会员福利

- 已注册用户购书后可免费获赠100元皮书数据库充值卡。刮开充值卡涂层获取充值密码，登录并进入"会员中心"—"在线充值"—"充值卡充值"，充值成功即可购买和查看数据库内容。
- 会员福利最终解释权归社会科学文献出版社所有。

社会科学文献出版社 皮书系列
SOCIAL SCIENCES ACADEMIC PRESS (CHINA)
卡号：541765443833
密码：

数据库服务热线：400-008-6695
数据库服务QQ：2475522410
数据库服务邮箱：database@ssap.cn
图书销售热线：010-59367070/7028
图书服务QQ：1265056568
图书服务邮箱：duzhe@ssap.cn

中国社会发展数据库（下设 12 个专题子库）

紧扣人口、政治、外交、法律、教育、医疗卫生、资源环境等 12 个社会发展领域的前沿和热点，全面整合专业著作、智库报告、学术资讯、调研数据等类型资源，帮助用户追踪中国社会发展动态、研究社会发展战略与政策、了解社会热点问题、分析社会发展趋势。

中国经济发展数据库（下设 12 专题子库）

内容涵盖宏观经济、产业经济、工业经济、农业经济、财政金融、房地产经济、城市经济、商业贸易等 12 个重点经济领域，为把握经济运行态势、洞察经济发展规律、研判经济发展趋势、进行经济调控决策提供参考和依据。

中国行业发展数据库（下设 17 个专题子库）

以中国国民经济行业分类为依据，覆盖金融业、旅游业、交通运输业、能源矿产业、制造业等 100 多个行业，跟踪分析国民经济相关行业市场运行状况和政策导向，汇集行业发展前沿资讯，为投资、从业及各种经济决策提供理论支撑和实践指导。

中国区域发展数据库（下设 4 个专题子库）

对中国特定区域内的经济、社会、文化等领域现状与发展情况进行深度分析和预测，涉及省级行政区、城市群、城市、农村等不同维度，研究层级至县及县以下行政区，为学者研究地方经济社会宏观态势、经验模式、发展案例提供支撑，为地方政府决策提供参考。

中国文化传媒数据库（下设 18 个专题子库）

内容覆盖文化产业、新闻传播、电影娱乐、文学艺术、群众文化、图书情报等 18 个重点研究领域，聚焦文化传媒领域发展前沿、热点话题、行业实践，服务用户的教学科研、文化投资、企业规划等需要。

世界经济与国际关系数据库（下设 6 个专题子库）

整合世界经济、国际政治、世界文化与科技、全球性问题、国际组织与国际法、区域研究 6 大领域研究成果，对世界经济形势、国际形势进行连续性深度分析，对年度热点问题进行专题解读，为研判全球发展趋势提供事实和数据支持。

法律声明

"皮书系列"（含蓝皮书、绿皮书、黄皮书）之品牌由社会科学文献出版社最早使用并持续至今，现已被中国图书行业所熟知。"皮书系列"的相关商标已在国家商标管理部门商标局注册，包括但不限于 LOGO（▨）、皮书、Pishu、经济蓝皮书、社会蓝皮书等。"皮书系列"图书的注册商标专用权及封面设计、版式设计的著作权均为社会科学文献出版社所有。未经社会科学文献出版社书面授权许可，任何使用与"皮书系列"图书注册商标、封面设计、版式设计相同或者近似的文字、图形或其组合的行为均系侵权行为。

经作者授权，本书的专有出版权及信息网络传播权等为社会科学文献出版社享有。未经社会科学文献出版社书面授权许可，任何就本书内容的复制、发行或以数字形式进行网络传播的行为均系侵权行为。

社会科学文献出版社将通过法律途径追究上述侵权行为的法律责任，维护自身合法权益。

欢迎社会各界人士对侵犯社会科学文献出版社上述权利的侵权行为进行举报。电话：010-59367121，电子邮箱：fawubu@ssap.cn。

社会科学文献出版社